万物

荒谬的善意

性别流动、动物权利与生死许可

La philosophie devenue folle :
Le genre, l'animal, la mort

Jean-François Braunstein

［法］让-弗朗索瓦·布劳恩斯坦 著
大飞 译

中信出版集团｜北京

图书在版编目（CIP）数据

荒谬的善意：性别流动、动物权利与生死许可 / （法）让-弗朗索瓦·布劳恩斯坦著；大飞译. -- 北京：中信出版社，2025.6. -- ISBN 978-7-5217-7543-3

Ⅰ. B-49

中国国家版本馆CIP数据核字第2025V2E550号

Originally published in France as:
LA PHILOSOPHIE DEVENUE FOLLE: Le genre, l'animal, la mort
by Jean-François Braunstein
Copyright © Éditions Grasset & Fasquelle, 2018.
Current Chinese translation rights arranged through Divas International, Paris 巴黎迪法国际.
Simplified Chinese translation copyright © 2025 by CITIC Press Corporation
ALL RIGHTS RESERVED
本书仅限中国大陆地区发行销售

荒谬的善意——性别流动、动物权利与生死许可

著者： ［法］让-弗朗索瓦·布劳恩斯坦
译者： 大飞
出版发行：中信出版集团股份有限公司
（北京市朝阳区东三环北路27号嘉铭中心　邮编　100020）
承印者： 北京通州皇家印刷厂

开本：880mm×1230mm 1/32　　印张：11　　字数：240千字
版次：2025年6月第1版　　　　　 印次：2025年6月第1次印刷
京权图字：01-2024-5354　　　　　书号：ISBN 978-7-5217-7543-3
定价：79.00元

版权所有·侵权必究
如有印刷、装订问题，本公司负责调换。
服务热线：400-600-8099
投稿邮箱：author@citicpub.com

献给
柯琳娜、安托万和埃莱娜

献给
我那已不再能阅读这本书的老母亲……

中译本序言

七年前,《荒谬的善意》在法国刚问世的时候,很多人的反应是我在书中危言耸听,认为我所揭露的有关性别、动物以及安乐死的荒唐事或许大多仅发生在美国或其他英语国家,而绝无可能威胁到像法国这样拥有悠久普世主义和理性主义文化传统的国家。很多人认为,那不过是一些过激言论,因而并不值得我为此大费周章。然而,此后的现实却不断证实我的担忧。如今,性别理论已经在法国的大学课堂上占据统治地位,而"跨性别现象"也像在英语国家中一样在法国蔓延。鼓吹、推广"跨性别儿童"的宣传报道大有递增之势,紧随其后的便是在医院接受诊断的"跨性别"幼童、青少年数量激增。而今,在法国,还想像从前一样使用"男性"和"女性"这类词语已经会被认定为歧视。同样,以人类享有的诸项权利为模板而对动物赋权的主张也在法国的法学院系当中大行其道,而这些院系按说本应是更能抵御"政治正确"教义渗透的所在。当下的趋势甚至要为所有"非人类"存在(包括树木、植物以及河流）赋权。而我在本书中所揭露的"安乐死狂热"，近几年也同样在法国广为传播。法国议会已经准备推进安乐死的合法化了，理由是法国不能在这个议题上落后于比利时和荷兰。而"不值得活下去"的生命的认定范围也在不断扩大。总之，我当年在书中所阐述的这些社会议题，其中很多观点如今已在法国得到落实。其实，当时只要有人愿意多花些心思去读一读英语国家中最知名的学者们的文字，就不难预见如今发生在我们周遭的这些事情。

在上述这些荒唐事以外，还有其他狂热之举在"觉醒"文化的大旗下层见迭出，这一思想源自美国，而今席卷西欧大学与社会的思想。借由乔治·弗洛伊德（George Floyd）的死亡及其在社交媒体上激发的公众情绪，"黑人的命也是命"（Black Lives Matter，或称"黑命贵"）运动在美国取得了惊人的影响，并逐渐蔓延到了法国和英国，尽管种族问题在英法的呈现方式完全不可与美国相提并论。那种陈旧的、早已被法国社会扫清的种族主义困扰，如今不知为何又被摆上桌面。在"批判性种族主义"① 激进分子的眼中，法国存在某种"系统性"种族主义问题。系统性指的是这种种族主义不以实施者的主观意志为转移，却在实际上违背了"被种族化的族群"的意愿。而"被种族化的族群"，指的就是黑人以及那些来自法国

---

① 批判性种族主义在术语源头层面源于18、19世纪法国的科学种族主义理论，即意图以科学为依据论证种族主义合法性的理论。近年来，该术语又沉渣泛起，改头换面后重新出现在法国的舆论和理论视野当中，如今主要指以"反对种族主义"的名义而进行的种族划分、区别对待和理论批判。故在此译为"批判性种族主义"。——译者注

前殖民地的移民。在这些激进分子看来，有移民背景的"郊区青年"[①]是法国从未真正终止的"殖民"政策的受害者：他们天生就被歧视。而又由于这些移民中有相当一部分是穆斯林，故而批判性种族主义以及土著主义又与如今在法国日渐成风的"伊斯兰左翼主义"合流。在这种思潮的叙述中，穆斯林被描绘为受压迫者、"全世界受苦的人"（语出法文版《国际歌》），因而顺理成章地需要被鼓励，激发其潜能。可惜，在当今的法国，即便已有两位教师——塞缪尔·帕蒂（Samuel Paty）和多米尼克·贝尔纳（Dominique Bernard），在伊斯兰极端分子的刀下殒命，仍罕有高教界学者或知识分子敢于挺身而出，反对这些趋势并正视现实形势的严峻。

姑且将法国的具体情况按下不表。觉醒主义的疯狂意识形态的存在本身还不是最令人瞠目的，因为人类历史上从来不缺各种荒谬乃至罪恶的政治乌托邦——相比之下，这些"觉醒"意识形态最令人费解之处在于，它们竟然能获得如此巨大的影响力，尤其是在西方高校。该如何解释这些荒谬主张的诱惑力呢？更重要的是，该如何抵御它们？我们无法在此对这两个问题进行非常详细的探讨。[②]但可以肯定的是，这些观点、主张已经不再是人们可以用理性论证的方式予以回应的了。因为，当有人指责生物学本身就是"男性化"的，或公然叫嚣"男性

[①] 法国原则上禁止种族统计。因此，基于其国内"政治正确"的考量，"郊区青年"一词在法国应运而生。而郊区青年以黑人和阿拉伯人为主。——译者注
[②] 相关讨论可参见作者此后出版的著作 *La religion woke, Paris, Grasset*, 2022。——译者注

可以怀孕""女性有阴茎"这样的谬论的时候，讨论所依据的现实基础显然已经荡然无存，因而也就更谈不上什么论证了：比如像这些激进分子中的一位，就对一名尝试与其辩论的美国教授叫嚣，"逻辑本身就是种族主义的"……因而，当有人声称一切真理都是"情境化的"，因为真理一定会与某种政治性语境挂钩，并进而连"真理"这个概念本身都要否定——在这种情况下，我们实际上是绝无可能说服这种人的。

我们认为，这场运动之所以自称"觉醒"并非毫无缘由。它首先指的就是一种宗教意义上的神启，或者更准确地说，一种特定教派意义上的神启，与美国历史上数次出现并植根于其文化肌理之中的新教"大觉醒运动"传统有密不可分的联系。在这门新兴宗教中，"白人特权"取代了"原罪"的理论位置，而朱迪斯·巴特勒（Judith Butler）、唐娜·哈拉维（Donna Haraway）、罗宾·迪安吉洛（Robin DiAngelo）的作品则被尊奉为新的"宗教经典"。新的宗教仪式也应运而生（如下跪、公开忏悔、给"被种族化"的族群洗脚等），随之产生的还有一套新的密传语言（如"包容性书写"[①] 和一些晦涩难懂的术语：如"非二元""性别流动""被种族化"等），同时还有一套名副其实的"圣像破坏运动"（破坏雕像、破坏书籍，如今甚至已经发展到了要破坏整个学科，比如古典研究学科）。而

[①] 指在写作乃至日常用语中在提及不同身份群体时注重采用具有包容性的语言，根据不同场景，做法包括但不限于避免使用有明确性别指向的人称代词乃至名词、注意同时使用指代不同性别群体的人称代词或名词等。例如，在提及"消防员"这个职业时，就要避免使用"fireman"这种具有明确性别指向的用语，而改用"firefighter"这种中性用语。——译者注

那些胆敢在高校内部抵制这场运动的人都会被"取消"①。在如今的许多西方高校之中，学术自由也只是明日黄花。从某种意义上来说，"觉醒"教是一种缺乏"宽恕"观念的宗教，因为其中的"白人特权"是一种不可被救赎的"罪"。而至于"觉醒"教派的末世论，则往往以某种"生态启示录"的面目示人，令信徒以一种焦虑和狂喜交集的诡异情绪苦苦守候。

我们有理由相信，纵然这种"宗教"在表面上缺乏吸引力，但实实在在地回应了某种真实的需求：它填补了那些曾有信仰、而今却已大规模去基督教化的国家中所出现的巨大的精神空虚。在美国，我们可以看到新教信仰人数的暴跌（1965年，有50%的美国人归属某个主流的新教教会，而在2020年，这个数字降到仅有4%）；而在法国，天主教徒也从1981年的70%降到了2018年的32%。如此看来，奥古斯特·孔德（Auguste Comte）以及米歇尔·维勒贝克（Michel Houellebecq）提到的"没有宗教就没有社会"的理论观点似乎在这些国家得到了印证。对一个早已告别一切超越性的西方世界来说，在短时间内迅速重归基督教信仰又谈何容易……

而如果非要说在暗淡前景中唯一的好消息，那就是这股"觉醒"浪潮目前还仅在西方肆虐，而世界的其他地方也正以惊讶甚或不时带着某种怜悯的目光注视我们——其中很多人将这种"觉醒"狂热视为我们文明衰竭的前兆，并震惊于承接如此丰富的历史与文化的当代继承者为何如此热衷于自我毁灭。

---

① 指对被"取消"对象实施抵制，尤指对该对象实施网络抵制，以对其形成压力或实施社交惩罚。——译者注

因而，我们应该期待在文明层面更具生气的国家不要被这些荒谬的意识形态所引诱，而也正因如此，我对《荒谬的善意》在中国出版感到格外欣慰。

最后，请允许我在此感谢我才华横溢的学生李鹏飞（笔名大飞），正是他促成了本书在中国出版并担纲了翻译。

让-弗朗索瓦·布劳恩斯坦
索邦大学当代哲学荣休教授
2025年4月

目 录

前　言　始于善意，终于丑恶　001

社会性别，与对身体的否认

1　约翰·莫尼——蹩脚的发明家　016
2　福斯托-斯特林与男女之别的终结　045
3　巴特勒与当代诺斯替信仰　055
4　而且，社会性别还是流动的　083

动物，与对人的遗忘

1　辛格与"动物解放"　124
2　动物权利　138
3　"边缘案例"论证　161
4　彼得·辛格的伦理学暴论　177
5　唐娜·哈拉维的宇宙大混合　192

6 为"例外主义"辩护——人类的例外主义,以及动物的例外主义 214

安乐死,与死亡的常态化

1 安乐死狂热 230
2 鼓吹杀婴 257
3 "可疑死亡":对死亡的重新定义 279

结　语 要么是人文主义,要么是堆肥主义 311
致　谢 321
译后记 西方反对西方? 323

前言　始于善意，终于丑恶

并未形成社会公共议题的议题

性别、动物权利和安乐死等问题已然跨越大西洋，成为我们所热衷的社会辩论议题：社会性别认同与生理性别认同是否有区别？动物有没有感觉？它们是否有权利？是否应该将安乐死合法化？

然而，这些并不是真正的辩论。因为，根据民意调查的结果，法国人对这些问题的回答出奇地一致。关于动物权利，89%的法国人表示他们"赞成对民法典中关于动物的法律地位的修改，例如，在'人'与'财产'之外，在法典中增设'动物'这一范畴，以承认它们是'有生命且有感觉'的存在"。[1]而谈到安乐死，其合法化则会更彻底地点燃公众的热情。对于

---

[1] Sondage Ifop pour la Fondation 30 Millions d'Amis, *Les Français et le droit de l'animal*, 5 novembre 2013.

以下问题："法国法律是否应该允许医生应痛苦的绝症患者的要求，帮助其安乐死"，95%的受访者给出了肯定的回答。不过，这一调查似乎恰恰忘了征询在生死线上挣扎的患者本人的意见。[1] 只有性别问题似乎得到了相对谨慎的反馈。对于旨在反对"偏见"和性别刻板印象的"平等基础课"教学（政府通过该课程在幼儿园阶段就开始教授"男女间相互平等、相互尊重的文化"），只有53%的受访者给出了积极的回应。相比之下，仍有相当比例的受访者未被说服，例如37%的受访者认为这一教学模块是散布"性别理论"的一种手段，而33%的受访者甚至认为该教学模块的内容是"危险的"。[2]

许多人会认为，这些令人瞠目的数据已然足够了，立法者更应该对这些调查结果感到满意，因为它们似乎证明了相关法律是由事实——这些看起来还算可靠的民意调查——所决定的。于是，支持动物权利、安乐死合法化以及性别教育的组织从未停止诉求，并在狂热的氛围中不断加码，以使其议程推进得更快、更远。借由这些进步，我们似乎正走在"正确的方向"上，这是一个我们人类正在向其迈进的、光芒四射的、安定友爱的未来：岂能不对农场动物恶劣的生存条件感到愤慨？岂能不祝愿那些绝症患者得到他们梦寐以求的"平静"离世？而谁又能不为针对跨性别者和变性者的歧视感到震惊？

---

[1] Sondage Ifop pour l'ADMD, *Le regard des Français sur la fin de vie à l'approche de la présidentielle*, 21 mars 2017.

[2] Sondage BVA – iTélé, *Les Français et les ABCD de l'égalité*, 1ᵉʳ février 2014.

走火入魔的"政治正确"

然而，我们可以提出其他更为古怪也更令人不安的问题：如果所谓的社会性别真的与生理性别无关，那我们何不每天早上都换一种性别呢？如果身体是受意识决定并支配的，那何不将我们的身体无限修改下去？比如，何不截去那些健康但与我们的理想身材不相符的肢体？如果其他动物和人类之间不再有任何区别，那何不与它们发生一些"相互满足"的性关系呢？何不终止在健康动物身上进行的医学实验，转而将实验对象换成昏迷的人类？如果我们可以选择终结那些"不配活下去"的人的生命，那何不也杀死那些"有缺陷"或不符合预期的孩子呢？何不进而改变"死亡"的标准，从而将遗体国有化，以便从那些濒死者身上取得更多、更好的器官，用以造福看起来更有希望和前途的活人呢？

当生理性别和身体的定义从根本上被改变，当人与动物之间的界限被抹除，当我们认为每个人的生命价值都不相同的时候，我们将会面临诸多问题。而截肢狂、恋兽癖、优生学这些随之而来的困惑不过是上述问题的小小缩影。由于这些潜在问题过于耸人听闻，以至我们会认为它们都是为争辩而捏造出来的。而实际上绝非如此——它们都是当代英语国家的"道德"反思中的超经典主题。应当看到，对于上述问题，最具声望的美国学者给出的答案往往最荒谬，同时也在我们可想象的范围内最令人咋舌。性别理论的创始人约翰·莫尼（John Money）设想我们可以截去那些我们不满意的肢体。著名赛博格理论家唐娜·哈拉维深情描绘了她与她的母狗"深吻",并在此过程中消弭了"物种隔阂"。极负盛名的动物解放理论家彼得·辛格(Peter Singer)指出,如果我们可以做到不虐待动物,那么我们就完全可以进一步与它们发生"满足彼此"的性关系。而恰恰又是这位彼得·辛格先生,在同一时间不断鼓吹杀婴,以作为他支持安乐死的推论。此外,涉及为"尊严死"而进行的斗争时,就不得不提到生命伦理学的创始人雨果·特里斯特朗·恩格尔哈特(Hugo Traitram Engelhardt),他主张用脑损伤患者代替"非人类动物"作为医学实验的对象。而他们在欧洲的信徒也都在追随他们的脚步。

或许会有人指责我们夸大其词,认为这并不是这些人的本意,主张进一步领会他们真正想要表达的内容。有人甚至猜测他们的观点之所以如此夸张,只是为了引发讨论,抑或他们就是单纯想开个玩笑。然而事实绝非如此——他们所有人都极端严肃,甚至"完全缺乏幽默感"已成为这些人的主要特征。这些对我们而言近乎谵妄的主张恰恰是由那些绝非边缘人物的作者一步步详尽阐发的:他们是当世最著名的哲学家,是性别研究、动物伦理学以及生命伦理学这三门堪称成功的新学科的创始人。他们是或曾经是美国最负盛名的几所大学的教授:加利福尼亚大学伯克利分校的朱迪斯·巴特勒、约翰斯·霍普金斯大学的约翰·莫尼、普林斯顿大学的彼得·辛格、加利福尼亚大学圣克鲁兹分校的唐娜·哈拉维,休斯敦莱斯大学的雨果·特里斯特朗·恩格尔哈特……

"思想实验"……及其后果

有人或许认为问题并没有那么严重,因为这不过是些好奇而大胆的"思想实验"罢了,不会造成什么严重后果。而在我们看来,情况并非如此,因为这确实堪称一场"人类学革命",其影响已经开始在现实世界显现,并导致我们在心态和生活上的改变。我们发现,在现代化改革和常识的表象之下,这些讨论在本质上涉及是否要对关于人性本身的基本定义做重大修改。对此,我们已经部分地在引起最多抵制的性别问题上注意到了这一点。此外,这也同样涉及我们的另外两个议题——动物权利和安乐死,这两个议题在调查中显得更为大众所接受。但同样,这些表面上非常能体现相关人士仁善之心的计划却往往导致荒谬乃至骇人听闻的后果。而我们在此想做的,正是借由研读性别研究、动物研究和生命伦理学,以及这些标榜自身"政治正确"的学科创始人的理论和经历,勾勒出这些学科初始的善意是如何变得卑劣丑恶的。

实际上,我们的世界已经随着这些思想实验发生了改变。当下,美国的一些儿科医生正在谴责"跨性别"潮流给初、高中生带来的毁灭性后果。"兽道主义者"正带领追随者攻击那些开展动物实验的科学实验室,并主张用昏迷的人类患者代替前者。而谈到"安乐死潮",以及那些旨在"提高生产力"而对死亡所做的新定义,我们现在看到,这些潮流和更改显然在不断提前死亡时间和试图提前抢夺遗体,以使"有资格活下去"的人受益。

因而,这些问题是值得我们稍作停留并思考的。尤其是在仔细研究由社会性别主义、兽道主义或生命伦理所引发的诸多争议时，我们意识到，那些最了解相关问题、与这些理论创新的后果有最直接关切的人，恰恰是对这些理论主张最不买账的人。精神科医生或精神分析师大都不是性别理论的拥趸；赞同动物权利的法学家在全体法学家中所占比例也极小；而医生群体中，明确支持安乐死的人亦是极其少见的。之所以如此，不仅因为他们都已经看到了对"人"之定义的激进修改所引发的一系列极为负面的后果，还因为上述这些令人咋舌乃至荒谬的理论创新，实际上是与精神分析、精神病学、法学和医学的基本原则背道而驰的。

厌倦的人类和"末人"

对正在发生的人类学变革所带来的猛烈震撼最有感触的往往是作家而非哲学家，因为作家在大多数情况下都会认真聆听这个他们努力描绘的世界。对此，只需引用法国作家菲利普·穆雷（Philippe Muray）和米歇尔·维勒贝克的作品便足以说明问题。仅在几年前，穆雷就已清晰地勾勒出被他称为"快乐人"的形象。快乐人拒绝自我超越，拒绝面对死亡，总是选择站在模糊不清的一边，意欲抹去性别特征，并且只憧憬一件事——回归兽性。实际上穆雷想要描述的，乃是一种"重新兽化的人"：

既然能重新做回野兽，又何必做天使？……我们完全可以设想一种经过技术改造、被重新兽化、去人性化的人的出现，在这种情况下，欲望将像在野兽那里一样，不过是周期性和实用性的，并且在交配斗争中，只在最低程度上涉及与历史相关的声誉问题。因而，所有的问题都将迎刃而解，不会再有具备性别特征的身体，不会再有历史，不会再有矛盾，不会再有冲突，不会再有人兽之别——从文化的樊笼中逃出，"复得返自然"。[1]

米歇尔·维勒贝克也描绘了一种步入绝境的人，一种在自身的终结之外别无他求的人。人，或者更恰当地说，"西方人"，已然"穷途末路"。根据维勒贝克的说法，后人类主义绝不是为了创造一种新人类、一种超人，而是为了在人类的古老冒险中划出一条最终的界限。因此，人类将会是"已知宇宙中首个为自身的更替而提前安排各种条件的生物物种"[2]。声称写于2080年左右的《基本粒子》一书的结尾赞赏这种"人类灭绝"的进程"在平和的氛围中"顺利推进：我们"甚至会对人类能如此平稳，如此顺从，乃至也许暗地里对以如此如释重负的心态面对他们自身的灭亡而感到吃惊"。[3] 但这种人类对其自身终结的渴望在当下已然显而易见。依然是在《基本粒子》中，科学家布吕诺这一角色被赫胥黎所作预言的"惊人"准确性震

---

[1] P. Muray, *Exorcismes spirituels*, t. III, Paris, Les Belles Lettres, 2002, p. 174.

[2，3] M. Houellebecq, *Les Particules élémentaires*, Paris, Michel Houellebecq et Flammarion, 1998, p. 393.（中文版参见[法]维勒贝克著，罗国林译，《基本粒子》，深圳：海天出版社，2000年。——译者注）

撼,这一预言是赫胥黎于1932年在《美丽新世界》中做出的。而被预言的未来正逐渐实现,布吕诺则对此感到欢欣:"《美丽新世界》是我们的天堂。"[1]确实,我们人类当下的世界正如赫胥黎笔下的反乌托邦——一个充斥着人工生育、随心所欲的性行为、镇静剂和安乐死的世界:

> 越来越精确地控制生殖,总有一天将达到生殖与性的彻底分离,在安全和可靠遗传的整体条件下,在实验室里繁殖人类。结果家庭关系、父子及血统概念都会消失……最后当人无法再同衰老斗争时,他便自愿接受安乐死,悄悄地,很快地,毫不悲惨地离开人世……那里有彻底的性自由,没有任何东西阻碍人的发展和快乐。那里依然有微不足道的消沉、忧愁和怀疑的时刻,但很容易通过药物得到治疗;抗抑郁和抗焦虑药的化学生产取得了巨大进步。"一立方厘米,可医治十种情绪。"[2]

令人好奇的是,尼采笔下的查拉图斯特拉也是以同样这些词汇来宣告"末人"的到来的。对健康的执念、对安乐死的追求、回归兽性的风险,以及对一切自我超越的拒斥,尼采笔下的末人以发明了实质上仅以健康为诉求的"幸福"为荣:"人们在白昼有自己小小的快乐,在夜里也有自己的丁点乐趣,但人们重

---

[1] M. Houellebecq, *Les Particules élémentaires*, Paris, Michel Houellebecq et Flammarion, 1998, p. 196.
[2] Ibid., p. 195.

视健康。"[1] 尼采很好地总结了今天我们生活中的基本组合——日常使用抗焦虑药，最后配合具有溶酶作用的鸡尾酒，在二者的帮助下，我们可以毫无阻滞地结束生命，不必面对死亡带来的负面因素与悲剧性："偶尔吃一点点毒药：这将给人带来适意的梦。最后吃大量毒药，导致一种适意的死亡。"[2] 同时，他还预见了人与动物之间界限的消除，假使人不向超人的方向努力，那他就有极大的风险坠入深渊，最终与野兽为伍："人是一根系在动物与超人之间的绳索——一根悬在深渊之上的绳索。"[3] 末了，末人不再具有自我超越的意志："呵！人类再也不能射出他那渴望超越自己的飞箭之时正在到来，人类的弓弦已经忘掉了嗖嗖之声！……呵！人类再也不能孕育任何星球之时正在到来。"[4] 所有理想，所有能让人自我超越的东西，所有那些曾赋予其先祖的生命以意义的东西，对末人而言，都无关紧要。

查拉图斯特拉相信自己用末人的形象勾画了"最可鄙之事"。但他更惊诧于那些听他讲话的人群的反应："'把这个末人给我们吧，查拉图斯特拉啊'——他们叫喊起来——'把我们弄成这种末人吧！我们就可以把超人送给你了！'群众全体欢欣鼓舞，发出咂舌之声。"[5] 消除性别差异、兽化人类、抹除死亡、拒斥理想——那个被尼采、穆雷以及维勒贝克精准描绘的畸形世界，正是我们极力避免堕入的世界。

1　F. Nietzsche, *Ainsi parlait Zarathoustra*, Paris, UGE 10/18, 1972, p. 17.
2　Ibid., p. 16.
3　Ibid., p. 14.
4　Ibid., p. 16.
5　Ibid., p. 17.

社会性别，
与对身体的否认

议会诸事皆能，独不能"化男为女""化女为男"。
——第二代彭布罗克伯爵 亨利·赫伯特（Henry Herbert）

在法国，性别理论是在小学阶段的平等基础课的教学过程中真正引起法国人注意的。"国民教育应深入性别认同这种极为私人和复杂的问题"，这一主张在法国显然反响寥寥——这个国家的各级学校直到最近还肩负教育使命，即教授法语、算术、历史，而不是"格式化"或反过来解构学生的性别认同。至少可以说，这一理论并未得到大部分国民的欢迎，而政界对这一理论的回应则更为直接——他们否认其存在。时任法国国民教育部长的瓦洛-贝尔卡塞姆（Vallaud-Belkacem）对此定调："性别理论不存在。"[1] 但她的表述或许稍显笨拙，因为正是这位瓦洛-贝尔卡塞姆部长，两年前曾解释："性别理论借由社会文化背景而不是生物学去解释个体的'生理性别认同'，有助于解决男女不平等、同性恋歧视等不可接受的社会顽疾，并就这些主题开展教育。"[2] 对那些熟悉性别研究这一在英语国

1　Entretien sur «Télématin», 2 septembre 2014.
2　Entretien dans *20 Minutes*, 31 août 2011.

家存在多年的理论的人来说，法国官方认为性别理论不存在，不过是一种新的反动观点。对这些人来说，只存在"关于性别的研究"，或用当下的"新词"更准确地说，只存在"性别研究"。然而，众所周知，几乎所有科学研究都必须参考某种整体的理论框架，理论框架为我们提供了可供验证的解释性假设。因而，我们很难在不参考任何理论的前提下研究某种对象。因此，我们有理由使用"性别理论"这一表述。

当性别理论诞生的真实故事及其创始人招致的一系列不幸在法国为更多人所知的时候，问题出现了。正是由于性别理论的创始人约翰·莫尼的一系列操作，才导致其最具象征意义的患者——年轻的大卫·雷默（David Reimer）自杀。相关讨论达到白热化，而法国哲学家米歇尔·翁弗雷（Michel Onfray）作为最先提及这一事实的人之一，被论敌以各种名义指责。[1] 其中就有左翼批判理论家比阿特丽斯·普雷西亚多（Beatriz Preciado），她以一种居高临下的口吻指责翁弗雷的"错误和曲解"，当然还少不了为其扣上一顶"恐同"的帽子。她说，将朱迪斯·巴特勒与约翰·莫尼相提并论是错误的，因为作为后女性主义偶像的巴特勒正是最早批判莫尼规范主义观点的人之一。不出意

---

[1] 米歇尔·翁弗雷是首批向公众讲述大卫·雷默事件的人之一。在记者埃米丽·拉内兹（Émilie Lanez）于 2014 年 1 月在《观点》杂志发表相关文章后，翁弗雷在同年 3 月 6 日于同一杂志发表文章，向公众讲述上述事件。这一令人难以置信的故事正是记者约翰·科拉平托（John Colapinto）所做的宝贵调查的成果。以该调查为基础，此后又有一篇文章与一本著作面世。文章发表在《滚石》杂志上，该著作是 *As nature Made Him. The Boy Who Was Raised as a Girl*, New York, Harper Collins, 2000, 法译本：*Bruce, Brenda et David. L'histoire du garçon que l'on transforma en fille*, Paris, Denoël, 2014。

外，有些人的健忘症又发作了：他们忘记了几乎所有性别理论家都曾称赞莫尼的作品，其中甚至包括普雷西亚多本人。

因而，回顾"社会性别"概念生成史是有意义的。其意义不在于一上来就贬低约翰·莫尼，而在于弄明白他想要证明什么、目的何在。莫尼本人的古怪个性无疑是20世纪70年代性解放的最佳注解，尤其是该时代最疯狂的方面：我们偶尔会把莫尼视为一个弗兰肯斯坦式的人物，然而，或许杰瑞·刘易斯（Jerry Lewis）自编自导的《疯狂教授》①影片中的那位疯狂教授才更符合莫尼的形象。除了个人特质，研究莫尼的故事还有助于我们把握社会性别概念生成过程中的深层动向。其作品中某些完全被忽视的方面其实非常能代表当下对于生理性别以及身体的整体态度。此外，对莫尼著作进行解读的历史，尤其是安妮·福斯托-斯特林（Anne Fausto-Sterling）与朱迪斯·巴特勒所做的解读，能够非常好地说明从性别研究向酷儿研究演变过程中的主要阶段。因而，虽然这么说多少会有些不尊重，但研究莫尼的作品以及对其作品的接受和批判确实有助于我们把握性别研究的基本主张。[1]

---

① 该片主人公凯尔教授本性懦弱可欺。后来，他调制了一剂药水，喝下即可在一段时间内变得英俊潇洒。他借此新身份大受欢迎。但很快，他在一次变身中因过了期限而被拆穿。教授最终接受了真实的自己，重获新生。——编者注

1 有两本关于莫尼的书，其作者都倾向于支持莫尼：T. Goldie, *The Man Who Invented Gender. Engaging the Ideas of John Money*, Vancouver, UBC Press, 2014; L. Downing, I. Morland, N. Sullivan, *Fuckology. Critical Essays on John Money's Diagnostic Concepts*, Chicago, University of Chicago Press, 2015。

1 约翰·莫尼——蹩脚的发明家

社会性别的概念确实存在。具体来说，此概念的明确出现应追溯至1955年——在美国名校约翰斯·霍普金斯大学的心理学家、性学家约翰·莫尼笔下，这一概念宣告诞生。长期以来，莫尼一直被女性主义者、后女性主义者尊为英雄。就连曾在几年前指责米歇尔·翁弗雷提及莫尼过往的比阿特丽斯·普雷西亚多本人，也在其作品《睾酮瘾君子》(*Testo Junkie*)中为莫尼留了一个极为突出的位置。在莫尼身上，她看到了一个用"社会性别的技术可塑性"来反对"生理性别僵化"的人，"（莫尼的）工作为我们呈现出一种新的可能性，即通过激素或手术改变那些出生时带有生殖器官（以及/或者特定染色体的）的婴儿的生理性别。相比之下，单纯以其视觉和话语标准，医学并不足以严格断定婴儿的性别"。[1] 因此，莫尼被视作致力于推进一项激进的、开启了一个新时代的积极变革的作者。

---

1 B. Preciado, *Testo Junkie. Sexe, drogue et biopolitique*, Paris, Grasset, 2008, p. 93-94.

同时，这一变革还为那些借助睾酮（雄激素）进行自我改造的尝试赋予意义，其中就包括比阿特丽斯·普雷西亚多（女性名）更名为"保罗·B.普雷西亚多"（男性名），以此进行"过渡"而做的诸项尝试："如果说，在19世纪的学科体系中，生理性别是自然的、确定不变以及先验的，那么从今往后的社会性别则体现为综合的、可塑可变的，并可以借助技术手段对其进行转移、模仿、制造和复制。"[1] 不仅如此，普雷西亚多还颇为抒情地将社会性别概念的提出者与黑格尔和爱因斯坦相提并论，认为前者的重要性不亚于后两者："如果说社会性别这一概念为我们带来了某种观念上的断裂，那么这一断裂就表现在，它最先让我们反思性别差异建构的基本结构。这种理论上的贡献是里程碑式的，一经奠定，便不再倒退。因而，莫尼之于性史恰如黑格尔之于哲学史，亦如爱因斯坦之于时空概念。莫尼的工作开启了某些观念的终结过程：自此，'性别-自然'的概念、'自然-历史'的概念、线性和广延的时空观逐渐崩解。"[2]

至于莫尼本人，他后来从未停止对外界表明自己才是"社会性别"这一术语的真正发明者。1995年，他曾将矛头指向《牛津英语词典》，因为该词典将这一术语的发明归功于另一位作者，并将其发明时间推迟。莫尼并未忘记指出，"该词在英语中的首次出现"是在他1955年发表的一篇文章中，用于表示一种"人的属性，而不仅是生理性别的同义词"。莫尼进一步解释，该术语表示"在婴儿、儿童以及成人群体中被亲密感

---

1 B. Preciado, *Testo Junkie. Sexe, drogue et biopolitique*, Paris, Grasset, 2008, p. 94.
2 Ibid., p. 107-108.

受到和被公开表现出的男性气质的总体程度。尽管不一定，但在通常情况下，该属性与生殖器官的解剖结构相关"[1]。

从双性人到社会性别

约翰·莫尼成长于一个隶属新西兰弟兄会的清教徒家庭。在新西兰惠灵顿大学完成心理学学业后，他在哈佛大学继续自己的研究，并于1952年提交了自己关于雌雄同体（如今被称为"双性人"）问题的博士论文《雌雄同体：关于一个人类悖论的本质的研究》。据其自传所言，对这一问题的研究兴趣源于他在哈佛参加的一次案例展示，该展示聚焦于一个被当成男孩抚养长大的孩子，"这个男孩生来就没有阴茎，只有一个大小和外形类似阴蒂的器官，尽管外科手术和激素疗法都未能奏效，但他仍然以男性的身份生活。此后，他结了婚，通过收养成为父亲，并在他所任职的医学界获得了认可"[2]。这个男孩曾一度在青春期被女性化，尽管发生了这些变化，但是"在心

---

[1] J. Money, *Gendermaps. Social Constructionism, Feminism and Sexosophical History*, New York, Continuum, 1995, p. 19.

[2] J. Money, «Prologue. Professional Biography», in J. Money, *Venuses Penuses. Sexology, Sexosophy and Exigence Theory*, Amherst NY, Prometheus Books, 1986, p. 6. 此书收录了莫尼的主要文章。莫尼解释道，之所以选择这么一个无实义而纯粹诗意的书名，是因为出版商曾建议他放弃当初的书名——"维纳斯的阴茎"（*Venus's Penises*，见该书序言第XIX-XX页）。

理上他仍是一个男孩，并且无法接受自己被视作女孩"[1]。因此，男孩在教育中接受的社会性别胜过了他的生理性别，正是这一观察让莫尼确定了自己的研究方向。

如其标题所示，莫尼的论文旨在阐明一个哲学问题，即自然与文化之间的关系。因而，这不是一个临床问题，而是一个阐明"某个人类悖论"的哲学问题。我们不能忘记的是，莫尼是一位心理学家而不是医生，因此相比于为双性人患者提供治疗，更令他感兴趣的是从双性人现象中提炼出关于自然和文化在性别认同的构建过程中的作用的普遍理论。"对雌雄同体患者的心理学研究，为关于决定性别特征的遗传因素的经典争论提供了有趣启示，或者从另一方面说，也为思考决定性别特征的环境性因素提供了启发。"[2] 同时，对莫尼来说，这一研究也意味着拒绝当时的保守道德观，并提出一个极端自由主义的主张。对于那些被批评偏离主流道德的人，莫尼则是不惜一切代价地接受，这也解释了他为什么想用更中性的术语"性偏离"（paraphilie，在希腊语中意为"旁侧之爱"）来全面代替听起来有些负面的术语——"性倒错"（perversion），来指称那些在道德规范之外的性行为。

由此，在接下来的几年里，莫尼便致力于研究双性人的

---

[1] J. Money, «Prologue. Professional Biography», in J. Money, *Venuses Penuses. Sexology, Sexosophy and Exigence Theory*, Amherst NY, Prometheus Books, 1986, p. 6.

[2] J. Money, J.-G. Hampson, J.-L. Hampson, «Imprinting and the Establishment of Gender Role», *AMA Archives of Neurology and Psychiatry*, n° 77, 1957, p. 333, repris dans *Venuses Penuses*, p. 186.

问题。他发表了一系列文章,其中大多是与一对医生夫妇合著的——乔安·汉普森(Joan Hampson)和约翰·汉普森(John Hampson)。我们可以发现,他对性别特征的思考建立在双性人这个极为特殊的情况的基础上。而正是由此出发,莫尼开辟了一个至今仍在拓展的研究领域。社会性别概念正是在这样的背景下被提出的。恰如他的传记作者所说,莫尼"开创了一种属于我们当代的趋势,即将双性人模型视作有关社会性别和性别特征的诸方面要素的理解来源"[1]。莫尼过高估计了双性人的出生率(高达4%)这一点也让双性人的意义被夸大了。[2] 对莫尼来说,该研究主题的选择本身便隐含一个假设,即男女之间的分别并没有看上去那么清晰。莫尼想借此证明两种生理性别之间并非泾渭分明,因而有必要终结性别的二元划分。

此外,在其他几乎所有问题上,莫尼也都反对二元论,因而在莫尼看来,各种性行为也不能被简单划分为"倒错的"和"规范的"。这就是莫尼所说的"连续性理论"。人类的性别特征并不是"一个双球冰激凌":"人类的性别特征并非如双球冰激凌般分成两个——一边是香草味,另一边是巧克力味;一边是好,另一边是坏;一边是正常,另一边是反常。恰恰相反,人的性别特征是沿着一系列连续体分布的,就像构成车轮轴线

---

[1] T. Goldie, *The Man Who Invented Gender*, UBC Press, 2015, p. 319.

[2] 对此,涉及同一主题的某书作者指出,莫尼对这一概率的估算是"目前已知的各种估算中最大的":"莫尼使用的很多范畴往往过于宽泛且定义不明确,因而不足以代表当今绝大多数医学专家所持有的普遍看法,其中就包括'双性人'概念。"(A. Domurat-Dreger, *Hermaphrodites and the Medical Invention of Sex*, Harvard University Press, 2003, p. 211, note 79.)

的那些辐条一样，每一根都同时连接着松散和病态，每一根上的组合也都是多样的。"[1] 因而，就人类的性别特征而言，我们无法完全区分正常与病态——它并非好坏分明。如其一位评注者所言，"对错误的二分法的反对贯穿了（莫尼的）整个职业生涯"，其中尤以对男女对立、自然与文化对立以及身心对立的反对为甚。[2] 而反对二元论这一主旨将在莫尼之后的所有性别理论家那里得到重现，如生物学家安妮·福斯托-斯特林，她将自己主要著作的一个章节命名为"向二元论发起决斗"，并赞赏朱迪斯·巴特勒以非二元的方式思考身体。此外，莫尼的传记作者还指出，上述理论旨趣和立场的选择与莫尼本人的生活经历相当吻合。当然，这种演变可能并不完全符合莫尼清教徒原生家庭的期望。

降生之时的模糊未定状态与对"二元论"的斗争

正是在这些关于双性人的研究中，莫尼构思了社会性别这一概念。约翰斯·霍普金斯大学的声誉吸引了大量双性患儿的父母前来咨询。专门研究这些问题的法国精神病学家莱昂·克莱斯勒（Léon Kreisler）指出："我们正在步入对性别模糊做心理学研究的新时代。其中，莫尼、汉普森夫妇等威尔金斯团队

---

[1] J. Money, *Au cœur de nos rêveries érotiques. Cartes affectives, fantasmes sexuels et perversions (The Lovemap Guidebook)*, New York, Paris, Payot, 2004, p. 14.

[2] L. Downing, «A Disavowed Inheritance : Nineteenth-Century Perversion Theory and John Money's "Paraphilia"», in L. Downing, I. Morland, J. Sullivan, *Fuckology. Critical Essays on John Money's Diagnostic Concepts, op. cit.*, p. 42.

的精神病学家的工作突出了这一点，他们从1955年就开始发表相关文章了。实际上，此前的研究已经证明了一个基本事实，即躯体的性别与心理的性别之间可能不存在相关性。相关研究纳入大量个体案例（76例），以科学的严谨性为指导，采用更精确的性心理研究方法，以及有关性别模糊案例的性别分配选择等大量实际结论，上述观点才正式得到决定性的确认。"[1]

因而，莫尼和汉普森夫妇于1957年发表文章笃称，自己的结论是基于对105例"双性患者"的研究而得出的。他们提出，在患有性别模糊的双性婴儿案例中，"社会性别"或"抚养性别"在性别认同的形成上具有首要影响力。他们在文中表明如下结论："除极少数例外，我们可以确定的是，这些患者的心理性别与他们的指定性别或抚养性别相符，即使后两者与他们的染色体性别、生殖腺性别、激素性别、主要内部生殖器官或外部生殖器官形态相悖。"[2] 为得出上述结论，莫尼建构了一对双性人患者——从生物学上说，二人的性别是相同的，但其中一个被当作男孩抚养长大，而另一个则被当作女孩抚养长大。其研究表明，在这一过程中，与教育相关的因素是最重要的。据莫尼所说，双性人通常都能极好地适应自己被指定的性别，而当其能更早接受相关教育且教育内容更为明确时，情况尤其如此。在写于1955年的第一篇关于该主题的文章中，莫尼

1　L. Kreisler, «Les intersexuels avec ambiguïté génitale», *La psychiatrie de l'enfant*, 13, 1, 1970, p. 20.

2　J. Money, J.-G. Hampson, J.-L. Hampson, «Imprinting and Establishment of Gender Role», *op. cit.*, repris dans *Venuses Penuses*, p. 189-190.

提出了"性别认同"的概念，并认为与染色体性别或与生殖腺之间的关系相比，性别认同与人早期的生活经历更相关。他甚至提出，性取向看起来"并未在人出生之时的心理层面得到明确分化"："一个人是具有男性还是女性的性举止和性取向，这一问题并没有内在的、本能层面的基础。"[1]

正是出于这一原因，莫尼提议，在出生时性别不确定的情况下，孩子需要第一时间（甚至在其父母怀疑其性别的时间节点之前）接受相关治疗，即尽快对孩子的性器官进行干预以"修复"其性别，并最终将孩子"稳定"在某种性别上。因而，在生殖器官的物理外观不明确的情况下，需要借助外科手术的方式进行干预以保证其外观明确、不模糊。实际上，根据莫尼和汉普森夫妇的说法，若孩子的生殖器官不"规范"，父母就将无法有效扮演他们作为教育者的角色："如果一对父母观察他们女儿的生殖器，而看到一个巨大的、看起来更像阴茎的阴蒂，这将引起某种混淆，而这种混淆将让他们把这个孩子当作男孩而不是女孩来对待。"[2] 为使性别教育取得成功，父母及孩子周围的人必须"明确地"教育孩子去扮演某一个"性别角色"。当时的临床医生围绕这个"莫尼范式"达成了某种真正的共识，他们认为该范式建立了先天性双性人症的诊疗标准和常规。后来，莫尼还建议，在进行性别重置手术，也就是变

---

[1] J. Money, «An Examination of Some Basic Sexual Concepts : the Evidence of Human Hermaphroditism», *Bulletin of the Johns Hopkins Hospital*, 97, 4, repris dans *Venuses Penuses*, p. 160.

[2] E. Reis, *Bodies in Doubt. An American History of Intersex*, Baltimore, Johns Hopkins University Press, 2009, p. 138.

性手术前,不仅要考虑科学和医学层面的评估结果(比如性腺、激素、染色体等),而且要参考莫尼所说的"性别角色",也就是一个主体更倾向于将自己视为男性还是女性。

在1955年的一篇关于双性人的文章中,他首次使用了"社会性别"概念以及"性别角色"这一表述。在文中,他将"性别角色"定义如下:

> 性别角色是指一个人为显示自己具有男孩/男人、女孩/女人的身份,所说及所做的所有事情。这包括但不限于性意义上的性别特征和性行为。性别角色并非与生俱来,而是通过各种遭遇和生活经验逐步累积而构建的。[1]

由此,社会性别首次与生理性别区分开来:通常情况下,二者是一致的,但并非任何时候都如此。在某种意义上,性别角色类似母语,是我们在生命中最初的几个月内习得的,而且同母语一样,从某个年龄段开始,性别角色就不能被完全消除了。此处,莫尼受到了20世纪50年代占主导地位的行为主义心理学的启发,该学说认定教育无所不能,甚至凌驾于先天因素之上。他据此指出,这种对性别角色的学习会很快定型:性别角色在人两岁半左右便会被"完全锁定",而后便几乎不可能对这一"印迹"进行改变,正如我们几乎不能改变一个人的母语。

---

[1] J. Money, «Hermaphroditism, Gender and Precocity in Hyperadrenocorticism: Psychologic Findings», *Bulletin of the Johns Hopkins Hospital*, 96, 1955, p, 254.

文化凌驾于自然之上：约翰/乔安个案

1972 年，莫尼在其最著名的著作中普及了社会性别这一概念。该书是他与心理学家、性学家安科·埃尔哈特（Anke Ehrhardt）合著的，名为《男人和女人，男孩和女孩》(*Man & Woman, Boy & Girl*)。在书中，莫尼向大家说明了何为社会性别，并在此范畴下进一步区分性别认同和性别角色。性别认同指"每个人作为男性、女性或模糊性别的个体，或多或少表现出的认同、统一性和持续性，尤其是在这种性别认同作为由意识和行为所构成的经验的意义上；性别认同是性别角色的私人化体验，而性别角色则是性别认同的公开表达"[1]。该书收获了巨大反响，当然首先可能是因为其理论承诺有利于当时的性解放运动，但这种成功背后或许还有另一个原因，那就是其中收录了许多双性人手术前后的"血腥"照片。当时，《纽约时报》的一篇文章甚至称其为"自《金赛性学报告》以来最重要的社科类书籍"。其中，被《纽约时报》着重关注的是该书宣扬的文化胜于自然的观点，这一观点被该报概括如下："如果你跟一个男孩说他是一个女孩，并把他当作女性培养，那他将来就真的会希望自己的行为举止像一位女性。"[2] 安妮·福斯托-斯特林则强调了该书在性别概念的推广方面所发挥的重要

---

[1] J. Money, A. Erhardt, *Man & Woman, Boy & Girl : Gender Identity from Conception to Maturity. The Differentiation and Dimorphism of Gender Identity from Conception to Maturity*, Baltimore, Johns Hopkins University Press, 1972, p. 4.

[2] J. L. Collier, «Man & Woman, Boy & Girl», *The New York Times*, 25 février 1973.

作用：1972年，莫尼和埃尔哈特证明了"生理性别和社会性别是两类不同的范畴。生理性别指的是身体、物质意义上的属性……而社会性别则指自我的心理转变"[1]。而我们在莫尼的作品中关注到的是，他将生物学意义上的性别特征与从属于某种特定社会性别的感受（即性别角色）完全分开。并且，在性别认同上起决定性作用的不是生理性别，而是被教育、文化所建构的社会性别。

除了从文化人类学中汲取的论据，该书的基本论点主要植根于"约翰/乔安个案"——该个案既在表面上证明了莫尼的观点，也导致了他的垮台。1966年，雷默夫妇，一对双胞胎儿子的父母向莫尼咨询。双胞胎之一的大卫（后来在莫尼的报告中被称为"约翰"），在包皮环切手术中由于电锯调整有误，致使其阴茎被烧伤并被切除了。雷默夫妇后来在电视上听说了这位约翰斯·霍普金斯大学的双性及变性问题方面的专家，并得知对方宣称可以把男孩变成女孩，也可以把女孩变成男孩。因此，他们决定和莫尼会面，并向其咨询大卫的情况。莫尼告诉他们，需要对大卫进行手术以移除其男性生殖器官的剩余部分，并从此将其当作女孩抚养，这样他就会变成一个女孩。"如果我们给他穿女孩的衣服，给他做女孩的发型，让他做女孩做的游戏，简言之，如果我们把他当作一个女孩来对待，那么他也就会成为一个女孩，而不会在将来因为他那受损的性器官而在某些方面吃亏。"听了他的建议后，雷默夫妇犹豫再三，

---

[1] A. Fausto-Sterling, *Corps en tous genres*, La Découverte, 2012, p. 19-20.

但莫尼催促他们尽快采取行动,因为性别认同会在年幼的时候就被确定下来,也就是在两岁半至三岁这个年龄段。而鉴于当时大卫已经 19 个月大,所以留给他们的时间不多了。

莫尼显然对这个案例充满热情,该案例之后也被其称作自己研究的核心,并成为其理论有效性的最有力证明以及一部有关变性这一主题的重要经典文献。如果性别重置,真的让大卫成为一名女孩,而其在生物学意义上并非女孩,那么莫尼的理论便会被证实。与莫尼之前研究的双性患者不同,大卫在生物学意义上无疑是个男孩,而如果真的能把他培养成女孩,那将会是"文化胜于自然"的无可争辩的证明。此外,莫尼之所以对这一案例感兴趣,是因为大卫还有一个孪生兄弟——布莱恩,后者将成为这一实验的对照组,为莫尼的观点提供证明,许多关于先天和后天因素如何各自对人施加影响的争论都曾以同卵双胞胎作为论据。因而,莫尼非常看重这个"关键实验",因为这将证明他的文化主义观点。正如莫尼所说:"这一儿童性别重置案例的极不寻常之处在于,这个孩子出生时是一位完全正常的男孩,并有一位双胞胎兄弟,当时他们都没有生殖器畸形发育和性别模糊。"[1]

孩子的父母最终同意了手术,并在 1967 年切除了大卫男性生殖器官的剩余部分。大卫被变成一个女孩,莫尼给他重新命名为"乔安"("约翰"的同义女性名)。随后,大卫接受了激素治疗,以使其生理性别在将来真正与通过教育"烙印"在

---

[1] J. Money, A. Ehrhardt, *Man & Woman, Boy & Girl*, *op. cit.*, p. 118.

其身上的社会性别吻合。在一开始，这种转变看起来是成功的。在《男人和女人，男孩和女孩》中，莫尼和埃尔哈特解释道，曾经的男孩大卫已经变成了"典型的"小姑娘，其行为举止与孪生兄弟截然不同："小姑娘想在圣诞节收到玩具娃娃、娃娃屋和婴儿车——这显然与成年女性角色的母性有关；而小男孩则想要收到带汽车的玩具车库、玩具加油站和其他工具玩具——这是对男性角色的一种演练。与众多男性一样，他的父亲也对汽车和机械感兴趣。"[1] 将大卫作为女孩进行培养的教育大获成功，这为莫尼的观点提供了有力的支持，证明性别认同的大门在孩子出生之际是敞开的，其中包括正常孩子、出生时性器官不完整的孩子，以及产前雄激素过量或不足的孩子。并且，至少在出生后一年多的时间内，这扇门都是敞开的。"二态教育模式对儿童性别分化的形成以及作为女性或男性的性认同的最终结果有非同一般的影响。"[2] 此时的莫尼，口气中显然带着胜利者的得意，他写道："套用希腊神话中皮格马利翁的故事，同一块黏土，我们既可以将其塑造成男性神祇，也可以塑造成女性神祇。"[3]

所以，社会性别这一概念让莫尼对性别做出了根本性区分——生理性别是生物学指标，而社会性别是文化习得。换言之，社会性别在很大程度上独立于生理性别的各种指标。二者并不必然吻合，并且在二者不一致的情况下，文化面的性

---

[1] J. Money, A. Ehrhardt, *Man & Woman, Boy & Girl, op. cit.*, p. 122.
[2] Ibid., p. 144-145.
[3] Ibid., p. 152.

别，也就是社会性别，将扮演更重要的角色。以上就是对约翰·莫尼基本主张的一个极为简略的概括。凭借这一所谓"文化主义"的主张，莫尼似乎为波伏娃在《第二性》中所构建的理论模型提供了一个实验层面的证明，也就是后来成为女性主义口号的那句："女人不是天生的，而是后天形成的。"莫尼也完全乐见他对"文化胜于自然"的"证明"可以被"妇女解放运动的拥护者们"接受。[1] 将性别研究引入法国的埃里克·法桑（Éric Fassin）将莫尼视为社会性别概念的真正发明者，因为莫尼为性和性别特征的"去自然化"事业开辟了道路："对约翰·莫尼这位参与了二战后，在进步主义愿景下构建科学、反对单纯基于生物学视角的各种观点和实践的人而言，确实是教育造就了男性和女性。"[2] 然而，莫尼并未止步于此。

从双性到变性

1965 年，仍旧是在约翰斯·霍普金斯大学，莫尼创立了变性性别认同诊所。这是对其关于双性人研究的自然延伸。并且，这个性别认同诊所也成了后来美国诸多类似机构的模板。约翰斯·霍普金斯大学的团队汇集了外科医生、泌尿科医生、内分泌学家、精神病学家等各个相关领域的专家，以

1　J. Money, A. Ehrhardt, *Man & Woman, Boy & Girl*, op. cit., p. XI.
2　E. Fassin, «L'empire du genre. L'histoire politique ambiguë d'un outil conceptuel», *L'Homme*, 2008, 3, nos 187-188, p. 375. 法桑采纳了历史学家伊拉娜·洛伊（Ilana Löwy）的结论（«Intersexe et transsexualités : les technologies de la médecine et la séparation du sexe biologique et social», *Cahiers du Genre*, 2003/1, n°34）。

协作应对相关病例。尽管从未接受过任何真正的医学培训，莫尼仍在该诊所中担任医学心理学和儿科教授。诊所的主要工作，是回应那些对自身生理性别感觉不佳且想从某种性别"过渡"到另一种性别的患者的需求。莫尼和他的团队成员不会质疑这些患者自身的感受并尝试让他们的感受去适应他们的身体，而是提出了与之相反的假设，即相较于让感受去适应身体，似乎改造身体并令其与感受相匹配显得更为容易。因为性别认同自两岁起就被确定了，因而相较之下，改变身体更容易，换言之，意识比身体更重要。根据女性主义活动者和"变性帝国"的尖锐批评者珍妮丝·雷蒙德（Janice Raymond）的说法，基于约翰斯·霍普金斯大学的信誉背书，莫尼推动了"将变性问题塞入专家和公众眼中的医学问题范畴"，并引发了某种"变性"热。[1]

虽然先天性严重性别模糊的案例实际上极为罕见（最多0.001%），但这并不妨碍那些围绕双性人"迷人"特质的观察作品和出版物的大量面世，其中不仅有专业人士的作品，也包含非常大众化的读物。而如今我们看到，人们开始同样好奇另一相似但并不完全相同的现象——跨性别人士。自那些年之后，变性行为从一种特殊的病理学实体转而成为某种社会示威议题的"变性现象"。自此，"性别选择"在西方某些国家被视为某种名副其实的"人权"，而在同时，变性人也成为人们好奇的对象（当然，通常是不太健康的好奇）。这种好奇并不限于

---

[1] J. Raymond, *L'Empire transsexuel*, Paris, Seuil, 1981, p. 51-52.

医疗外科，在整个社会和文化领域也一样。在1979年的书中，珍妮丝·雷蒙德将矛头直指莫尼——他及其性别认同诊所令变性在西方成为一种潮流，并处于庞大的医学、心理学、司法及传媒复合体的核心位置。莫尼的作品在这一领域被奉为"圣经"，"在学术圈内外都受到了极大欢迎"[1]。

在女性主义者珍妮丝·雷蒙德看来，变性行为体现了"医学帝国的扩张，因而同时也是父权的扩张"[2]。相关外科手术号称以"身体健康"为目标，隐藏在其背后的实际则是"医疗系统"的意志，即"强迫变性人再次被纳入一个根本性的性别歧视规范（及价值）未被纠正的社会系统"[3]。变性手术是"一门服务于'服从性别角色'的父权意识形态的科学，就像当年（纳粹）为了获得金发蓝眼的种族而实行的生育规划一样，让科学为一套北欧人种规范服务"[4]。根据雷蒙德的说法，如此看来，变性手术便是女性割礼或脑前额叶切除术这些众所周知的灾难的延续："所有这些外科手术的共同点在于，其治疗的合法性都基于一套'将行为问题与具体器官联系在一起'的医学模型。因而需要外科手术的介入并摘除相关器官（在变性手术的情形中，还包括增加某些器官的情况）。"[5] 然而，上述手术都对其干预所造成的"巨大身体痛苦"只字未提。[6]

---

1 J. Raymond, *L'Empire transsexuel*, Paris, Seuil, 1981, p. 75.
2 Ibid., p. 20.
3 Ibid., p. 155.
4 Ibid., p. 183-184.
5 Ibid., p. 165.
6 Ibid., p. 177.

为谴责医学控制和规范化的趋势，雷蒙德引用自由主义精神病学家托马斯·萨斯（Thomas Szasz）的话，后者的作品曾启发了福柯："纳粹医生的活动……并不代表以治愈为追求的医学在他们那里走偏了……而只是医学专业作为社会控制工具的传统功能的特定表现，尽管在该情形中被极端放大了。"[1]

此外，雷蒙德从其女权主义观点出发，批判了"变性帝国"所传播的男女刻板印象：一个人若想获取变性手术的权利，先得遵从一套关于性别（通常是女性）的刻板印象。实际上，变性行为主要是从男性"变成"女性的问题："所谓从女转男的变性人不过是个'托词'，使得他们可以渲染那个似乎很动听的说法，即变性问题是全人类的问题，而不仅仅是男性的问题。"[2] 因此，雷蒙德认为，变性侵蚀了女性的存在，特别是在那些变成女性并以"女性主义女同性恋者"自居的变性者那里，这种侵蚀显得尤为明显。变性"不仅殖民了女性的身体，同时也将某种女性主义灵魂据为己有"[3]。

莫尼教授的错误：大卫·雷默的真实故事

约翰·莫尼的名字再次进入法国公众的视野，是在有关婚

1　J. Raymond, *L'Empire transsexuel*, Paris, Seuil, 1981, p. 183. 作为回应，萨斯后来也对雷蒙德的书大加赞赏。我们将在下文再次提及她的书。

2　Ibid., p. 21.

3　Ibid., p. 20.

姻平权[1]和性别的社会辩论之际，但有所不同的是，他这一次出现在批判上述议题的作者的笔下。而匪夷所思的是，在谈到莫尼这个人的时候，那些本应对性别理论引以为傲的支持者开始装聋作哑。正是在这样的背景下，米歇尔·翁弗雷向公众重提约翰/乔安个案，并提醒道，约翰/乔安的真实故事并非以莫尼当初所期待的方式画上了句号——这一点在法国被完全忽视了。事实上，该案例彻头彻尾地失败了，并以极为悲惨的方式告终。莫尼曾试图掩盖这一结局，但多亏一位长期反对莫尼的精神病学家，真相才得以揭露。同时，这一真相得以公之于众，更得益于BBC（英国广播公司）1980年的一次报道以及1997年《滚石》杂志上的一篇文章——文章作者约翰·科拉平托此后于2000年又出版了一部精彩的作品，其内容基于与包括大卫·雷默本人在内的主要当事人的多次对谈，以及对大量相关资料的查证。这本书的标题开门见山——《像自然般造就他：一个被当作女孩抚养的男孩的故事》(*As Nature Made Him: The Boy Was Raised as a Girl*)，出版后便轰动一时。从科拉平托的叙述中，我们得知，由于当时莫尼在其所处机构和领域内都有举足轻重的权力，医学界无人胆敢批评他：一位曾跟进约翰/乔安个案的精神病学家对莫尼的理论持怀疑态度，但他解释道，莫尼令他"发怵"，因为他担心一旦对莫尼发起批评或挑战，自己的职业生涯会受到影响。[2] 那些追随莫尼跟进

1　此处原文为"mariage pour tous"，意为"所有人都有权结婚"，为当时的法国婚姻平权支持者的常用口号，其特别强调同性婚姻合法化这一主张。——译者注

2　J. Colapinto, *Bruce, Brenda et David. L'histoire du garçon que l'on transforma en fille*, op. cit., p. 231.

大卫病情的医生都不敢反对这位大专家所鼓吹的疗法,尽管他们已经清楚地看出该疗法不起作用。

在科拉平托的书中(莫尼及其支持者都未曾反驳该书的内容),我们发现,实际上,当时的小大卫·雷默仍玩着男孩玩的游戏,并且他不仅外在表现得像个男孩,内在也感觉自己是个男孩。在青春期的时候,他同样会被女孩吸引。他完全不接受父母的那些希望他言谈举止像个女孩的企图和尝试。对于一年一度前往巴尔的摩接受医疗咨询的行程,他也愈发迟疑和抵触。不得不说,疗程内容通常是向这对孪生兄弟展示色情照片或让他们模仿异性交媾的情景,以检验他们是否真的了解各自的性别。莫尼痴迷于建构一个观点,尤其是借助那些多少可供参考的民族志资料,即孩子可以通过"重复"他们必须看到的、他们的父母所进行的异性交媾动作来为自己未来的性事做准备。在孩子无法参加莫尼为他们设计的游戏时,莫尼还主张给孩子播放色情电影。当莫尼给大卫看女性分娩的照片以说服他成为一位女孩的时候,大卫反应冷淡。莫尼还让大卫与"男变女"变性人见面,以说服大卫永久改变性别,但这一企图也收效甚微。实际上,大卫随后选择了逃离,因为他对莫尼给他设计的未来感到恐惧。在这之前的一段时间,当他知道强加给他的激素治疗旨在改变他的性别时,他就已经开始拒绝治疗:他感觉自己是男孩子,而与变性人的见面并未动摇这一点。随着大卫年龄的增长,由男变女的永久性手术所带来的威胁也随之逼近,终于,在13岁那年,大卫以死相逼,断然拒绝父母再强迫他去莫尼那里接受医疗咨询。他随后获准停止之前的治疗,并接受一种基于睾酮的新疗法，切除了因之前的激素治疗而发育的乳房，并进行了阴茎成形手术。在 14 岁那年，他决定重新称自己为"大卫"。

当了解到这些困难，并意识到大卫抗拒强加于他的治疗后，莫尼并未检视自己的理论假设，而是继续向孩子施压，试图让他屈从。即使在真相被科拉平托公之于众之后，莫尼也从未承认自己理论所依据的案例是场失败。一方面，莫尼犯下了一个可怕的道德错误：他拒绝倾听大卫的痛苦，后者坚决拒绝被变成女孩并清晰地感到"自己是男孩"。另一方面，莫尼还犯下了一个同样严重的科学错误：他从未承认从那标志性的独特研究案例中所提取的数据是伪造的。实际上，在 1972 年出版《男人和女人，男孩和女孩》的时候，莫尼就已经知道事情肯定不会像他当初所期待的那样在大卫身上展开。[1] 当有关大卫的报道引起越来越多的批评时，莫尼只是将这些批评斥为极右翼和反女权运动的阴谋。而实际上，整件事的结局比上面所说的还要悲惨：大卫在 2004 年选择自尽，而他的孪生兄弟酗酒成瘾，其中部分原因可能是父母对他的忽视，因为他们只关心如何救治大卫。

只有一位医生是从一开始就质疑莫尼的，他就是精神病学家米尔顿·戴蒙德（Milton Diamond）。戴蒙德一直坚信性别认同是天生且不变的，无法通过教育改变。基于对啮齿动物的实

---

[1] 尽管洛伊支持性别理论，但她仍指出："从伦理道德角度来看，莫尼的做法有待商榷。"(I. Löwy, «Intersexe et transsexualités : les technologies de la médecine et la séparation du sexe biologique du sexe social», *Cahiers du genre*, 2003/1, n° 34, p. 91.)

验研究，戴蒙德提出，从胚胎阶段起就是且只是激素，才是男性或女性性征的决定因素。因而，大卫的案例一出现就立即引起戴蒙德的注意：基于此案例，莫尼得出了教育因素在性别认同问题上比生物因素重要的结论，这使得该案例在一系列相关文献中独一无二。戴蒙德极度怀疑这一案例的真实性。当他看到BBC的纪录片时，戴蒙德认出该案例是由莫尼提供的，于是，他在医学媒体上刊登告示以寻找曾经治疗过大卫的其他精神病学家。凯斯·西格蒙德森（Keith Sigmundson）联系了他，并向他介绍了大卫如何在最后放弃治疗，并接受手术以恢复男儿身——大卫从始至终都认定自己是男性。1982年，戴蒙德发表了一篇权威文章，全面否定了莫尼的各种论据。[1] 而科拉平托的书揭露了关于莫尼本人各种龌龊不堪的细节，这宣告了莫尼的社会性死亡。后来约翰斯·霍普金斯大学性别认同诊所的关闭或许也与此书的面世有关。还有人认为，莫尼"在儿童色情及乱伦方面的问题"上的煽动性言论也是该诊所关闭的原因之一。[2] 全方位性解放的时代已然结束了，当然其中并不包括莫尼和他

---

[1] Cf. M. Diamond, «Sexual identity, monozygotic twins reared in discordant sex roles and a BBC follow-up», *Archives of Sexual Behavior*, 11(2), 1982, p. 181-186.

[2] 这是珍妮丝·雷蒙德的观点。她认为，诊所的关闭与莫尼"在儿童色情及乱伦方面的问题"不无关系，后者还特别指出，有必要区分"创伤性乱伦"和"非创伤性乱伦"。(Préface à l'édition de 1994 de *The Transsexual Empire*, Teachers College Press, New York, p. XII.) 值得注意的是，约翰斯·霍普金斯大学精神病学系系主任保罗·麦克修（Paul Machugh）曾中止莫尼进行的手术，但他后来也受到支持跨性别运动的活动组织的批评。迫于这些人的压力，约翰斯·霍普金斯大学于2016年恢复了变性手术。(Cf. R. T. Anderson, *When Harry Became Sally. Responding to the Transgender Moment*, New York-Londres, Encounter Books, 2018, p. 15-21.)

的门徒，他们可以在性科学学会的会议结束后，从容不迫地继续他们的性派对。

拓展资料　莫尼——"机能障碍公爵"

邪典类型片导演约翰·沃特斯（John Waters），曾在其影片《粉红色的火烈鸟》与《女人的烦恼》中让变装表演者、"最下流的活人"（这是该表演者非常中意的称谓）迪韦恩担纲主角，沃特斯或许最有资格向我们展现他的好友约翰·莫尼究竟是何等人物。在约翰·莫尼最受欢迎的书《爱情地图》①的封底上，沃特斯称赞他为"机能障碍公爵"："约翰·莫尼博士不愧为'机能障碍公爵'。这个人，以如此庄重和关怀的态度写下了这些难以启齿的有关人类的性的各种问题的研究，他的态度如此虔敬，以至连我读下来都感觉自己像个正常人了。"[1] 对于熟悉沃特斯那些另类作品的人来说，他绝不是在阴阳怪气。必须指出，莫尼在《爱情地图》中，正如沃特斯在他的电影中一样，都毫不吝惜对各种性倒错的关注。在该书中，莫尼带着一种明显的狂喜，收集各种性倒错类型，其数量甚至超过了前一个世纪的性学家们所做的归纳，比如克拉夫特–埃宾（Krafft-Ebing）。莫尼收集的这些性倒错类型包括：施虐、受虐癖、嗜粪

---

① 该书全名为《爱情地图：关于少儿、青年和成人阶段的性/情色健康与病理、性倒错，以及性别转换的临床概念》(*Lovemaps : Clinical Concepts of Sexual/ Erotic Health and Pathology, Paraphilia, and Gender Transposition in Childhood, Adolescence, and Maturity*)。——译者注

[1] Appréciation en quatrième de couverture du livre de Money, *Lovemaps*, citée par L. Downing, I. Morland, N. Sullivan, *Fuckology...*, *op. cit.*, p. 1.

癖、自缢癖、恋尸癖等。除此之外，莫尼还乐于发现并命名其他新型的性倒错（通常很滑稽），比如电话骚扰癖、慕自我暗杀癖以及恋罪犯癖（即希望与罪犯发生性关系）①。[1]

莫尼的基本观点被他总结为"连续统一体理论"，即在与性相关的问题上，并没有真正的正常，也没有真正的病态。所有的规范都是"文化的"，而在通常规范之外的其他规范也都是可能的。从这个角度来说，反而是我们社会中的"反性态度"造成了大多数的性障碍，而宽容有助于消除它们。因为在宽容的态度下，压抑不复存在。在如何指称这些规范外的性行为的问题上，莫尼更倾向于使用旧术语"性偏离"而不是"性倒错"，以免污名化这些奇异性行为（甚至包括那些最令人反感的类型）。在这些性偏离类型中，莫尼不仅列举了恋尸癖和截肢癖（即渴望被截肢的癖好，下文还会进一步分析），还写了一些一般看来相当严重的类型，比如恋童癖和乱伦。

不得不说，莫尼在个人生活中也并不遵从社会规范：婚后，他保持了几段同性关系，同时又与其他异性纠缠。在一次以专家身份出庭做证时，他被问到是不是同性恋，他否认了。他随后向一位亲属解释自己如此回答并不算做伪证，因为严格说来，自己是双性恋。此外，正如他的一位搭档在一篇非常"私人的"悼文中所指出的那样，莫尼"热衷于群体性行为"："性科学学会的历届年会都以闭幕后由约翰组织的'夜间狂欢'而著

---

① 医学上又称为"邦妮和克莱德症"（Bonnie and Clyde Syndrome）。——译者注
[1] 在 *Venuses Penuses* (1986, p. 477 sq.)这本书中的词汇表中，我们可以找到一份荒诞的清单，收录了从慕残到恋兽癖等各种性倒错类型。

称，参与其中的也不乏一些性学界的权威。而在这些人中，莫尼显然天赋异禀。"[1] 还好并不是所有科学年会都以此种方式闭幕……应该说，这类行为完全是20世纪六七十年代西方性解放精神指导下的产物。有鉴于此，莫尼的许多文章首先是在诸如《花花公子》这类软色情杂志上面世也就不足为奇了，尤其是1990年的一篇采访《性：好人、坏人和怪人》，这一标题参考了埃尼奥·莫里康内（Ennio Morricone）为之配乐的著名电影《黄金三镖客》（*The Good, the Bad and the Ugly*，直译为"好人、坏人和小人"）。到目前为止，关于莫尼本人及其行为，还没有什么特别可指摘的。

不过，他在恋童癖和乱伦等问题上的言论就不那么容易被人接受了。莫尼一向坚称，只有社会和文化因素才有权界定哪些性行为正常，哪些不正常。对他来说，这一判断原则同样适用于恋童癖和乱伦。在这两种情况中，与对社会性别的判定一样，唯一的判定依据只有文化因素。在此，莫尼毫不犹豫地向我们社会中的这两项大忌发起了挑战。而在关于孩童性行为的问题上，莫尼则一再指出他所谓的"孩童的情欲性重复游戏"

---

[1] R. Green, «John Money Ph. D. (July 8, 1921 – July 7, 2006) A Personal Obituary», *Archives of Sexual Behavior*, 35 (2006), p. 630. 然而，莫尼本人的情感生活似乎开局不利。在自传中，他提到童年时曾遭受其父亲的残酷对待。在题为"人类行为探索"的一章中，他写道："我父亲在我四岁时对我的虐待和鞭打对我产生了矛盾的影响，导致我终生排斥他那天的工装。同时，这也向我展现了男子气概的粗暴和权威的自我满足……虽然我的父亲已死，但我无法忘记也无法原谅这种无理的残暴。"（J. Money, «Explorations in Human Behavior», in C. E. Walker (ed.), *The History of Clinical Psychology in Autobiography*, vol. II, Pacific Grove, CA, Brooks-Cole, 1991, p. 238.）

的观察价值，即儿童模仿成年人性关系的性游戏。如前所述，莫尼曾让雷默兄弟观看色情电影，并在之后强迫二人模仿片中行为。据莫尼称，这类游戏在某些传统社会是普遍存在且必不可少的，例如澳大利亚的原住民雍古族就会进行此类游戏。莫尼为我们的社会尚未准备好对此类儿童性行为开展科学研究深感遗憾，他表示，有关这一课题的研究的数量"清楚明白地显示为零，因为任何试图进行此类研究的人都有可能背上助长青少年犯罪或散播淫秽的罪名而锒铛入狱。只要想象一下届时媒体铺天盖地的报道的标题，就可想而知要申请到观察儿童性游戏的研究经费有多困难"[1]。然而，据他所说，大部分成年后的性障碍正应归咎于我们社会对这一类游戏的压制——那些在实验中被禁止性游戏的猴子在成年后无法完成正常的性行为。据大卫·雷默称，谈到有关此类研究的禁令时，像莫尼这样痴迷于此类游戏的观察者似乎感到尤为遗憾。

而至于恋童癖，必须指出莫尼本人并不愿意使用这一术语。他将其纳入"忘年恋"这样一个更为宽泛的范畴，即所有那些"在年龄上存在差异的情侣"之间的爱慕关系。但他随即指出，尽管从前我们"容许"此种"合乎事理的智慧"，希望这些行为有助于孕育出如《爱丽丝梦游仙境》的作者刘易斯·卡罗尔及"小飞侠"彼得·潘的创作者詹姆斯·巴里这样的"天才"，但如今这些行为已不再被容许，"恋童癖性质的爱

---

[1] J. Money, *Love and Love Sickness. The Science of Sex, Gender Difference and Pairbonding*, Baltimore, Johns Hopkins University Press, 1981, p. 53.

慕已经成为犯罪"。[1] 此外，莫尼还解释道，与恋童癖行为本身相比，围绕这种关系所形成的耻辱感与随之而来的报复行为更具创伤性："如果这段关系被发现，保密与报复的沉重压力形成的困境往往比恋童癖的性行为本身更具创伤性。"[2] 在接受采访时，莫尼解释道："当我们看到一个十岁或十二岁的男孩被一个二三十岁的男性在情色意义上深深吸引，如果这种关系确实是完全两相情愿的……那么，我怎样也不会将其归类为病态。"[3] 他认为，实际上应该区分具有强迫性的"虐待狂恋童癖"与具有相互满足性质的"情感型恋童癖"。在一份未公开发表的有关恋童癖与恋青少年癖关系的手稿中，他提及，他的一些患者有过比自己年长很多的伴侣，而对这些患者来说，这些关系"是互惠互补的。年轻一方当然符合成年一方在性冲动意义上的幻想。另外，还有一个从表面上来看不容易发现的因素，那就是这种关系也可以产生类似于正常夫妻关系所带来的积极影响，比如常见的经济与消遣方面的，以及对年轻一方的情感与情欲方面的积极影响。因为对这一方来说，他们通常苦于亲子情感缺失或青少年时期被有意或无意忽视的经历"。[4]

1987年，莫尼还为荷兰恋童癖活动家西奥·桑德福特

---

[1] J. Money, «Pedophilia : A Specific Instance of New Phylism Theory as Applied to Paraphilic Lovemaps», in R. Feierman (ed.), *Pedophilia. Biosocial Dimensions*, New York, Springer, 1990, p. 453.

[2] J. Money, *Au cœur de nos rêveries érotiques*, *op. cit.*, p. 232.

[3] Interview dans *Paidika : the Journal of Paedophilia*, vol. 2, n° 3, printemps 1991, p. 5. 莫尼还曾为《身体政治》杂志编辑提供辩护证词，后者曾发表过一篇支持恋童癖的文章。

[4] Cité par T. Goldie, *The Man Who Invented Gender*, *op. cit.*, p. 168.

（Theo Sandfort）的书写了一篇不吝赞美的推荐序，此书书名露骨，题为《男孩及其与成年男性的接触：关于以性的形式所表达的友谊的研究》(Boys on their Contact with Men: A Study of Sexwally Expressed Friendship)。在序言中，莫尼解释道，恋童癖是一种与其他个体习性性质相同的习性，就像左撇子或色盲一样，因而绝不应将之视为一种疾病。他认为，我们应该与之共存："就像左撇子或色盲一样，恋童癖与恋青年癖不再是一个关乎个人意志选择的问题。在已知范围内，我们没有可以将之永久改变、移除或替代的治疗方法。惩罚是无效的。对于这些行为为何存在于大自然的整体系统之中，没有令人满意的解释，无论这些解释是基于进化论还是其他理论。因而，我们只需接受'这些行为存在'这一事实，而在了解这一点的前提下，制定关于妥善应对这一问题的政策。"[1] 在一篇未公开发表的关于该主题的手稿中，莫尼更进一步，他写道："在一位年长伴侣与一位青春期前或刚刚进入青春期的男孩之间的关系可能是：1.互补互惠的；2.充满深情并结成情侣的；3.排除一切形式的侵犯、损害或伤害的；4.时间上有限的；5.现象学层面上可能是童年时期亲子情感缺乏、被忽视或性侵经历的延续。在这样一种关系中，有关儿童和青少年的性权利的伦理及法律问题应该被重新审视和定义。"[2]

---

[1] Préface à T. Sandfort, *Boys on Their Contacts with Men : A Study of Sexually Expressed Friendship*, Elmhurst, NY, Global Academic Publisher, 1987. Consultable sur https://www.ipce.info/host/sandfort_87/intro1.htm.

[2] Cité par T. Goldie, *The Man Who Invented Gender*, *op. cit.*, p. 169.

莫尼对乱伦持类似观点。在这一情景中，也同样需要区分暴力及创伤性的乱伦行为、"温和"乱伦。他认为，一位和蔼祖父的爱抚与一位好色叔父的侵犯之间存在巨大差异："一位祖父爱抚与他同床入睡的乖孙；当一位做客的叔父不顾后者的尖叫和惊恐，强暴刚刚进入青春期的侄女——前一种与后一种乱伦不能被归为一类。"[1] 莫尼认为，正如在恋童癖的情境中一样，乱伦行为本身并不会造成伤害，真正会造成伤害的是其周遭的谴责，他指出："如果没有谴责，尤其是当乱伦行为不为家庭之外的人所知时，反而是乱伦关系的中断更容易造成创伤。当双方已经建立起一种真正具有爱慕和情欲性质的关系时，这种伴侣关系的被揭发与解除，而不是这种关系本身，更可能成为创伤的根源。"[2] 并且，莫尼还提及："当一种关系建立在这样的基础上时，不仓促打断这种关系是非常重要的。"[3]

无论是恋童癖还是乱伦，这些行为都完全取决于文化，就像莫尼对性取向所做出的解释一样。莫尼认为，仅在某种极其特殊的意义上，即"在一个只支持单一宗教，并存在所谓宗

---

[1] J. Money, «Paraphilias», in J. Money, H. Musaph (ed.) *Handbook of Sexology*, Amsterdam, Excerpta Medica, 1977, p. 1922.

[2，3] J. Money, G. J. Williams, *Traumatic Abuse and Neglect of Children at Home* (Baltimore, Johns Hopkins University Press, 1980), p. 412. 这也是朱迪斯·巴特勒的观点，她在其书中曾写道："我的确认为有些形式的乱伦可能不一定会造成创伤，或者说，它们是因其引起的社会羞耻感才具有了创伤性。" J. Butler, *Défaire le genre*, Paris, Éditions Amsterdam, 2006, p. 162.（中文版参见［美］朱迪斯·巴特勒著，郭劼译，《消解性别》，上海：上海三联书店，2009年，第16页。——译者注）

教偏离这项罪名的社会"¹的意义上，乱伦才被视作一种性偏离。因而，他认为必须由此得出的结论是，就像社会对不同宗教或观点表现出宽容一样，我们同样需要对恋童癖和乱伦行为表现出类似的态度，因为，他们只"错"在属于少数群体。² 然而，正如法国人类学家列维−斯特劳斯（Lévi-Strauss）所证明的那样，这些普遍的奠基性禁忌也正是扩大后的人类社会得以存在的条件。但约翰·莫尼丝毫没有意识到这一点。

1　J. Money, G. J. Williams, *Traumatic Abuse and Neglect of Children at Home*, op. cit., p. 412.
2　著名性学家金赛的门生后学也基本在这个方向上进行论证。金赛的主要弟子沃德尔·波默罗伊（Wardell Pomeroy）曾表示，"是时候承认乱伦不应被视为一种性倒错或精神疾病症状了"。儿童与成年人之间的乱伦"有时候是有益的"。Cité dans «Attacking the Last Taboo», *Time magazine*, 115, 15, 14 avril 1980.

2　福斯托-斯特林与男女之别的终结

在莫尼提出社会性别这个有别于生理性别的概念之后，接下来的理论步骤似乎就是证明：一方面，社会性别在某种意义上是独立存在的；另一方面，生理性别无法独立于社会性别存在。事实上，莫尼被后女性主义者批判的一点，就在于他仍然承认存在某些不同的生理性别，也就是说，每个孩子在其出生之时都有一个确定的生理性别，尽管莫尼认为生理性别在性别认同中不发挥重要作用。而现在，在莫尼之后，似乎需要进一步证明的是"社会性别决定生理性别"——我的生理性别是我的社会性别的产物，我的性别认同取决于我的意志。

而第二阶段的论证工作首先是由"后女性主义生物学"标杆人物安妮·福斯托-斯特林做出的，之后则由她的朋友朱迪斯·巴特勒继续。巴特勒不仅坚称生理性别并非客观存在，甚至人的整个身体也不能在没有相关"话语"的前提下独立存在。同样，当莫尼在法国声名狼藉之时，这一既存在又不存在的性别理论的卫道士们则试图让人们相信他们才是莫尼最早的批评者。比如，普雷西亚多就解释，巴特勒应该是最早一批反驳莫尼"规范主义"主张的人之一。不过，他们的批评实际上是将莫尼的论证推到极端乃至荒谬的程度。相比于莫尼，他们在彻底解构生理性别与身体这一方向上走得更远。

福斯托-斯特林——莫尼的批评者

安妮·福斯托-斯特林是最早从这一角度批评莫尼的人之一。早在1985年，她就在其著作《性别神话：有关男性与女性的生物学理论》（*Myths of Gender: Biological Theories about Women and Men*）中提出了这一观点。而后，她在自己最著名的著作《赋身以性：性别政治和性的建构》中，对这一观点做了更为全面的陈述。起初，福斯托-斯特林相当欣赏莫尼的观点，并承认莫尼与埃尔哈特合著的《男人和女人，男孩和女孩》这本书深得其心："他们将社会性别的概念运用到个体心理学，因而此书甫一面世，我便如饥似渴地阅读了其中的内容。"[1] 她称赞莫尼和他的同事们成功地证明了决定社会性别的是教育而不是生理性别：社会性别并不是由生殖腺、激素抑或染色体决定的。福斯托-斯特林而后不无赞赏地引用了莫尼的观点："从对双性人的研究中，我们可以得出结论，性行为与

---

[1] A. Fausto-Sterling, P. Touraille, «Autour des critiques du concept de sexe. Entretien avec Anne Fausto-Sterling», *Genre, sexualité et société*, 12, automne 2014. Consultable sur http:// journals.openedition.org/gss/3290.

性取向（男性或女性）都没有内在或本能层面的基础。"[1]对福斯托-斯特林来说，莫尼与他合作者的论证直到此处都很不错，他们错就错在仅止步于此——生物学二元原则，即认为只存在两种生理性别。福斯托-斯特林为他们从未质疑过"只存在两种生理性别的基本假设"而感到遗憾。在他们看来，"他们的患者需要医学治疗，是因为他们本应成为一名男孩或女孩"[2]。

这些科学家研究双性人案例，以证明自然因素在性别认同问题上不起重要作用。然而他们却未曾质疑"只存在两种生理性别"这个基本假设本身，他们研究双性个体的目的只是更深入地了解何为正常发育。换言之，对莫尼来说，双性现象是由本质上异常的过程导致的。他们的患者需要医学治疗，是因为患者本应成为一名男孩或女孩。[3]

而福斯托-斯特林认为，正如双性人案例的多样性所揭示的那样，实际情况要比莫尼认为的复杂许多。她意图借助自己生物学的教育背景来提升观点的可信度，即自然界不只存在两种性别，而是至少有五种乃至无限多种。在颇具噱头的《五种性别：为何"男性"及"女性"概念是不充分的》（*Les cinq sexes: Pourquoi mâle et femelle ne suffisent pas*）一书中，她阐述了上述观点。她总结道：

---

[1] J. Money, cité par A. Fausto-Sterling, *Corps en tous genres, op. cit.*, p. 68.
[2, 3] J. Money, cité par A. Fausto-Sterling, *Corps en tous genres, op. cit.*, p. 68.

在本书中，我指出社会中的二元化性别体系并不足以充分涵盖人类性征的完整光谱。因而我提议，用一种囊括五种性别的体系来取代原有的。在新体系中，在男性、女性之外，我还添加了"双性人"（即"真正"意义上的雌雄同体，生来同时具有一个睾丸和一个卵巢）、"偏男性"（即偏男性准雌雄同体，生来具有一对睾丸，并具有部分女性生殖器官特征），以及"偏女性"（即偏女性准雌雄同体，具有卵巢，并具有部分男性生殖器官特征）。[1]

由此，福斯托-斯特林认为，自然界中存在一系列生理、激素或染色体层面的渐变，构成了所有自然生物之间的统一体。基于此，也存在一系列处于两种性别之间的可能的中间性别。她更愿称这些人为"双性人"而不是"雌雄同体"，在她看来，双性人的存在表明了在不同性别以及各种性征之间的统一体的存在。基于此，在生物学意义上区分男性和女性，在现在已经绝无可能了。她继而指出，在一个孩子出生之时就确定其性别的做法本质上是一种基于现有文化的武断决定，是一种粗鄙的二元思维的产物。我们不难想象助产士们在每次迎接新生儿并为其指定性别时的踌躇不决。为了证明这种武断决定比人们想象的要普遍，福斯托-斯特林重新评估并上调了天生双性人的数量：据她估算，这种情况约占新生儿总体数量的1.7%。尽

---

[1] A. Fausto-Sterling, *Les cinq sexes. Pourquoi mâle et femelle ne suffisent pas*, Paris, Éditions Payot & Rivages, Petite Bibliothèque Payot, trad. Anne-Emmanuelle Boterf, 2013, p. 72.

管这个估值就其绝对数量而言并不高，但与大多数生物学家所提供的数据相比，这实际上已经是个相当骇人听闻的估值了：为得出上述数据，福斯托-斯特林实际上将具有不同类型的性征障碍的新生儿（先天性卵巢发育不全综合征、先天性睾丸发育不全综合征、腺体增生等）全都归集到这一范畴中。而事实上，所谓"真正的双性人"是极为罕见的，罕见到根本不足以支撑任何观点，遑论由此产生什么新的性伦理学或对社会的彻底重组了。[1] 莫尼引入理论偏差，即基于罕见的双性人案例，来建构一套关于性别差异（或者说，关于性别差异不存在）的理论；而在福斯托-斯特林这里，这种偏差被进一步放大了。

福斯托-斯特林的这一相当简洁的"证明"似乎已经足以说服大多数性别理论家，比如朱迪斯·巴特勒："就算身体形态和构造向我们证明，人有且仅有两种生理性别（我们在之后还会质疑这一点），我们也依旧没有理由认为社会性别应该就此局限于两种。"[2] 是啊，为什么不呢，就像黑格尔曾经讽刺的那样："这好比想象一头母牛飞到天上，先是和一只骑在驴背

---

[1] 某些评估显示，这种同时具有睾丸和卵巢的个体案例约占总出生人数的 0.018%。（L. Sax, «How Common Is Intersex ? A Response to Anne Fausto-Sterling», *The Journal of Sex Research*, vol. 39, nº 3, août 2002, p. 177.）另外，在法国，据某书估计，在每年约 80 万名新生儿中，约有 "十几名真正的双性人"，占前者比例的 0.001 3%。（cf. J. Picquart, *Ni homme ni femme. Enquête sur l'intersexuation*, Paris, La Musardine, 2009, p. 136.）

[2] J. Butler, *Trouble dans le genre (Gender Trouble). Le féminisme et la subversion de l'identité*, Paris, La découverte, 2006, p. 67.（中文版参见 [美] 朱迪斯·巴特勒著，宋素凤译，《性别麻烦：女性主义与身份的颠覆》，上海：上海三联书店，2009 年，第 8 页。——译者注）

上的螃蟹亲热，然后又怎样怎样。"[1] 传统的生物学类别概念似乎已然不具任何意义：因为自然是连续统一的，因而提出任何分类都是不可能的。性别理论家埃里克·法桑对"五种性别"的说法沉醉不已："纵然这一表达本身略带讽刺之意，但不应掩盖其包含的理由。实际上，它指向了某种生物学统一体。"[2]

消灭"男性化的"生物学

对后女性主义者而言，福斯托-斯特林《赋身以性：性别政治和性的建构》的一个巨大亮点就是提供了某种关于生物学本身的批判性观点。而在此视角下，传统生物学被打上了"性别化"和"男性化"的烙印，因为这门科学认为只存在两种性别，并且人类的繁殖不可避免地是有性繁殖。从这一视角出发，后女性主义者认为生物学应该受到彻底的批判。因而，当他们发现一位生物学家——安妮·福斯托-斯特林正在这么做的时候，他们由衷地感到欣喜。而实际上，正如在当下被西方社会的某些人视为"政治不正确"的女性主义者卡米拉·帕格利亚（Camille Paglia）讥讽的那样，巴特勒不算是真正的生物学权威："她在哲学领域开启自己的职业生涯，然后放弃，而后被那些搞文学评论的人捧成一位大哲学家。但是，我们要问，

---

[1] G. W. F. Hegel, *La Phénoménologie de l'esprit*, Paris, Aubier-Montaigne, 1977, p. 278.（中文版参见［德］黑格尔著，先刚译，《精神现象学》，北京：人民出版社，2013年，第209页。——译者注）

[2] E. Fassin, V. Magron, *Homme, femme, quelle différence ?*, Paris, Salvator, 2016, p. 33-34.

她真的从事过科学研究吗？她想否定生物学，并进而宣称性别是彻头彻尾的社会建构，但她这些主张究竟是基于哪些文献和研究的呢？说到底，这些主张不过是一场游戏，一场文字游戏，而她的工作本身不仅完全是一条死路，更是贻害无穷。"[1]

正如其一篇文章的标题——《社会书写生物学/生物学建构性别》所主张的那样，[2] 对福斯托-斯特林而言，生物学关于性别特征的二元视角不过是特定时期的社会和文化观念的结果。生物学并不"中立"，而是和所有科学门类一样，都是某种"处境化的知识"，取决于其运作时所处的社会和文化条件。它只是"借由别种手段去实施的政治策略"[3]。性别活动家一般会对生物学抱有敌意，因为在他们看来，生物学是一门"本质主义"[4]的学科。在"性别研究"中，对生物学中的"认知特权"的批判并不鲜见——该认知特权主张在自然界存在两种性别，分别是男性和女性："现有的生物学误导了我们。目前的生物学是父权制的生物学，深陷男性中心主义和异性恋主义这两种应该摆脱的毛病，不然每当我们用生物学谈论女性的时候，都必然会遇到问题。在下文中，我们会将这一问题与种族问题

---

1 D. Nester, «An Interview with Camille Paglia», *Bookslut*, avril 2005. Consultable sur www.bookslut.com.

2 A. Fausto-Sterling, «Society Writes Biology/Biology Constructs Gender», *Daedalus*, vol. 116, n° 4, automne 1987.

3 A. Fausto-Sterling, *Corps en tous genres*, *op. cit.*, p. 286.

4 值得注意的是，法国总统尼古拉·萨科齐（Nicolas Sarkozy）任内的法国国民教育部长吕克·夏岱尔（Luc Chatel）曾将性别研究引入法国高中毕业年级的生物课程，而非哲学课程，以满足那些最激进的性别活动家的要求。不难理解，这一举措后来并未得到生物教师团体的积极回应，因为他们仍坚信自己所教授的学科是一门科学。

做类比讨论。"¹因此，按他们的说法，唯一可接受的生物学应该是明确的"处境化"的生物学，也就是女性主义的生物学，这种生物学反对那种伪客观的生物学，后者不过是一种男性偏见（乃至种族主义偏见）的表达形式。其实，如果依照这些性别活动家的主张，我们实际上仍会回到陈旧的将科学一分为二的区分方式，只不过在这里，相应术语被替换为"女性中心主义、母权制或同性主义"的科学对抗"父权制"²的科学。

滑向终极的不明确性

福斯托-斯特林对莫尼提出的另一项重要批评并不在理论层面，而是在实践层面。她关注的是莫尼（及其后大多数处理双性人案例的机构）实施的性别重置手术。在她看来，通过手术，莫尼迫使那些尚未确定自己性别认同的人被困在一个不一定属于他们的性别身份当中。从这个角度出发，莫尼似乎已经在与自己的争论中败下一阵——福斯托-斯特林对此颇感得意："大量重置'失败'案例的公之于众，以及双性人权益活动的兴起，使得越来越多的小儿内分泌学家、泌尿科医生以及心理学家开始质疑最初那些生殖器外科手术所传达的理念。"³因此，就大卫当时的状况而言，如果他提出了相应要求，那么莫尼就应该尽可能地推迟手术。坦白来说，对于福斯托-斯特林的这

1　T. Hoquet, *Des sexes innombrables. Le genre à l'épreuve de la biologie*, Paris, Seuil, 2016, p. 62.

2　Ibid., p. 63.

3　A. Fausto-Sterling, *Les cinq sexes, op. cit.*, p. 81.

一项批评，我们的确认同——珍妮丝·雷蒙德当年对莫尼也提出了同样的批评。

不过，具体到福斯托-斯特林这里，情况更为复杂，因为她走得更远：她认为，实际上最好干脆永远不要为大卫再次手术。因为在她看来，所有的二元区分都终将完结，尤其是其中涉及生理性别和社会性别的二元区分。根据福斯托-斯特林的说法，双性人现象不仅不是一个毫无特殊价值（甚至具有负面价值）的事实状态，相反，这种现象极具价值：双性人预示着一个不再有明确区分的、属于人类的光明前景。届时，关于性别多元性的思考将以梦幻般的方式延续：一个乌托邦式的"理想世界"，在这个世界中，将不再有固定的性别身份或认同。性别的选择范围将不仅限于"男性"或"女性"：性别"将呈现极致的多样化，只有想不到，没有做不到"，"那将是一个权力共享的世界。患者与医生，家长与孩子，男性与女性，异性恋与同性恋，所有上述的这些对立，包括其他种类的对立，届时都将消散于无形，因为它们是分裂的根源"。[1]

因而，在福斯托-斯特林构想的理想世界中，我们将可以不断地从一种性别身份切换到另一种，从一种社会地位切换到另一种：一切都将不再有任何限制。这让人不由得回想起一个古老的马克思主义乌托邦：按照马克思的说法，"在共产主义社会里"，我们将"有可能随我自己的心愿今天干这事，明天干那事，上午打猎，下午捕鱼，傍晚从事畜牧，晚饭后从事批

---

[1] A. Fausto-Sterling, *Les cinq sexes, op. cit.*, p. 62.

判，但并不因此就使我成为一个猎人、渔夫、牧人或批判者"。[1]但是，伟大如马克思，也未曾想过我们有朝一日可以上午当男人，晚上当女人。值得一提的是，福斯托-斯特林自己那少得可怜的几篇科学论文主要研究的是扁形动物，尤其是涡虫，它们雌雄同体，并同时具有雌雄两性的繁殖器官。这种扁形动物既可以通过有性繁殖的方式繁衍，即每个个体通过储存另一个个体的精子的方式自我受精；也可以以一种更令人惊奇的方式繁殖，即无性别的分裂繁殖。这着实新颖独特，并且或许这正是福斯托-斯特林希望我们迎接的光明前景。不过可惜，抑或可喜的是，相比这些原始生物，我们多多少少已然完成了一些进化，以致我们想不出如何退化回扁形动物。

此外，这种对双性人及其所揭示的、以性别不明确为核心特征的"光明前景"，恐怕还会碰到一些"小麻烦"，比如肾上腺功能障碍、癌症以及其他各种疝气。对此，福斯托-斯特林不得不加以回应（当然，看起来只是随口一提）："在我的乌托邦构想中，双性人社会所面临的重大医疗问题，将是伴随这种社会发展而偶尔出现的一些潜在的致命病症。"[2]因而，为此有必要"构想某种新型的医疗伦理，使得性别模糊性可以持续蓬勃发展——当然，这种性别模糊性也植根于一种终将超越性别等级划分的文化"[3]。在她眼里，如果人类可以借此终结性别差异，那么最终来看，这点代价算不了什么。

---

[1] Marx, *L'Idéologie allemande*, t. I, Paris, Éditions sociales, 1968, p. 63.（中文版参见[德]马克思，恩格斯著，中共中央编译局译，《德意志意识形态（节选本）》，北京：人民出版社，2018年，第30页。——译者注）

[2], [3] A. Fausto-Sterling, *Corps en tous genres, op. cit.*, p. 121.

3　巴特勒与当代诺斯替信仰

福斯托-斯特林不接受的,是生理可以独立于"文化"与历史而存在。对她而言,性别的二元性并非事实,而只是某种建构的结果:生理性别是社会性别的产物,因此,"性别特征只是被特定文化作用创造的一种躯体层面上的事实"[1]。所以,"初代女性主义者"的错误在于"没有将怀疑扩大到生理性别的范畴",即身体与生理性别的自然性。她们错误地认为,存在某个物质性的"被给予"——其名为生理性别或身体。

上述观点也正是巴特勒的核心论点。尽管她表述的方式更别扭,更为"哲学化"(贬义),同时也更激进。对巴特勒来说,不仅生理性别不存在,甚至连身体也不复存在。她对莫尼的批评也正是朝这个方向展开的。[2] 在科拉平托的书出版并轰动一

---

[1] A. Fausto-Sterling, *Corps en tous genres*, *op. cit.*, p. 40.

[2] 据普雷西亚多所言,巴特勒同时批判了"对某种建构主义性别理论的应用——它使莫尼得以决定一个没有阴茎的孩子应该被教育成女孩,以及另一些由戴蒙德之辈所捍卫的、关于性别差异的自然主义理论。在他们看来,应该根据解剖学和遗传学来定义性别"。(«Onfray en pleine confusion de genre», *Libération* du 14 mars 2014.)

时之后，巴特勒不得不回到这一话题，因为科拉平托将莫尼的工作视为"现代女性主义"的"奠基理论"，而其中的"现代女性主义"尤以巴特勒为靶心。[1] 巴特勒文章的标题起得颇为怪异：《为某人伸张正义：性别重置与变性寓言》。[2] 使用"某人"作为标题的一部分，我们对此至少可以说，对于大卫的不幸，巴特勒并未表现出多少同情。在大卫自杀后，巴特勒在书中为其补上了如下悼词："很明显，那些决定了什么样的人生是值得的、能被认可的、可持续的规范并没有以任何持续、可靠的方式支持他的生命。生命对他而言一直是一场赌博和一次冒险，一个勇敢而脆弱的成就。"[3]

在巴特勒看来，莫尼的错误在于走得不够远，他只是尝试将大卫"固定"在某一个给定的性别上——具体来说是女性。他的错误在于拘泥于性别二元思维以及"性别刻板印象"，并且还试图将"理想化的形态强加于"双性个体，从而"不惜一切代价地维持了不同性别之间的差异"。莫尼这位"异性恋规范主义者"犯下了"认为世上只能有两种生理（以及社会）性别"的错误，他认为人的性别在婴儿时期的头几个月便会根据其所受的教育而快速固定下来。对于巴特勒而言，社会性别与生理性别之间不存在彻底的区分：在任何情况下，生理性别都

---

[1] J. Colapinto, *Bruce, Brenda et David. L'histoire du garçon que l'on transforma en fille*, op. cit., p. 104.

[2] 反倒是法语译文的标题还算有点儿同理心："还大卫以正义"（rendre justice à David）。

[3] J. Butler, *Défaire le genre*, op. cit., p. 93（中文版参见［美］朱迪斯·巴特勒，《消解性别》，第76页。——译者注）

不先于社会性别存在，而且就任何一部分而言，生理性别也不独立于社会性别。莫尼本该让大卫自行在不同的性别间做出选择——巴特勒试图让大众相信，这才是大卫的愿望。总之，这就是她阐释大卫当年所作声明的方式：在声明中，在预见到自己尝试回归男性的手术可能失败时，大卫说他的人格无论如何都不会仅被双腿之间的"那块肉"定义。据此，巴特勒认为，大卫或许已经意识到社会性别与生理性别无关。而显然，她并没有理解，大卫之所以这么说，只是为了自我安慰，是为了告诉自己，就算手术失败，他的生活也不会被完全摧毁。事实上，大卫一直想要的正是恢复男儿身，重新成为男性，他一直也认为自己是男性：他需要的正是恢复双腿之间的"那块肉"，为此，他甘愿冒着极大的风险去接受没有成功保证的手术。因为对大卫来说，做一个男性就意味着要有"与之匹配的性器官"。因而这台手术的失败正是其自杀的原因之一——巴特勒却选择对此略过不表。要知道，对大卫来说，他无比珍视的，恰恰是双腿之间的"那块肉"，构成他部分身份认同的"那块肉"。

不难看出，巴特勒试图穿凿附会，让大卫的故事服务于她的胡言乱语：在她看来，大卫应习惯于他的性别模糊性，并在此基础上以轻松和"流动"的身姿穿梭于不同性别。因而在理想状态下，他应该能在各种社会性别和生理性别之间自由切换，而不为任何一种具体的生理身份所累。我们"流动不居"的巴特勒大教授说得倒是轻巧——她似乎完全听不见大卫那活生生的苦痛与人性。总之，对巴特勒来说，问题的重点从来不在大卫的案例本身，她关心的只是关于生理性别的抹除以及"社会性别可变"的那些完全虚无缥缈的幻想——她认为这将是未来人类的核心。同福斯托-斯特林一样，巴特勒期望未来医学可以将性别模糊性变得更加复杂多元，而不是将之简化。

生理性别不存在

在巴特勒看来，莫尼错在走得不够远。他已经认识到文化比自然更重要，但他犯下了一个错误，那就是仍然赋予自然和身体以某种重要性，而没有完全将它们排除考量。对巴特勒来说，本就不存在生理性别相对于社会性别的"优先性"。社会性别不应被视为某种事先存在的"质料"（指生理性别）的"形式"："在社会性别的标记出现前，我们不能说身体是一个具有意义的存在。"[1] 如果我们承认生理性别和身体客观存在，那么巴特勒的理论将站不住脚。因而对巴特勒来说，是社会性别构成了生理性别：生物学强加给我们的"关于生理性别的自然事实"，实际上是为某种"政治和社会"[2]利益服务的。

巴特勒认为，身体和生理性别的差异并不存在，在定义男性和女性的问题上，唯一具有参考价值的是"行为"。"定义男性和女性的标准，是前者'插入'而后者'被插入'，仅此而已。"[3] 因而，如果男性是那个"被插入"的人，那么"男

---

[1] J. Butler, *Trouble dans le genre*, op. cit., p. 71-72.

[2] J. Butler, *Trouble dans le genre*, op. cit., p. 68-69. 举例来说："这说明身体只出现、持续、生存在社会性别受到某种高度规制的体系的生产性限制中。"（J. Butler, *Ces corps qui comptent*, Paris, Éditions Amsterdam, 2009, p. 64.）

[3] J. Butler, *Ces corps qui comptent*, op. cit., p. 64.

性""女性"的内涵也要随之更改。对此,我们只能说:此番高论,恕难置评。在极少数的情况下,在不经意间,巴特勒也会忍不住承认生理性别的存在,但她随即便会指出生理性别取决于与之相关的话语,借此否认生理性别本身的重要性:

> 生理性别的确存在。它既非虚构,也非谎言,亦非幻觉。只不过其定义需要某种语言以及某种思维框架——有如此多的事物是在原则层面上可以被质疑的,而且也确实被质疑过。我们与生理性别之间从未有过某种简单、透明与不可否认的关联。因而,我们必须通过某种话语框架来梳理这种关联——这一过程正是性别理论的关注点。[1]

在巴特勒看来,生理性别并非解剖学意义上的事实,而是某种被话语创造的"事实"。法国哲学家西尔维娅·阿加辛斯基(Sylviane Agacinski)坦言,对巴特勒而言,"一切,乃至于身体本身,都成了话语的结果……就好像话语已经可以将我们生活整体都囊括在内,甚至在某种程度上,将之超越"[2]。在这些观点上,巴特勒借鉴了作家、活动家莫尼克·维蒂格(Monique Wittig)的思想,在后者看来,生理性别这一范畴是纯粹的抽象。巴特勒引用了维蒂格一篇著名的文章《我们并非生而为女人》。在这篇文章中,维蒂格揭露了所谓的"女性神

---

[1] «Mais qu'est-ce que la théorie du genre ?» Entretien avec Judith Butler, *Le Nouvel Observateur*, 5 décembre 2013, p. 124.

[2] S. Agacinski, *Femme entre sexe et genre*, Paris, Seuil, 2012, p. 152.

话":"我们所认为的直接的、生理上的感知,不过是某种虚构的、诡诈的建构,某种重新阐释生理事实的'假想性质的培育'。"[1] 对维蒂格与巴特勒来说,抛开语言,并不存在"生理特征":"'生理性别'这个术语给一堆不连贯的属性强加了人为的统一性。"[2] 实际上,生理性别与社会性别之间没有什么区别:"我们的'生理性别'与'社会性别'一样,都只是一种文化建构;事实上,或许生理性别一直都是社会性别的一部分,因此二者之间并不真的存在什么分别。"[3] 对维蒂格与巴特勒而言,这一建构在事实上只有一项功能,那就是压迫女性和性少数群体。[4] 她们认为,长期以来被视为独立于社会性别而存在的生理性别,其实一直都是某种统治工具,生理性别"一直都是作为霸权规范的复现而被制造出来的"[5]。这也是一直以来都保持"政治正确"的埃里克·法桑所支持的主张:自然本身是压迫性的。他提出:"之所以说生理性别差异去自然化是一项重要的工作,是因为生理性别的自然化本身就蕴含了暴力的成分。以自然的名义强加某种规范,其实是将不愿或不能认同这种规范的人们置入'不正常'范畴,不仅如此,还将他们打入'反自然'生命这一地狱般的范畴。"[6]

1,2 M. Wittig, «On ne naît pas femme», *Questions féministes*, n° 8, mai 1980, p. 77.
3 Ibid., p. 69.
4 Ibid., p. 226.
5 J. Butler, *Ces corps qui comptent, op. cit.*, p. 117.
6 E. Fassin, V. Magron, *Homme, femme, quelle différence ?, op. cit.*, p. 42.

身体也不存在

这些人对这一问题的探讨不仅涉及生理性别，也涉及整个身体：身体不能独立于我们涉及它的话语而存在，并且正是这些话语建构了身体。在福斯托-斯特林那里，身体就已经只是文化的结果，而不具备任何先于文化印迹的"客观性"：文化制造了身体。并且，文化不仅被铭刻在身体表面，更"在其深处，从骨骼结构、大脑回路直到基因活动本身"[1]都被文化浸透。当今的那些变性或彻底改造身体的外科手术似乎已经足以证明身体的自然性并不存在，因为身体是可以依照主体的愿望被任意改造的。

同样，对巴特勒来说，"身体图式"也只是"权力和话语在历史之中的某种偶然结合"[2]的结果。此处，对"话语""权力"这两个概念的运用，巴特勒参考了福柯。从福柯那庞杂而又不乏矛盾的关于身体的思想中，巴特勒"只取一瓢"，即身体只在"话语"和"权力"的语境下存在：在她笔下，"对福柯来说，在被置入一种赋予身体以某种自然性别或本质性别的'观点'的话语之前，身体在任何意义上都不是'性别化'的。在话语之中，身体只有在具体的权力关系下才具备意义"。[3]在她眼中，对这种福柯式视角的最好注解是福柯《规训与惩罚》中关于囚犯身体所具有的"物质性"的论述——这种物质性被

---

[1] A. Fausto-Sterling, *Corps en tous genres*, op. cit., p. 15.
[2] J. Butler, *Ces corps qui comptent*, op. cit., p. 45.
[3] J. Butler, *Trouble dans le genre*, op. cit., p. 196.

认为是"权力的隐性效应"。[1] 此外，巴特勒还从福柯那里得到启发，批判了身体"解放"这一观点：这一观点实际上指向某种需要从现有性别规范中解放出来的"自然身体"，相反，她主张"摆脱一个关于超越法律的真实身体的幻想"[2]。身体不是一个原初的被给予之物，换言之，身体就其本身而言并不存在——在这一点上，福斯托-斯特林与巴特勒达成了共识。福斯托-斯特林引用了巴特勒，她写道："所有试图回到存在于社会化之前的、存在于关于男女话语之前的身体的尝试，都终将认识到'物质本身完全由关于性别与性的话语沉积而成，而这些话语已经预设并限定了我们的使用'。"[3]

与提倡解放身体，回到自然状态的主张相反，巴特勒认为，要将性别规范进一步复杂化，以使我们更好地穿梭于这些规范。而当她意识到福柯本人的思想并没有像她那么激进时，她便指责后者在弃绝"物质性"身体的问题上不积极：当福柯认为"身体或许具有某种在本体论意义上区别于权力关系的物质性"的时候，她感到异常震惊——太糟糕了！然而，巴特勒应该记得，福柯的研究工作始于他著名的医学史作品《临床医学的诞生》。在书中，福柯不仅探讨了身体的事实性和客观性，甚至还强调了身体的不可渗透性以及彻底的他者性，他称之为"黑

1　J. Butler, *Ces corps qui comptent, op. cit.*, p. 47 n.
2　J. Butler, *Trouble dans le genre, op. cit.*, p. 198.
3　A. Fausto-Sterling, *Corps en tous genres, op. cit.*, p. 41. 其中对于朱迪斯·巴特勒的引用来自 *Ces corps qui comptent, op. cit.*, p. 41。

色石头般的身体"[1]。

此外，恰恰是在讨论身体"物质性"的书中，巴特勒以最为彻底的方式展现了她自己无力承认身体的存在这一事实。每当人们指责《性别麻烦：女性主义与身份的颠覆》否认了身体的现实性时，巴特勒和她的信徒们便会回应说要去参阅她的另一本书——《身体之重》(Bodies That Matter)。[2] 该书的副标题开宗明义：论"性别"的话语界限。而事实恰恰相反：该书清楚地展现了巴特勒在思考身体的物质性特征时那惊人的无力。书的开篇很能说明巴特勒的思想状态——她"无法确定"身体的物质性：

> 本书的初衷是探讨身体的物质性，然而我很快发现，对于物质性的思考总是将我引向其他领域。尽管我尽全力克制，但终归未能一直保持在该主题之上；我无法将身体视为简单的思考对象。[3]

另外，巴特勒还选取了后殖民理论家斯皮瓦克(Jayatri Spivak)的话作为该书的卷首题词，而题词内容看起来就不像是什么好话。因为在斯皮瓦克看来，"如果就身体谈身体，那

---

[1] M. Foucault, *Naissance de la clinique. Une archéologie du regard médical* (1963), Paris, PUF, 1975, p. 118.（中文版参见［法］米歇尔·福柯著，刘北成译，《临床医学的诞生》，北京：译林出版社，2022年，第131页。——译者注）

[2] 可惜的是，该书主标题的法语译名 "Ces corps qui comptent" 未能充分呈现原文标题中对应部分所蕴含的"物质"（即matter——译者注）这层含义。

[3] J. Butler, *Ces corps qui comptent, op. cit.*, p. 11.

么身体就是无法被概括的"¹。对斯皮瓦克和巴特勒来说，身体无法在其实际性中被思考，身体完全是被建构出来的。巴特勒也承认我们可能因此"怀疑建构主义者有某种身体恐惧症"，即对身体的某种厌恶。² 然而，在一段令人目瞪口呆的文字中，她甚至走得更远了——直接回绝物质性问题本身，认为这不是一个她需要回应的问题。她认为，人们向她提出这一问题的方式本身是在将她幼稚化，因此她拒绝回答该问题：

> 近年来，我被反复问到的一个问题是："那么，该如何解释身体的物质性，朱迪？"对我来说，这个"朱迪"的称呼，听起来就像一种试图将我从更正式的称呼"朱迪斯"中攥出来的努力，以提醒我不容被理论消解的肉体生命的存在。这一称谓带着某种恼怒，某种居高临下，从而将我（重新）建构成一个不听话的孩子，需要被训诫。³

然而这个问题恰恰是该书的核心，这位"不听话的孩子"却以觉得该问题"居高临下"为由，直接拒绝回答！我们应该想想，也许这种逃避尴尬问题的行为本身就体现了真正孩子气的任性。当"逻各斯的残存"被用于拒绝做出论证时，这确实是个好用的托词。

巴特勒尝试通过直接更改物质性的定义来让自己脱困。正

1　G. Spivak, citée par J. Butler, ibid., p. 15.
2　Ibid., p. 25.
3　Ibid., p. 11-12.

如她惯用的说法，语言是可以"随时取用"的，而对相同表述的重复终会使明显不存在的事物存在。由此，物质性将不再是被给予的，而是被建构的："物质意味着被物质化。"[1] 总之，在她看来，"旧"的关于物质的概念只与性别偏见有关，正如该术语的词源所示："matière"（物质）一词，源于"mater"（母亲）或"matrix"（子宫），"因而这一概念与生殖问题相关"[2]。而她认为，实际上应该认识到，正如拉丁语"materia"所示，物质是"制造事物的原料"，因而具有"某种创造力与合理性——上述内涵在'物质'这一词语更为现代、更为经验主义的用法中是难觅其踪的"[3]。此处，巴特勒意图参考一套不太靠得住的对亚里士多德的解读，然后再用她对福柯的理解进行"补充"。然而实际上，如我们所知，如果说有过那么一位作者断言物质无法在不依赖某种男性的形式之外进行创造的话，那么这位作者恰恰就是亚里士多德。

在这些拙劣的诡辩之外，巴特勒明确承认的计划就是彻底否定身体的存在。只有意识存在，而身体并不存在——身体只是意识中欲求表达的结果。巴特勒声称自己受到了黑格尔的启发——她早期曾致力于研究黑格尔。据她所说，在黑格尔的《精神现象学》中，精神"要么没有身体（因而从一开始就是非具身的），要么随进程试图弃绝其身体（并由此托付给其他

---

[1] J. Butler, *Ces corps qui comptent, op. cit.*, p. 44.
[2] Ibid., p. 43.
[3] Ibid., p. 44.

主体，甚至其他客体）"[1]。在她的阐释中，在黑格尔那里，最终将只有意识与形式存在，而身体终将外在于我们："如果生命意味着对专有身体的依附，对'属于自己的'身体的依附，那么在黑格尔那里，身体何在呢？在他那里，身体不正是那个需要被抛弃，并在别处被发现、被确定，以便真正被理解为是我们所'专有的'那个身体吗？"[2] 不得不说，在巴特勒诸多主张之中，这套阐释至少是值得讨论一下的。诚然，精神不能被还原为身体，黑格尔也确实反对颅相学将思想还原为头盖骨隆凸的做法："精神的存在是一块骨头——没有比这更错误的主张了。"[3] 不过在同时，他也并未否认精神是自然的一部分。在黑格尔看来，人具有某种"双重本性"，既是一种精神，也是一种物："自然界事物只是直接的、单一方式的存在，而人作为精神，却具有双重存在；首先他作为自然物而存在，其次他还为自己存在，观照自己，认识自己，思考自己，只有通过这种建构自为存在的活动，人才是精神。"[4] 可见，在黑格尔的脑海中，并未有过否认人的物质实在性的想法。

当代诺斯替信仰：对身体的蔑视

与其宣称受黑格尔的启发，巴特勒其实似乎更应该宣称自

---

[1] J. Butler, C. Malabou, *Sois mon corps. Une lecture contemporaine de la domination et de la servitude chez Hegel*, Paris, Bayard, 2010, p. 7.

[2] Ibid., p. 58.

[3] G. W. F. Hegel, *Phénoménologie de l'esprit, op. cit.*, p. 284.

[4] G. W. F. Hegel, *Esthétique*, t. 1, Paris, Aubier, 1945, p. 55.

己是诺斯替信仰的追随者。事实上，她的所有作品都呈现出一种对身体的极端敌意。我们的身体已然存在，有其偶然性，有其特征，也有其不完美之处——对于这一事实，她似乎无法接受。这个身体已然存在于此，存在于其物质性之中：男性或女性，金发或棕发，高或矮，胖或瘦，健康或患病……身体存在于其单纯的偶然性与有限性。但巴特勒不接受这一点，而我们可以想见，她或许非常乐于赞同青年亚里士多德所采用的那个用于描述身心关系的比喻——当时的亚里士多德还非常偏向柏拉图主义：他将身心关系比作第勒尼安酷刑，即将囚犯与尸体绑在一起。而对于巴特勒来说，身体就是那具恶心的尸体，那具我们无法忍受与之共存的尸体。

这份对身体的厌恶并不是巴特勒独有的：这是一种在当代世界非常普遍的趋势，其基本观点也多见于福柯或其他超人类主义思想家的文本，当然，其中每个作者都有不同的阐述方式。在 1966 年的一次广播讲座当中，福柯分享了他对自己身体的感受——与巴特勒的文本一样突兀与个人化。他首先表达的是身体给他带来的某种禁锢感："我不得不在我的脑袋——这个丑陋的外壳之内，这个我并不喜欢的笼子内，去展示我自己并带着我四处走动；我不得不通过这个栅栏来讲话，来观看与被观看；并在这层皮囊之下腐烂。我的身体，是我被判处终身流放的行刑地。"[1] 很显然，在这里，福柯回到了柏拉图主义关于身心关系的古老图像，即将身体视为灵魂的监牢。随之而来的

---

[1] M. Foucault, *Le corps utopique* suivi de *Les Hétérotopies*, Paris, Lignes, 2009, p. 10.

是一种厌恶感。他被困其中,这甚至没有激起他的反抗,而是直接令他感到厌恶:"但每天早上,同样在场,同样的伤;在我眼前的镜子中,呈现着令我无处可逃的形象:瘦削的脸庞、驼起的肩背、近视的双眼,以及光秃的头顶——确实不太帅。"[1]因而他希望摆脱这副躯体,而正是这一愿望构成了他眼中乌托邦的"魅力"。乌托邦,"一个一切乡邦之外的乡邦,却是我在其中拥有无身之体的地方——一种漂亮、澄澈、透明、闪着光亮、敏捷、孔武有力、寿命无穷、灵巧、无形而又受到保护,并且一直可以被美化的身体"[2]。他认为,这个关于无形身体的乌托邦,或许正是"人们心中最根深蒂固的那个乌托邦"。随后,福柯又提到了另一个乌托邦,一个可以"消除身体"的乌托邦,一个可视为"亡者国度"的乌托邦,尤其是在古埃及文明中,木乃伊意味着什么?迈锡尼文明中"阿伽门农的黄金面具"又意味着什么?难道不就是那个"否定和美化身体的乌托邦"[3]吗?最后,福柯还提到,"最顽固、最强大"的、让我们忘却身体的乌托邦,是灵魂本身这个乌托邦,他称之为"伟大的灵魂神话"。灵魂的乌托邦向人们提供了一个图景,一个最终可能成为"圣身"①的乌托邦——一个替换了当下这副监禁我们的躯体的崭新身体:"我的灵魂很美、纯洁、洁白……当我老旧的身体开始腐烂,我的灵魂将会持续很久,很

1,2 M. Foucault, *Le corps utopique* suivi de *Les Hétérotopies*, Paris, Lignes, 2009, p. 10.

3 Ibid., p. 11.

① "Corps glorieux"在法语中通常指基督教中耶稣复活之后的身体。——译者注

久很久。"随即,福柯总结道:"我的灵魂万岁!我的灵魂才是我闪亮、纯洁、贞洁、敏捷、流动、温柔、清新的身体,是我光滑、无性别、圆润如肥皂泡般的身体。"[1] 光滑、无性别、圆润,以期像肥皂泡一样消失,这就是福柯理想中的身体。这也同样是巴特勒与其他性别理论家们构想我们身体的方式:像肥皂泡般逐渐消失的身体。

在当代超人类主义者那里,几乎都有这种对身体、对我们那不值一提的身体的蔑视。在他们看来,我们的身体是一台不完美的机器,非常不完善,因而我们应该引以为耻。实际上,有人对这种心理意向早有预感,比如德国思想家京特·安德斯(Günther Anders)提出的"普罗米修斯式的羞愧",该词语意在描绘人类在面对自己制造的完美机器时的感受。在那些机器的映衬下,人类自身显得如此设计拙劣,如此脆弱不堪。因而,人类会因自身的自然起源、偶然性与不完美感到羞愧。在其所著的《过时的人》中,安德斯指出,在一场机械博览会中,人类参观者"感到羞愧的是:他是生物进化而来的,而不是被制造出来的。他为自己的存在感到羞愧:与完美的、设计到最后一个细节的机器设备相比,人的存在完全依赖于盲目的、不可预知的、最原始的繁衍和分娩方式。所以,人类的羞愧正在于

---

[1] M. Foucault, *Le corps utopique* suivi de *Les Hétérotopies, op. cit.*, p. 12. 这里提到的"肥皂泡"这个喻体,令人不禁想到19世纪初,心理学家费希纳在其所著的《关于天使的比较解剖学》中提出的主张:费希纳将天使的身体勾勒为"褪去了各项差异"因而"被还原的一个简单的球体"。对他来说,这些天使的精妙身体就像"某种变得无拘无束的、肥皂泡般的眼睛"。(G.Fechner, *Anatomie comparée des anges*, Paris, Éditions de l'éclat, 1992, p. 22.)

'他是从娘胎里盲目生出来的'这个事实本身"。此外，人类也同样"为这种起源而导致的不完美且无法避免的结果——他自身，而感到羞愧"[1]。

此外，在我们的身体与电脑芯片所呈现出的完美特征的对比中，人工智能领域的先知也被身体的诸多缺陷触动。正如赛博朋克的奠基人威廉·吉布森（William Gibson）在其小说《神经漫游者》中以蔑视的语调说的，我们的身体不过是"肉"的世界："身体，不过是'肉'体。"[2] 当小说主角再次听到来自"肉"体的召唤时，他会努力抵御这种诱惑："肉身，他对自己说，这是肉身的感受。不要在意。"[3] 美国计算机科学家马文·明斯基（Marvin Minsky）以及汉斯·莫拉维克（Hans Morawec）也同样对此感到厌恶，因而他们非常想用微处理器来取代这堆"肉"："一个人，并不是一个头加上胳膊和腿。这种理解太俗套了。事实上，一个人，是一个由千亿个微小元件排列成的数千个计算机构成的巨型微处理器……所以，对每个人来说，最重要的事物是大脑中的数据以及基于这些数据的程序。有朝一日，您就将有能力收集所有这些数据，将它们存入一个小盘中，并保存数千年。某天，当所有这些数据再次被接通，那时，您就会在公元第四个或第五个

---

[1] G. Anders, *L'Obsolescence de l'homme* (1956), Paris, Encyclopédie des nuisances-Ivrea, 2001, p. 38.

[2] W. Gibson, *Neuromancien*, Paris, La Découverte, 1985, p. 9.

[3] Ibid., p. 181.

千年重获新生。"[1] 看，这就是他们向我们宣告的那个光明前景——意识上传与下载。

性别理论家和超人类主义者在对身体的蔑视上存在共鸣。对他们来说，只有意志和意识才是重要的，身体只需要顺从指挥就足矣。哲学家斯拉沃热·齐泽克（Slavoj Žižek）洞若观火，看出了这种对性、肉体、身体的蔑视与古代诺斯替思潮之间的密切关联。在齐泽克那里，他用"赛博诺斯替"来指代"剥离性别"这一观念所招致的后果——他如此概括道："拜托，别提性别，我们可是后人类。"[2] 实际上，2世纪的诺斯替主义者们将身体视为"一件衣服、一具尸体、一座坟墓、一条锁链、一种束缚……一位邪恶而不受欢迎的伙伴、一位入侵者、一名'贼寇'、一位劲敌——其敌意、妒意、叛意在我们内心中搅动和维系了矛盾、斗争、反叛、内讧。以及不时地，身体也会像凶残的恶龙或波涛汹涌、狂风大作的海域（一般这两种形象会同时出现），威胁吞噬我们"[3]。因而，对诺斯替主义者来说，他们必须摆脱这具沉重的肉身。为了实现这一目标，他们要么禁欲，远离一切肉体活动；要么反其道而行之，通过极端的放荡以耗尽体内的邪恶能量。因而，诺斯替主义者"不加节

---

[1] M. Minsky, «How Computer Science Will Change Our Lives», *Nara Conference on Artificial Life* (1996), in N. K. Hayles, *How We Became Posthuman*, Chicago, University of Chicago Press, 1999, p. 244-245.

[2] S. Žižek, «No Sex, Please, We're Post-Human !», Lacan.com, 8 novembre 2001. Consultable sur http://www.lacan.com/nosex.htm.

[3] 参见研究这位2世纪的基督教异端思想的最权威专家，H. C. Puech, *En quête de la Gnose. Tome I. La Gnose et le temps*, Paris, Gallimard, 1978, p. 196。

制、毫无顾忌地消耗乃至滥用肉体、身体，以及一切属于物质世界的事物。甚至，为了耗尽这一切，嘲弄这一切，否认这一切，他们不惜堕落到卑劣邪恶的程度，因为这样，他们就无可玷污，也无可操控"[1]。由此，他们便可将自身由纯物质性的低等存在——"属物者"（hyliques）提升至纯精神性的、完全摆脱身体性的存在——"属魂者"（pneumatiques）。

同样，加拿大哲学家伊恩·哈金（Ian Hacking）也强调了当代思想中这种意志相对于身体的优势地位。在他看来，这种思维方式的特点在于某种灵肉之间愈发激进的分离。各种使我们几乎可以随心所欲地操纵自己身体的技术，致使我们将灵魂与肉体分离。这使得肉体之于我们，不过是一件外物——与我们无关、支离破碎，且随用随取，正如哈金所说，今天的我们所具有的，是"新笛卡儿式的碎片化身体"[2]。器官移植、活体器官交易、随意更换性别、截肢癖、将脑死亡作为对死亡的新定义、优生学技术的潜在应用，所有这一切似乎都将我们的身体变成了某种无限可塑的物体。如果我渴望当一个女人而不是男人（抑或相反），当一个年轻人而不是老人，当一个截肢者而不是未截肢者，当一个不死的永生者而不是有死的凡人，凡此种种，不一而足，所有这些基本上都是可能的，时下的医学

---

[1] H. C. Puech, *En quête de la Gnose. Tome I. La Gnose et le temps*, Paris, Gallimard, 1978, p. 106.

[2] Cf. I. Hacking, «Our Neo-Cartesian Bodies in Parts», *Critical Inquiry*, vol. 34, n° 1, automne 2007, p. 78-105. 这种"新笛卡儿主义"似乎比原始的笛卡儿主义激进许多。原始的笛卡儿主义并不蔑视或漠视身体，正如笛卡儿所作的《论人》（*L'homme*）本身所呈现的那样——这本书实际上是一部名副其实的"人体论"。

提供了这些可能性。如此，我们物质性身体所具备的那些特性，包括其瑕疵、其偶然性以及其原本无法规避的有限性，所有这些都变得无足轻重。

诺斯替的顶峰：又是约翰·莫尼

无疑，改变性别是"身体应服从于意志与意识所愿"的最明显的体现之一。然而，换句话说，主张意志全能就意味着不愿承认任何界限——那些希望在身体改造之路上走得更远的人永远不满足。正如法国一位杰出的变性诊疗领域的专家所说，这些问题实际上涉及"对有限性的拒斥"。在日益增长的"改变性别"的需求中，蕴藏着"对自由和全能的追求"——不接受"本体论层面的有限性"、"性别的有限性"以及"时间层面的有限性"这些"不可规避"的事实：人们不接受"自己是由人类夫妇创造出来的"这一事实；不接受只能当男性或女性；即便我们已经可以成为双性人，我们仍会为自己无法自体繁殖而感到沮丧。同样，我们也不接受时间层面的有限性，即"生命有限"这一简单事实。[1] 在法国心理学家柯莱特·奇兰（Colette Chiland）看来，这正是变性治疗的难点所在："我们无法强迫另一个人接受这些情况，具体来说，是接受其性别的有限性。对有限性的接受是获得安定的前提，而这种接受只能由个体自愿完成。我们可以与要求弄清楚为何自己无法接受自

---

1 C. Chiland, *Changer de sexe*, Paris, Odile Jacob, 1997, p. 237-238.

身性别的人合作，也可以与主动要求帮前者接受无法改变的事实的人合作。"[1]

正是这种对身体有限性的否认，使得所有对身体进行改造的手术都无法尽如人意，并随即导致了进一步改造。实际上，不只在性别问题上，还有很多其他当代实践也都表现出了这种愿望，即赋予身体其原本不具备的意义。我们都听过那种热衷于极端整形手术的事情，这种手术旨在彻底改造身体。在热衷者眼中，身体不过是一具可被随意改造与雕琢的肉身——这也正是当代艺术意图通过"身体艺术"的发展来证明的观点。艺术家奥兰（Orlan）曾试图通过在自己身上展现整形外科手术的效果来向人们证明她的身体是可被任意改造的。她的标志性手术是在自己的眉毛上方置入硅胶植入物，使她的双眼上方形成两块隆起。然而事实表明，身体并不是这么容易就可以被改造的。在奥兰手术完成近30年后，她的两块隆起已经不那么明显，并重新被面部皮肤遮盖，因而，她现在需要借助某种含有闪粉的化妆品，来凸显这些在经年累月中几乎被活体吸收的植入物。同样，我们也看得到时下的文身潮，尽管哲学界对此鲜少发问。当我们在身体上写字，或者用符号和象征物来覆盖身体表面的时候，我们或许是在拼命尝试赋予身体以某种它不再具备的意义，因为所有那些曾为这具身体辩护或期盼其复活成为"圣身"的宗教都已被遗忘。

这种当代趋势的最佳注解或许还是约翰·莫尼这位"疯狂

---

[1] C. Chiland, *Changer de sexe*, Paris, Odile Jacob, 1997, p. 247.

教授"。令人感到奇怪的是，几乎鲜有人注意到，这位"社会性别"概念的发明者同时也是一种极为怪异的"性偏离"类别的"发现者"（又或许也可就此称其为"发明者"），这种性偏离将意志征服身体的观念推向了极致——"截肢癖"，一种令人极为震惊的障碍类型：其患者会感到自身的某部分肢体并不真正属于自己，而是"多余的"，因而希望通过截去某个乃至某些完全健康的肢体来缓解自己的痛苦。这些肢体可能是手指、胳膊，也可能是腿。在这些患者眼中，他们身体的某部分对他们来说完全是异物，因而必须摆脱这些部分才能做自己。莫尼是首位观察到这种尚未得到当时的医学术语命名的人。因而，他根据希腊语词根，将这种行为命名为"截肢癖"（apotemnophilia）——其后缀词根"philia"意为"爱、爱好"，前缀词根"apotemnein"意为"截肢"。其后，也有人倾向于用"截肢狂"（amputomanie）或"截肢症"（amputisme）这类表述来命名此种行为。

然而，考虑到莫尼一贯的行事方式，我们在采信其观察结果的时候需要格外谨慎。约翰·莫尼是在1977年的一篇文章当中对这种性偏离进行勾画的，该文章后来也被认定为该研究领域的奠基性文本。[1] 不过，这种障碍症状的患病率似乎非常有限，因为在该文章当中，莫尼的参考样本仅仅是两名曾向其求助的男性——他们曾向约翰斯·霍普金斯大学求助，提出了

---

1 J. Money, R. Jobaris, G. Furth, «Apotemnophilia: Two Cases of Self-Demand Amputation as a Paraphilia», *Journal of Sex Research*, vol. 13, n° 2, mai 1977, p. 115-125.

自愿截去健康肢体的请求。对此，我们至少可以说，其样本容量非常有限，样本的可信度则更是低得可怜，因为这些患者只是作者"通过电话和书信的方式"[1]了解到的。此外，文章的另一个样本源头是色情杂志《阁楼》上刊登的关于这一话题的来信——这些来信"据证实"来自"某位自称受这种自愿截肢的性偏离折磨的大学生"。[2] 此外，从医学职业道德的角度来看，更令人瞠目结舌的是，此文章的合著者之一是格雷格·弗斯（Gregg Furth）——一位后来承认自己在年轻时就渴望截去右腿的精神分析师。我们甚至有理由怀疑，文中提到的两个病例中的一个就是弗斯本人。还是这位弗斯，他后来又试图在墨西哥做截肢手术，未果。继而，他又寻得一名苏格兰医生史密斯，后者同意为其实施截肢。不过对弗斯而言，可惜的是，苏格兰当局的卫生部门在此期间禁止了此类"手术"的实施。因而，他后来只能借由与史密斯合著世界上首部关于截肢癖的专著聊以自慰。[3]

不过莫尼本人倒是对应采取何种疗法的问题不甚确定。这倒不是出于对患者福祉的考量，而主要出于对实施此类截肢手术的医生所面临的潜在风险的预估："当前医学中关于研究程

---

[1] J. Money, R. Jobaris, G. Furth, «Apotemnophilia: Two Cases of Self-Demand Amputation as a Paraphilia», *Journal of Sex Research*, vol. 13, n° 2, mai 1977, p. 116.

[2] Ibid., p. 115.

[3] G.M. Furth, R. Smith, *Amputee Identity Disorder : Information, Questions, Answers, and Recommendation About Self-Demand Amputation*, Bloomington, 1st Books 2000. 其后，哥伦比亚大学精神病学专家迈克尔·弗斯特（Michael First）将截肢癖定性为"身体完整性认同障碍"，从而在实际层面将之纳入了新近大量出现的各种"身体认同障碍"之中。

序中'知情同意'的法律地位，以及被控职业过失的法律风险，使得很难就'自愿截肢是不是一种治疗截肢癖的有效手段'这一问题给出直接的答复。关于这一问题，应该由自行筹备截肢手术并且自愿配合术后研究的患者来回答。"[1]

当然，上述这些多少都只是些边边角角的逸事。我们知道莫尼是一位痴迷于收藏医学及性别领域"奇珍"的爱好者，而截肢癖不过是其著作中所收集的海量性偏离中的一例而已。但问题在于，截肢癖一经"传播"，便会像许多其他"短暂性精神疾病"一样如流行病般蔓延。而互联网的发展显然助长了这种趋势：截至2000年，已经有1 400人在一份专注于讨论这些问题的共享文档中注册。正如伊恩·哈金所指，截肢癖或许真的是世界上第一种与互联网相关的疾病。实际上，"在现实生活当中"，我们几乎看不到，有两个人都感到迫切需要切掉自己完好无损的一条腿，为彼此相逢感到兴奋。而只有在网络上，才有可能让那些患有这种障碍的人在数十亿网络用户当中相识并建立联系。同样，也只有在网上，才有可能让那些"自我感觉不太好"的人来到宣扬截肢癖的页面上，并对自己说："唉，我感觉不太妙，我不知道我到底怎么了，我的身体与我不太相合。不过现在好了，因为我知道为什么了，我就是得了截肢癖！"而后，他们会与其他截肢癖患者取得联系，并找到愿意为他们实施手术的外科医生，以及愿意为他们在《精神障碍诊断与统计手册》中添加新的症状条目的精神病学专家，甚

---

[1] J. Money, R. Jobaris, G. Furth, «Apotemnophilia: Two Cases of Self-Demand Amputation as a Paraphilia», article précité, p. 125.

至在经过些许游说后，进一步说服社会保障系统将此类手术纳入报销疾病列表。再往后，这种新兴疾病的子范畴会涌现，比如："wannabees"指那些想要截肢的人，"devotees"指那些对截肢者感到性吸引的人，"pretenders"指那些自身并无残缺但在公开场合使用轮椅、拐杖、矫形器等设备来假装残障人士的人。而对某些已经具有各类身体改造经验的人来说，这条路更容易走，因为截肢癖对他们来说更像是自己此前身体改造经验的自然延续。有关截肢癖的电视纪录片已经面世，如1998年的BBC纪录片和2003年桑丹斯频道的纪录片，因为各类怪人永远都是大众媒体热衷报道的对象，而相应的"市场需求"也确实在一段时间内不断增长——与当年对变性癖的"需求"一样。当人文科学创造新的范畴、类别时，实际上"也是在制造人"（哈金语）——制造那些愿意将自己归入这些新类别的人。因此，当19世纪末精神病学发明了"漫游症"（一种以各处游走为症状的疯癫类型）后，便引发了"疯游者"的热潮，而这种疾病如今已完全绝迹。同样，20世纪中叶，"人格障碍"在美国制造了比世界上其他地方更多的多重人格病例。以此类推，"截肢癖"是否也能制造出多种"自愿截肢"[1]的病例？这样的话，我们就会有一种新的疾病类型，而其推荐疗法就是截肢。我们永远有新的范畴去审视疯狂，而按一位研究维特根斯坦的

---

[1] Sur ces questions, cf. I. Hacking, *L'Âme réécrite. Étude sur la personnalité multiple et la science de la mémoire*, Le Plessis-Robinson, Les Empêcheurs de penser en rond, 1998 ; *Les Fous voyageurs*, Le Plessis-Robinson, Les Empêcheurs de penser en rond, 2002.

哲学家的说法，截肢癖就正是"又一种新的发疯方式"[1]。

当然，我们也可以将这种新"疾病"视为源自莫尼那有些错乱的头脑中的又一个怪异的猎奇。然而，抛开莫尼提供的"证明"的荒诞性不谈（仅有两个病例，一位合著者本身就是自愿截肢的积极分子，将来自几本不入流小报的资料作为科学研究的信息来源），我们必须承认，截肢癖引发了一些根本性的问题。第一个方面是截肢癖与变性所引发的医学和医学伦理学问题具有相似性——这一点是极其明确的。莫尼自己也提到了他的两个截肢癖病例与变性之间的关系：他们"都感到截肢与变性之间的关联，因为二者都涉及一种自愿提出的、用外科手术的方式改变身体的请求。而众所周知，变性与自残和自我阉割有关"[2]。发明"身体完整性认同障碍"这一概念的精神病专家迈克尔·弗斯特，也提出了同样的概念。我们今天对截肢癖而不对变性感到惊讶——这个事实让他很惊讶。因为"在20世纪50年代，首批性别重置手术的实施在当时触发了与今日同样的恐慌"。"当时的外科医生会问：'我怎么能对一个正常人做这样的事呢？'如今，当我们请求外科医生截去一段健康的肢体时，他们会面临与当年的外科医生类似的困境。"[3] 尽管如此，弗斯特也承认，截肢癖比变性的情况更复杂。因为当

---

1 Cf. le chapitre «Amputée by Choice» du livre de C. Elliott, *Better Than Well. American Medicine Meets the American Dream*, New York, Nuton, 2003.

2 J. Money, R. Jobaris, G. Furth, «Apotemnophilia : Two Cases of Self-Demand Amputation as a Paraphilia», p. 124.

3 M. First, cité par R. Marantz Henig, «At War With Their Bodies, They Seek to Severe Limbs», *New York Times*, 22 mars 2005.

有人想从一种性别变为另外一种性别时，自始至终，此人都处于正常状态。而"想从一名四肢健全的人变成一名截肢者，其中的问题更显复杂。这个人本来拥有四肢，但现在想成为残障人士"[1]？不过，在弗斯特看来，无论哪种情形，都属于身体认同障碍，仅此而已。而对于此类障碍，他提出了一种看上去直截了当的响应方案——外科手术。

所以说，截肢癖和变性确实涉及一些类似的问题。二者都涉及围绕身份认同问题的不安感，而这种不安感正是身体认同障碍这一目前十分流行的概念的核心。二者都主张用一种彻底且不可逆的外科手术解决方案，而这种方案，至少人们在心理学方面对其所做的评估是非常有限的。二者都借被媒体大肆报道的个别案例之力，推动概念的传播与发展。目前来看，截肢癖的概念显然不如变性的概念"成功"，而我们也衷心期望它不要"成功"：我们只要越少聊到它，它就越有可能消退，因为它的时尚效应被终结了。此外，问题的关键在于这类医学"发明"（包括截肢癖、变性和性别认同）所具有的驱动力。当现代人感到不安时，医学——这个宗教的现代版替代品，通常会给出一个看似可靠的身体外貌修改方案作为对策。而如果是医学给出的某个解决方案，比如外科手术，那么人们当然倾向于采用。

另外，截肢癖这种新的疾病类型之所以在我们看来这么重要，是因为它提出了一种看法，即相对于我们关于身体的意识而言，身体本身反倒是可以忽略的。重要的是我们认为自己是

---

[1] M. First, cité par R. Marantz Henig, «At War With Their Bodies, They Seek to Severe Limbs», *New York Times*, 22 mars 2005.

什么样子的，而不是我们实际是什么样子的。通过宣称"重要的是社会性别，而生理性别不过是某种细枝末节"，像莫尼这样的医生或心理学家为变性开拓了空间。同样，截肢癖也是性别理论所具有的诺斯替主义倾向的极佳注解。关于这一问题，不妨看看著名精神病学家托马斯·萨斯在观察到变性渐成风潮时的反应。1979 年，在为珍妮丝·雷蒙德的著作所写的书评中，他不无风趣地指出：

> 早些年，当我还是一名医学专业的学生时，如果有个男人想截掉他的阴茎，我的心理学教授会说他得了精神分裂，然后把他关进精神病院，并把病房钥匙扔出窗外。而如今，我成了一名教授，面对同样的情况时，我的精神病学同事会说这是一名"跨性别者"，然后我的泌尿外科同事会帮忙改造他的阴茎，弄成一个会阴部位的腔洞——他们管这个叫阴道，再然后《时代》周刊会将此君弄到他们的封面上并尊其一声"她"。任何怀疑其进步性的人都会被认为对现代精神病学-性学的伟大发现一无所知，继而被扣上"反动""恐同"或其他不那么光彩的帽子。[1]

如果一个人对自己的性别不满意，他只需更换自己的性别便可解决问题——医学会助他实现梦想。在这里，萨斯揭露了医学帝国在我们生活中的扩张，而这种扩张是令人不安的。而

1　T. Szasz, «Male and Female Created He Them», *New York Times*, 10 juin 1979.

将医学作为"想要成为另一个人"的愿望的回应方式,这样的做法是没有意义的——萨斯很好地预见了这种态度的推论。如果变性诊所允许通过外科手术对人体进行改造,那么"当一个男人去看一位整形外科医生,对后者说自己感觉像是一位被困在双利手身体中的左撇子,并继而请求医生将其完全健康的右臂切掉,这将会是怎样一番场景?"[1],而恰如萨斯所言,若干年后,此番场景成为现实。而对萨斯而言,想要改变性别的想法当然不是一种疾病,而只是一个愿望、憧憬,因而只应在想象层面被满足,并且也绝不属于外科手术的治疗范畴:"如果这种愿望被视为疾病,并且如果我们就此将有此愿望的人变成'跨性别者',那么以此逻辑,想变年轻的老人就应该被称为'跨年代者',想变富的穷人就应该被称为'跨经济者',以此类推。"[2] 对某些医生来说,声称能为所有我们未能满足的愿望提供解决方案当然是有利可图的,然而这意味着对个体心理平衡的巨大威胁。在萨斯看来,借由创建各种新型病理学,医学在一步步扩大其在人类社会中的权力,并将那些到目前为止只是单纯"自我感觉不良"的人变成新的患者类别——从当下相对常见的跨性别者到极为罕见的截肢狂,都被囊括其中。而后,西方民主政体将会被医学摧毁,并由被萨斯称作"医权政体"(pharmacratie)[3] 的运行方式取代。

---

1 T. Szasz, «Male and Female Created He Them», *New York Times*, 10 juin 1979.
2 Ibid., 萨斯当时可能没料到自己一语成谶:后来真的出现了"跨经济者"或"跨阶级者",甚至还出现了"跨种族者"。
3 Cf. T. Szasz, *Pharmacratie. Médecine et politique. L'État thérapeutique*, Paris, Les 3 Génies, 2010.

4　而且，社会性别还是流动的

继莫尼之后，如巴特勒或福斯托-斯特林这样的作者在一定程度上成功说服了一批人，让他们相信生理性别不仅无足轻重，而且不同生理性别之间的他者性（或用她们的话说，"生理性别的二元对立"）也并不存在。身体就其本身来说并不是物质的，而只是"话语"和"权力"的结果。如此一来，便只有意识存在。意识将决定一个人将自己认同为哪一种社会性别，或者说在无限的"社会性别光谱"中确定自己认同哪一种。因为既不再只有两种社会性别，也不再只有两种生理性别。巴特勒在想，为何只能有两种社会性别呢？"我们没有理由认定社会性别只应该有两种样貌。"[1] 她认为，存在无数种社会性别，而我们可以在这种"流动性"中随意漫游。这就是性别理论中的全新理想——社会性别的"流动性"（genderfluidity）。

---

[1] J. Butler, *Trouble dans le genre*, *op. cit.*, p. 67.（中文版参见［美］朱迪斯·巴特勒，《性别麻烦：女性主义与身份的颠覆》，第8页。——译者注）

"变性"的时代过去了,在那个时代,人们相当天真地试图从一个生理性别转换到另一个生理性别,而今人们更喜欢说"跨性别"。"变性"的概念显然指向某种对生理性别的解剖学定义:接受一通不可逆的外科手术的折磨是昂贵、费事且颇为不适的。从某种意义上说,"变性"是完全过时的——它过于"唯物"了。而如今需要说明的是,社会性别必须与解剖学彻底脱钩,而"跨性别"这个术语的提出,正是为了突显这种转变。当今,生理性别已不再重要,重要的是社会性别:是每个人都可能会有的那种认为自己是男性、女性、介于二者之间,抑或在二者之外的感觉。我完全可以在一天之内,跟随自己当下的灵感,先将自己视为男性,而后又将自己视为女性。我完全可以又在同一天对这种愚蠢的性别二元视角说"不",并"在同一时间"既是男性又是女性。身体已不再重要,重要的只是意识,只是我们"是这或是那"的那种感觉。自此,我们的"灵魂"已经完全从身体中解脱:此前,我们的灵魂常感觉自己受身体的囚禁;而如今,灵魂已与身体没有丝毫关联。对巴特勒以及其他酷儿思想家而言,人的身份认同是如此多样以至身体不再具有真正的存在意义,身体不过是某些与身份"操演"(performance)相关的乐趣的支撑物,反倒是这些"操演"制造了各种不同的"我"所处的情境或关系。这种性别或身份与任何意义上的身体完全脱钩的观念,在不同情景下,都或多或少地让身份呈现为完全"漂浮"的状态。至此,有人会说,有何不可呢?不是已经有某些诗人宣称"我即他人"(je est un autre）①了吗？为什么我们不能再来一句"我同时既是这位又是那位"呢？

但问题在于，一旦我们否认了身体与身份之间的联系，身份就将变得飘忽不定。借由直接改变社会性别而不是生理性别，我们当然可以省去外科手术所带来的沉重与不可逆的负担，但这样做面临的主要困难在于：我们让自己的身份与一切身体性的基础完全脱钩后，身份就将成为某种纯然"声明性"的事物，将取决于他人对我们所做选择的接受和认可。当没有任何物质性的指示告诉我们该往哪里走的时候，我们又如何知道哪种身份是属于我们的呢？显然，答案在于他人的目光或凝视②，这也就解释了为什么各种跨性别者疯狂地让别人向他们保证他们已经获得了自己想要的新身份。对他们来说，他人的目光是绝对重要的，尤其是来自各类"恐×者"（这些"恐×者"通常都是被虚构出来的）的目光，因为最终是由这些目光赋予跨性别者以某种客观且被保证的存在感的。当然，同一身份群体的内部团结也很重要，即便这些"LGBTQI……"身份在未来不可避免地趋向无限细分。但同时，他们也需要获得语言层面的保证——他们要求整个语言体系为这些跨性别发明提供有效

---

① 语出法国诗人兰波（Arthur Rimbaud）。在该表述中，诗人选用了系动词"即、是"（être）的第三人称单数变位"est"，而没有选择一般法语语法规定的、与主语"我"相匹配的第一人称单数变位"suis"，这使得整个表述呈现出某种主语与谓语之间脱节、表述者身份漂浮的效果。——译者注
② 原文用词"regard"显然参考了以拉康为代表的相关作者的理论，因此应译为"凝视"。出于方便阅读的考量，本书会酌情将之译为"目光"或其他相应中文表述。——译者注

声明,¹甚至连官方语言都被他们勒令给予最不可思议的身份以某种"地位"。要么是以非常严肃的方式,要求修改民事登记;要么是以某种更为滑稽的方式,比如那些引发了美国"厕所战争"①的出了名的诉求。

在否认身体的存在之后,对跨性别主义来说,下一步就是解构生理性别这一概念本身。正如一位精神分析学家所指出的,"'跨性别'运动在当下,主张对性别化认同的完全解构。每个人根据自己当日的心情来选择扮演男性或女性的角色,与同性或其他性别的伴侣发生性关系,甚至不再关心对方究竟是什么性别,因为一切都会归于身份认同光谱两个端点之间的连续性过渡和细微差异"。² 齐泽克也注意到,跨性别主义所造成的后果远远超过了之前的变性主义。跨性别不仅指"自我感觉像女性并如女性般行事的男性,或者感觉相反的女性",³还包括处于男女二元性别之外、自认为是"性别酷儿"的人们。因而,在他们看来,人可以是双性别、三性别、泛性别、流动性别,甚至无性别的。这种性别流动性概念的结果,就是关于

---

1 最近,一个中性的英语人称代词"ze"被发明出来以代替传统上的男性代词"he"和女性代词"she",并风靡于不少英语国家的大学。学生可以根据自己的喜好选取指代自己的人称代词,而后,其他学生、教授及管理人员就必须以这个代词来称呼该学生。

① 指美国内部因"变性人是否可以依照自己选择的身份认同(而不是自己的生理性别)使用公共厕所和公共浴室"这一问题引发的一系列民间乃至政府层面的争斗。——译者注

2 J.-J. Tyszler, «Quelques conséquences du refus de la différence des sexes», *La Revue lacanienne*, 2007/4, n° 4, p. 36.

3 S. Žižek, «The Sexual is Political», *The Philosophical Salon*, 1er août 2016, consultable sur : thephilosophicalsalon.com.

性别特征的传统定义的终结:"性别认同的普遍流动性的顶点,必然是对性别本身的取消。"[1] 这种流动化被认为会为我们开启新的情感体验,并将我们送上一条通向人类完全解放的康庄大道——又或者,走向人类的最终崩溃。

"消解性别"

巴特勒有一点强调的是对的,那就是只要社会性别不再与某个假定的自然、某个所谓的"本质"保持联系,那么它就将在本质上成为某种"浮动的"属性:"当我们提出,建构的社会性别身份从根本上独立于生理性别这个理论时,社会性别本身就成为某种摆脱了生物学的人工制品。"[2] 如此,术语"男性"和"女性"都将可以既指代女性身体又指代男性身体。这当然可以更好地说明,一旦身份与身体之间不再有任何联系,身份就将不再固定,从而可以根据当下的认同而随时随地发生变化。实际上,巴特勒的设想不仅是要否认生理性别和身体的存在,同时也要让社会性别产生动摇。顺便一提,她的几部主要作品的标题都非常明确地表达了她的设想:从非常经典的《性别麻烦:女性主义与身份的颠覆》到同样有名的《消解性别》,皆是如此。与生理性别一样,社会性别对巴特勒来说也同样是不稳定、不固定、非必然的。甚至在她看来,社会性别不能在严

---

1 S. Žižek, «The Sexual is Political», *The Philosophical Salon*, 1er août 2016, consultable sur : thephilosophicalsalon.com.

2 J. Butler, *Trouble dans le genre, op. cit.*, p. 68.

格意义上被视为某种决定的结果："社会性别不应该被解释为一种稳定的身份，或是产生各种行动的一个能动的场域。"[1]本质上，社会性别应被视为浮动的，或用时下的时髦术语来说：社会性别应该是"流动的"。巴特勒用她那绝难被效仿的语言"解释"了（如果这也可以被称为解释的话）何为社会性别：

> 相反地，社会性别是在时间的过程中建立的一种脆弱的身份，通过风格/格式化的重复行动在一个表面的空间里建制。社会性别的效果是通过对身体的风格/程式化而产生的，因此我们对它的理解应当是：它是使各种不同形式的身体姿态、动作和风格得以构建一个持久不变的性别化自我的假象的世俗方式。[2]

最初，这些行为被巴特勒称为"操演"。众所周知，扮装皇后作为巴特勒构想出来的核心角色，在《性别麻烦：女性主义与身份的颠覆》第一版中发挥着重要作用。通过以某种戏仿的方式重新演绎社会性别，扮装皇后最后展现出了某种撼动社会性别乃至将之"解构"的力量。显然，操演这个概念具有某种与戏剧相关的内涵。正如有人指出的，在巴特勒那里，社会性别是"某种准戏剧式的社会产物，因此社会性别主要涉及某种'可见性'的'原则'"。[3] 该隐喻假定了某个进行操演的人，

1，2　J. Butler, *Trouble dans le genre, op. cit.*, p. 265.
3　A. Berger, *Le Grand Théâtre du genre. Identités, Sexualités et Féminisme en «Amérique»*, Paris, Belin, 2013, p. 122.

因而也在同时假定了某个角色、某个演员、某些观众、某个舞台以及该行为背后的某个主体：这就是为什么巴特勒后来很快就放弃了这一概念。操演概念暗示人们可以像每天早上出门前在衣橱里选衣服一样，选择自己的社会性别。而这一观点是巴特勒坚决反对的："就我而言，我从未想过社会性别就像一件衣服，或者说衣物造就了女性。"[1] 并且，"我们并不一定要有一个'行为背后的行为者'，'行为者'反而是以不一而足的各种方式在行为里、通过行为被构建的"。[2]

巴特勒对这一问题的解决方式是纯粹字面上的——这与她对很多其他问题所给出的解决方式类似：我们只需谈论"操演性"而不必谈论"操演"。这就是大名鼎鼎的"性别操演性"理论，尽管（又或者说恰恰得益于）这一理论很晦涩，但它确实成就了巴特勒的声誉。她是在《性别麻烦：女性主义与身份的颠覆》1999年版的序言中提出这一理论的："认为性别是操演性的观点试图指出，我们所以为的性别的内在本质，是通过一套持续的行为生产、对身体进行性别的程式/风格化而稳固下来的。"[3]

恰如她在后续的文字中所断言的那样："性别被证明是具有操演性的，也就是说，它建构了它所意谓的那个身份。"[4] 如

---

[1] J. Butler, *Ces corps qui comptent, op. cit.*, p. 233.

[2] J. Butler, *Trouble dans le genre, op. cit.*, p. 267-268.（中文版参见［美］朱迪斯·巴特勒，《性别麻烦：女性主义与身份的颠覆》，第186页。——译者注）

[3] J. Butler, *Trouble dans le genre, op. cit.*, p. 36.（中文版参见同上书，1999年版序言第9页。——译者注）

[4] J. Butler, *Trouble dans le genre, op. cit.*, p. 96.（中文版参见同上书，第34页。——译者注）

此，就找到了所谓的解决方式："性别一直是一种行动，虽然它不是所谓可能先于它存在的主体所行使的一个行动……在性别表达的背后没有性别身份；身份是由被认为是它的结果的那些'表达'，通过操演而建构出来的。"[1] 这番解释还真是"相当清楚明白"。

事实上，就连巴特勒本人和她的一众门徒也都承认这套表达有些艰涩。因而，为了让人们更好地理解她的观点，巴特勒在之后使用了其他更明晰的用语。操演性指的是某种"没有人类建构者的建构"，也没有什么固定的结果。巴特勒也承认，上述都不是很清晰，而且"表明性别的物质性由规范的仪式化重复而建构，这一点并非不言自明的"[2]。然而她随即指出，这都只是因为"我们通常所说的'建构'概念似乎阻碍了对这种观点的理解"。[3] 对巴特勒来说，"性别是某种没有原型的模仿；事实上，性别是这样一种模仿行为：它制造了'原型'这个概念本身，而这种原型则是模仿本身的效果和结果"。[4] 然而，我们可能仍会感觉我们对巴特勒的理解并没有因这些解释而得到进一步澄清："没有建构者的建构"和"没有原型的模仿"，至少在日常语言中，这些表达是有些矛盾的。

1　J. Butler, *Trouble dans le genre, op. cit.*, p. 96.（中文版参见同上。——译者注）

2　J. Butler, *Ces corps qui comptent, op. cit.*, p. 12.（中文版参见［美］朱迪斯·巴特勒著，李钧鹏译，《身体之重：论"性别"的话语界限》，上海：上海三联书店，2011年，序言第3页。——译者注）

3　Ibid., p. 12-13.（中文版参见同上。——译者注）

4　J. Butler, «Imitation and Gender Insubordination», in J. Storey (ed.), *Cultural Theory and Popular Culture. An Introduction*, Harlow, Pearson Education, 2006, p. 261.

巴特勒的性别操演性主张可能源于她对哲学家奥斯汀（J. L. Austin）所提出的言语行为理论的参考。奥斯汀曾证明，某些被视为操演性的话语具有实际效果，只需将这些话语说出来便可被视为行为产生，正如一个经典的例子所示："我宣布你们结为夫妻。"而巴特勒似乎也持有类似观点，她写道："语言通过言说主体的语内表现而获得创造'社会实在'的权利。"[1] 不过，她随即澄清道，就社会性别而言，并不存在有意识的、独特的言语行为，也不会有主体、个人或机构来为这些话语赋予意义。她认为，实际上，社会性别更像是某些被重复的、本质上无意识的"规范"。她进而补充道，这种重复当然不是"自由的"："这是一个在某种约束性语境当中被实践的即兴表演。"[2] 首要目的是避免一切对某个有意识主体的参照。相对于"反复"（répétition），巴特勒更中意使用"重复"（itération）这个术语，借以表达自己更多地参考了法国哲学家雅克·德里达（Jacques Derrida）而不是奥斯汀。根据德里达对奥斯汀的阐释，操演性陈述本质上并非依据其机构性语境而被理解，而是依据它们被重复的能力，这在某种程度上来说具有偶然性。一个陈述若想被理解，就必须在所有情况下都可被重复，换言之，它在某种程度上是独立于语境的。由于组成陈述的书面符号是标记，所以它们具有"某种与语境断裂的力量"[3]。在这种

---

[1] J. Butler, *Trouble dans le genre*, op. cit., p. 22.

[2] J. Butler, «Faire et défaire le genre», *Le Passant ordinaire*, n°50, octobre-décembre 2004. Consultable sur http:// www.passant-ordinaire.org/.

[3] J. Derrida, «Signature, événement, contexte», in *Marges de la philosophie*, Paris, Minuit, 1972, p. 377.

"可重复性"中，德里达看到了在奥斯汀言语行为理论中引入断裂的方法——该方法也会让本来意义清晰并涉及特定语境的陈述产生动摇，"鉴于这种重复的结构，激发言语的意向永远不会出现在其自身及其内容中。这种结构性的重复先验地引入了某种本质上的崩裂和缝隙。由此，非严肃性言语、间接言语都将不再如奥斯汀所期望的那样，从日常语言之中被排除"。[1]

而这正是巴特勒希望达到的目标。"性别操演性"这个表达让性别变得愈加"麻烦"了。基于这个对操演性的"定义"，对规范的重复就不是通过语言或主体完成的了，亦无须要求或同意——这与奥斯汀过于理性化的理论大不相同。操演性的特点在于这种行为的重复本身："操演性不是一个单一的行为，而是一种重复、一种仪式，它在身体——在某种程度上被理解为由文化支持的时间性持续存在——这个语境的自然化来获得并达到它的结果。"[2] 如一位非常审慎的精神分析师所注意到的，这是一种"在语言之外、在某种互易感觉（transitivisme），甚至某种拟态（mimétisme）的运作当中处理的身体的重复"，并且"这里所说的操演更像是催眠"。[3] 而巴特勒的新型快感就在

---

[1] J. Derrida, «Signature, événement, contexte», in *Marges de la philosophie*, Paris, Minuit, 1972, p. 389.

[2] J. Butler, *Trouble dans le genre, op. cit.*, p. 36.

[3] M. Jejcic, «Pour introduire à la lecture de *Trouble dans le genre* de Judith Butler», *La Revue lacanienne*, 2007/4, n° 4, p. 30. 但凡是听过巴特勒演讲的人都会经历某种先被吸引而后迷失的感觉——人们先是被卷入一套口若悬河的演说，继而伴随各种被有意添加的、晦涩的曲折，演说本身想要传达的意思逐渐变得稀薄直至消失。关于巴特勒如何成功地"将大学催眠"，可参见 S. Prokhoris, *Au bon plaisir des «docteurs graves». À propos de Judith Butler*, Paris, PUF, 2016。

这种偏离，这种"对主体的放弃"之中，"如果一切都是语言，那么现实将会倾覆，而快感则将会由某种虚拟的、幻想现实的虚拟性本身孕育"。[1]

相比于"流动性"，有人更喜欢用"漂流"，以表示更大程度的放手。因而，我们看到，加拿大政治学者阿瑟·克罗克（Arthur Kroker）不仅借鉴了巴特勒和哈拉维的观点，同时还参考了后人类主义者凯瑟琳·海勒（Katherine Hayles）的观。他说："总会有一些性别漂流者，他们重新混合、组合、接合不同的性别操演编码。"[2] 单单从一种性别过渡到另一种性别，那是远远不够的，得不断在不同的现有性别之间漂流，并且还得发明出新的性别，这才是好的。至于身体，对克罗克来说，这种东西显然是不存在的："没有比物质性的身体更为虚幻的了。流转、流动、不具边界、没有任何限制或预先规定的历史——除了中介作用，今天的身体已不再有任何意义。"[3] 无论如何，他还要走得更远，进一步追随唐娜·哈拉维的步伐："如果说我们过去寄居在一具孤独的血肉之躯之中的话，那么从今往后，情况将不再如此——我们自己就是多个身体的交汇，

---

[1] M. Jejcic, «Pour introduire à la lecture de *Trouble dans le genre* de Judith Butler», *La Revue lacanienne*, 2007/4, n° 4, p. 30. 但凡是听过巴特勒演讲的人都会经历某种先被吸引而后迷失的感觉——人们先是被卷入一套口若悬河的演说，继而伴随各种被有意添加的、晦涩的曲折，演说本身想要传达的意思逐渐变得稀薄直至消失。关于巴特勒如何成功地"将大学催眠"，可参见 S. Prokhoris, *Au bon plaisir des «docteurs graves»*. *À propos de Judith Butler*, Paris, PUF, 2016。

[2,3] A. Kroker, *Body Drift. Butler, Hayes, Haraway*, Minneapolis-Londres, University of Minnesota Press, 2012, p. 3.

拥有作为人、植物、(其他)动物与矿物的流动交汇的生命。"[1]

变性风潮的高峰是在20世纪七八十年代,而今其风头已被新的跨性别潮抢去,真人秀节目尤其热衷于后者,常常打着"××现象"的标题来博取关注。布鲁斯·詹纳是世界上最火爆的真人秀节目《与卡戴珊一家同行》的主角之一:他是名媛金·卡戴珊的继父。2015年6月,詹纳,这位曾经的奥运会男子十项全能冠军在《名利场》杂志的封面上向世人宣告:"没错,在内心最深的角落,我其实是名女性!"在此之后,他进一步指出自己是一名女同性恋。而今,想要成为一名女性已不再需要在手术台上挨上一刀,而是直接向外界宣布"自己是女性"就可以了。因此,对布鲁斯/凯特琳(布鲁斯的新名字)来说,其只需自称为女性,并穿得像个女性(不过说真的,这确实有点儿难度)就可以了。当然,进行相应的面部整形与乳房假体植入也是业界非常推荐的——就像詹纳所做的那样。然而,其男性生殖器官的摘除手术却在近两年之后的2017年1月才完成。不过显然,该项手术之后,一切都在朝着好的方向发展。[2] 依照近年的舆论惯例,这一"个人历程"被视为又一个"灵感源泉",鼓舞了那些不敢自我肯定的跨性别者。

---

[1] A. Kroker, *Body Drift. Butler, Hayes, Haraway*, Minneapolis-Londres, University of Minnesota Press, 2012, p. 15.
[2] 詹纳这样解释自己激动的心情:"这只不过是一个阴茎而已。对我来说,除了能在树林里小便之外,这玩意儿没什么用。"他补充道:"我已厌倦那种每次都要把这玩意儿藏回来的日子。从今往后,我将开始活出真我,重燃激情——这种激情自三十九年前奥运会结束之后已熄灭许久。"(C. Jenner, *The Secrets of My Life*, New York, Grand Central Publishing, 2017, p. 312 et 298.)

"社会性别意识形态对儿童造成了伤害"

时下最流行的趋势是所谓的"跨性别儿童"。2016年12月,《国家地理》杂志这本在此前还专注于地理的刊物将封面献给了一名来自堪萨斯城的小男/女孩艾弗里·杰克逊,让其作为"首位登上这一著名期刊封面的跨性别者"。在《国家地理》夸大其词的报道中,艾弗里"自5岁起便像女孩一样生活",并"凭借其勇气与骄傲……总结了性别革命的概念"。此外,该杂志的专栏作者还告诉我们,我们周围充满着"不断变化的、关于何为男性或女性,以及何为跨性别、顺性别、非典型性别、性别酷儿、无性别的概念,除此之外,还有如Facebook(脸书)这样为其用户在个人资料中提供的超过五十种用于归类自身性别的词汇"。[1] 与此同时,一名记者试图向我们普及她口中的"科学家们"在关于性别的生物学解释这一问题上所发现的新的复杂性:"我们很多人在高中都学过'染色体决定婴儿的性别':性染色体为XX是女孩,XY则是男孩。但有时候XX和XY并不能说明一切问题。"[2] 尽管我们也不太清楚她口中的"一切问题"到底指的是什么。与杂志封面上的小男/女孩一样,那位专栏作者唯一确定的事情就是"我们都背负着他人赋予我们的标签"。[3] 这是当然的。不过,这位记者可能忘了我们不仅存在于他人的目光之中。关于《国家地理》,

---

[1] *National Geographic*, vol. 231, n° 1, Janvier 2017, p. 6.
[2] Ibid., p. 51.
[3] Ibid., p. 6.

我们至少可以说，这本杂志如今在一片混乱中迷失了。不过这都没关系，对他们来说，若为销量故，一切皆可抛。同样，2015年起，一个决定成为女孩的跨性别男孩贾斯·詹宁斯，推动了一部以其家庭生活为主题的旅游生活频道电视剧《我是女生》(I Am Jazz)的爆红。剧中讲述了他接受的、旨在阻断自己青春期发育的激素治疗，他面临的歧视，以及他获得的来自父母的爱与支持。不过在同时，我们也发现，在关于该剧首集的采访中，他母亲曾解释说治疗是"某种实验性的东西"，并承认她是在"玩弄自己孩子的身体"。

显而易见，这类奇人怪事大赏只能吸引好事者的眼球。我们甚至可以想象，若是在一个普遍充满流动性与"滑动"的世界中，这类涉及身体边界以及流动性身份的实验将会多么诱人。这种"漂移"与我们中的一些人所经历的"漂浮经验"相当一致——无论是嗑药还是所谓的身份游戏，尤其是玩弄性别身份的游戏。然而，若是属于一个人的相对稳定的主要身份还未确定之前就开启这样的经历，情况就会稍显复杂。

可以确定的是，在儿童和青少年身份的形成方面，跨性别潮流绝非没有后果。面对近年兴起的这种热潮，一部分美国儿科医生已经向社会敲响了警钟。美国儿科医师学院近日有所行动，并以非常明确的口吻说明："社会性别意识形态害了儿童。"[1]

---

[1] American College of Pediatricians, «Gender Ideology Harms Children», août 2016, revue en mai 2017. Consultable sur http://www.acpeds.org/the-college-speaks/position-statements/gender-ideology-harms-children. 不出所料，这些儿科医生随即被指责为跨性别恐惧症和当代反动分子，他们的观点却未得到严肃对待。

实际上，在青春期这个阶段，少年对自己的身份产生犹豫、对自己的欲望发出疑问，是一件很正常的事。但是如果就此认为肉体赋予我们的性别身份没有任何意义，这就走向了某种极端，即完全否认我们的身体这个再简单不过的事实，及其为我们提供的坚实支撑。事实上，如果一个个体真的属于那种极端罕见的类型，在青春期这个阶段之后，该个体也仍有充足的时间去质疑自己的身份，不必担心错过了机会。这些儿科医生担心的是美国会出现越来越多案例——儿童受个别真人秀节目的灌输或迷途家长的影响，而对自身性别感到不适，进而希望改变自己的性别。而后，这些儿童会被提供旨在阻断青春期发育的激素。其中一些案例已经受到舆论关注，比如，一名八岁的男童因为"女孩更受家长优待"而想要成为一名女孩，随后他被带去接受咨询治疗。再比如，一名五岁的男童因为自己喜欢芭比娃娃而认为自己拥有一个"女孩的大脑"。[1] 总之，根据一位领导多伦多性别认同诊所长达三十年的心理学家的说法，似乎直到五岁或七岁，"儿童都有可能将性别认同与性别行为的外在表现相混淆"。[2] 然而，如果这些儿童由被跨性别传媒潮洗脑的家长带领，并走入身为跨性别运动积极分子的儿科医生的诊疗室，那么他们将步入变性的轨道，并且极难从中抽身。而对于那些更为谨慎的儿科医生来说，此举是极其荒谬且危险的。

---

[1] Cf. R. T. Anderson, *When Harry Became Sally. Responding to the Transgender Moment*, New York-Londres, Encounter Books, 2018, p. 136.

[2] K. Zucker et al., cité par R. T. Anderson, *When Harry Became Sally. Responding to the Transgender Moment*, p. 136. 由于指出在儿童性别不安症的诊断上需要格外谨慎，扎克遭到跨性别活动组织的猛烈抨击，并于 2015 年被解职。

荒谬在于，"根据《精神障碍诊断与统计手册（第五版）》的数据，98%和88%曾经历性别认同困扰的男孩和女孩，在顺其自然地度过青春期后都接受了自己的生理性别"。[1] 危险在于，那些对孩子使用青春期阻断剂的激素疗法实际上带有严重风险，其中包括高血压、中风、血栓以及癌症。青春期不应该被视为一种应予"阻断"的疾病。结论是明确无疑的："美国儿科医师学院敦促从事医疗行业的专业人员、教育者和立法者拒绝一切诱使孩子们接受异性激素干预疗法的政策。应该让事实，而不是意识形态，来决定现实。"[2] 事实上，上述治疗已经违背了医学的基本原则，即希波克拉底誓言中所说的"首先，不要造成伤害"。对此，一直都"有话直说"的卡米拉·帕格利亚把话说得更直接："跨性别主义鼓吹者"向那些对自己性别有所犹豫的儿童及其父母"散播诸多谎言"，鼓励他们使用激素阻断儿童的青春期以及接受外科手术——这些行为本身就是"对儿童实施性虐待"。在她看来，"为人父母者不应该对自己的孩子做这样的事"[3]，因为这些所谓的"治疗"实际上是一种"对人权的刑事侵犯"[4]。 以上这些不仅仅是相关群体口中的"美式反动分子"或"老派女性主义者"的观点，相反，这道明了真正存在的问题——这些问题也被不少精神病学家和精神分析师证实。比如，法国精神病学家让-雅

1, 2 K. Zucker et al., cité par R. T. Anderson, *When Harry Became Sally. Responding to the Transgender Moment*, p. 136.

3 Interview à la radiotélévision brésilienne *Roda Viva Internacional*, 22 octobre 2015.

4 «Trump, Transgenderism and Islamist Terror», entretien de C. Paglia et J. Last, *The Weekly Standard*, 15 juin 2017.

克·泰斯勒（Jean-Jacques Tyszler）一针见血地指出："对很多知识分子而言，对'社会性别'这一概念的热衷并不会对原有的生活造成什么影响——在关于社会性别的笼统陈述发表之后，文明化的性道德又将平静地回归正轨。"[1]然而，他补充道，这套理论实际上在"年轻人、青少年以及处于性生活活跃年龄段的成年人那里有着比在知识分子群体中大得多的影响力。会在如双性恋这样的主题在诊疗会面中被大加谈论，固然偶尔会夹杂内疚感，但更多情况下，这被视作某种不言而喻的事实，并理所当然地需要通过实际体验来认识，以便在必要时做出选择"。[2]至此，问题还没发展到最严重的地步。由"社会性别潮"引发的真正问题在于它加重了"自恋型个人主义"："（对他们来说）如果已经存在一个他者、一名伙伴，那么就不会再有一个'大他者'来取代这名伙伴，更不会有什么事物可以支配他并令他服从，无论是所谓的上帝还是主人。那些年轻患者的幻想生活有时会呈现出异常贫乏与受抑制的状态，原因或许正是在此？他们不为任何认同所束缚，也不为任何地方的性观念所约束，正因如此，他们费尽全力也难以创造出什么新事物。"[3]可见，社会性别意识形态确确实实会对青少年造成伤害。

1，2　J.-J. Tyszler, «Quelques conséquences du refus de la différence des sexes», article précité, p. 37.

3　J.-J. Tyszler, «Quelques conséquences du refus de la différence des sexes», article précité, p. 38.

"厕所战争"与身份的终结

这种让那些虚无缥缈的身份得到承认的迫切渴求，造就了"跨性别战争"这出大戏中最为荒诞的一幕——"厕所战争"。厕所战争也成为奥巴马总统任期最后一年的主要内容。当时恐怖主义肆虐，但对于美国人来说，似乎真正的头等大事应该是弄清楚我们是否可以为跨性别群体提供中性厕所，或者退一步说，就算无法提供中性厕所，是否应该允许跨性别者依据自己所认同的性别来使用厕所。也就是说，人们通过外表并不足以确定一个人的性别：如果一名高大魁梧、长满络腮胡、身着伐木工服装的壮汉声称自己是一名女性，那么他就可以理直气壮地使用女厕所。反之，尽管可能很少见，但一个充满女性特征的女性也可以使用男厕所，只要她声明自己是一名男性。

这场"战争"爆发于2016年3月。当时，北卡罗来纳州议会投票通过了一项名为"HB2"（House Bill 2）的法案。该法案禁止跨性别者在学校和政府建筑中根据他们自我认同的性别使用厕所，换言之，每个人都必须根据其出生证明上所标注的性别来使用相应的厕所。该项法律实质上排除了那些没有进行变性手术的跨性别者，因为在该州，唯一被法律接受的、可以在民事登记中更改性别的手段是进行性别重置手术。这项法律回应了夏洛特市政府的一项决定，该决定允许跨性别者任意选用厕所，无须考虑厕所原本指定的使用群体。近年来，一项运动逐渐兴起，该运动试图在中学和大学校园中修建跨性别厕所，尤其是在旧金山。2015年4月，时任美国总统奥巴马支持了此项运动，在白宫设立了"性别中立"厕所。北卡罗来纳州的这项立法旨在避免让生理女性在使用厕所时，看到具有男性的生理外表却宣称自己为女性的人走进来而受到惊吓，并感到不适。如何避免"变态"借此机会窜入女厕所？可见，在此情形中，女性权利与跨性别者权利发生了冲突，双方都认为本应属于自己的权益受到了侵害。相关群体对这些"跨性别恐惧症"的法律反应激烈、愤怒不已，有人称这是"有史以来最可憎、最恐同、最跨性别恐惧"[1]的法律。包括不少艺术家在内的群体，如美国歌手辛迪·劳帕（Cindy Lauper）、美国摇滚歌手布鲁斯·斯普林斯汀（Bruce Springsteen）以及太阳马戏团，都决定抵制北卡罗来纳州。斯普林斯汀甚至在其网站上郑重其事地表示"有些事情比单单一场摇滚演唱会更重要"，这里的"有些事情"指的就是厕所的中立性问题。此外，也有众多运动员参与了这项针对北卡罗来纳州的抵制。大型零售连锁店Target决定将其下辖所有门店的厕所都改为"跨性别友好"厕所，以作为对北卡罗来纳州该项立法的回应。[2] 同时，约有80名硅谷企业领袖致信时任北卡罗来纳州州长，抗议该法案中的"歧视性条款"。奥巴马也介入该问题：2016 年 5 月，美国司法部对北卡罗来纳州政府提起诉讼，指控后者侵犯民权，尤其

---

[1] M. Signorile, «How North Carolina Just Passed a Blood-Curdling Anti-LGBT Law Right Before Our Eyes», *Huffington Post*, 24 mars 2016.

[2] 讽刺的是，这反过来又导致了众多消费者对该连锁店的抵制。

是 1964 年《民权法案》赋予个体公民的权利。[1] 作为反击，北卡罗来纳州州长指责司法部滥用职权。而在同时，美国教育部和司法部则严正声明："出于某些人的不适而让特定学生类别被区别对待并处于不利地位的政策是不公正的。"[2] 美国不少南方州，如得克萨斯州、密西西比州和田纳西州，都站在了北卡罗来纳州一边，而大多数北方州则选择支持总统奥巴马。值得一提的是，自特朗普当选（2016 年）以来，美国司法部和教育部都表示，他们将撤销奥巴马政府时期在这一领域的政策建议。

似乎没有人能比一代传奇女性主义者卡米拉·帕格利亚更尖锐地点出这一事件的荒谬之处了，她指出，恰恰是对"厕所战争"的可悲运作，间接将特朗普送上了总统的宝座。[3] 在帕格利亚这位直爽的女同性恋者看来，毋庸讳言，"跨性别狂热"是西方崩溃的最明显标志，这甚至让那些宗教极端分子都感到惊讶："对于那些宗教极端分子来说，没有什么比我们对同性恋的公然容忍以及当下的跨性别狂热能更好地定义何为'西方的衰落'的了。"[4] 此外，同样令人惊讶不已的是，近来这些关于性别认同的争论几乎逐字逐句地再现了当年拜占庭帝国学者

---

1 该法案于 1964 年 7 月 2 日生效，它宣布因种族、肤色、宗教信仰、性别或来源国而产生的歧视性行为非法。该法案禁止了公民投票中的不平等待遇以及在学校、工作场所和公共空间中的种族隔离。——译者注。

2 Cf. J. Hirschfeld, M. Apuzzomay, «U.S. Directs Public Schools to Allow Transgender Access to Restrooms», *New York Times*, 12 mai 2016.

3 «Entretien entre Camille Paglia et Andy Cohen», *New York Times. Times Talks*, 18 avril 2017. Consultable sur la page Facebook du *New York Times*.

4 Interview à la radiotélévision brésilienne *Roda Viva Internacional*, 22 octobre 2015.

们关于天使性别的魔幻聚讼——当时，伊斯兰教正蓄势待发，准备终结这一传承千载的文明。而今那些从事拜占庭研究、同时以性别理论支持者自居的历史学家却格外欣赏诸如"宦官的本性是男是女"的这类争论，因为他们认为，当年这些争论为当下关于跨性别者的争论埋下了伏笔。[1]

民政登记中的中立性别

在大街上随便找一个人，并让其认可某个纯粹靠口头声明出来的身份，这种事情在现如今社会是完全有可能实现的，即使这个身份与一切现实证据相悖：因为就算这个人在第一时间对此不认可，政治正确的压力早晚也会逼迫其认可。如今，我们能看到一类令人捧腹的采访视频，采访者自称是一位亚洲女性或一名七岁孩童（而他明显不是其所宣称的这些人）；对此，受访者一开始可能先是一愣，而后便会立马接受这样的胡诌，并顺着他的说法继续对话，因为受访者害怕在镜头前被呈现为歧视其对话者的人，并被打上"恐××"的

---

[1] 就比如加利福尼亚大学圣迭戈分校历史学者凯瑟琳·林罗斯（Kathryn Ringrose）。她很赞赏"拜占庭社会"没有"拘泥于僵化的二元性别结构——就比如长期以来在西方社会被认为是'正常'的那种性别结构"，反而对"类似于我们今人所讲的'中间性别'这类范畴的替代性观念"颇感自在，并就此得出观点：性别在当时是一个"流动性概念"。（*The Perfect Servant. Eunchs And The Social Construction Of Gender In Byzantium*, Chicago, University of Chicago Press, 2003, p. 31.）

标签。¹

然而，到了今天，以上这些都还不算完：已经不仅限于公共厕所的使用者，甚至连国家机构也被督促尊重这些假定出来的身份。因而有人宣称，必须制止民政登记中"涉及社会性别的歧视"。起初，经过外科变性手术的变性者们诉求，要求在术后被允许更改自己民政登记中的性别栏。至少在法国，这一诉求是相对容易接受的。法国最高法院在1992年通过了一项判决，允许患有跨性别综合征并通过医学手段改变自身性别的人士更改其民政登记中的性别栏。此后的判例对此也都持相同立场，但始终要求当事人提供包括其变性手术以及与其声明性别相符的激素治疗的医学证明。这一要求被欧洲人权法院定性为纠问式诉讼①，并在2017年4月做出判决，认定法国要求当事人提供性别变更证明这一做法，是"将令跨性别人士接受其并不愿意接受的绝育式手术或治疗，作为认定他们性别身份的条件"，因而是对私人生活受尊重权（隐私权）的侵犯。²然而在这项判决之前，法国已经先行一步，在2016年颁布的

---

1 Family Policy Institute, «College Kids Say the Darndest Things: On Identity», Consultable sur https://www.youtube.com/ watch?v=xfO1veFs6Ho. 虽然发布者是一个倾向于传统家庭观念的研究所，但视频中那些被政治正确洗脑的学生绝非虚构。我强烈建议观看广为流传的2018年6月29日那期令人忍俊不禁的《定格》节目。这期节目中，一名法国男女同性恋、双性恋及变性人联合会管理人员因为自己被人凭外表而认作男性颇感不悦，并说道："先生，我可不是男的，我不明白您凭什么认为我是个男的。"

① 纠问式诉讼或纠问制度指在诉讼程序中由法官兼任检察官，即法官在判决的同时也负责提供证据、试图证明被告有罪的诉讼制度。——译者注

2 Arrêt de la Cour européenne des droits de l'homme du 6 avril 2017. Consultable sur le site de la CEDH : http://www.echr.coe.int/.

《21世纪司法现代化法》中已然宣布："未接受医学治疗、外科手术或绝育手术等，不能构成拒绝批准变更民政登记中性别栏的理由。"法官不得以"医学原因"为由拒绝修改申请人的性别栏。此后，民政登记中性别栏的变更程序将完全"非医学化"，仅需声明自己属于另一性别，申请便可获批。也就是说，任何提出申请的人都有权变更自己民政登记中的性别。

然而，事情到此还没有结束。又有人提出应该在民政登记中增加"中立性别"这一选项——此项做法目前已经在好几个国家得到了实施。在一些人看来，理想状态下，民政登记甚至不应该包含任何涉及生理性别或社会性别的条目，他们认为，在孩子出生时将其归入某一生理性别或社会性别的做法，实际上构成了某种对人的暴力。不过，2017年5月，法国最高法院拒绝了一名跨性别者的此项申请。随后，该申请人转而向欧洲人权法院提出申诉，并很可能在短时间内获得其期望的答复——这也正是孜孜不倦的申诉人丹尼尔·博里洛（Daniel Borillo）所期待的。在后者看来，"将性别视为某种客观条件并强加给个体，是古板的，也是糟粕。新的做法应该是，在司法层面将性别视为某种个人身份和私人身份，将之纳入与个体主观性和个体自由相关的范畴"。[1] 此外，此君还振振有词地说："正如欧洲理事会2015年通过的2048号决议所表明的那样，没有什么能束缚每个人选择自己身份的绝对自由。"[2]

在他的文章中，个体自由必须无所不包，因而也包括个人

1，2　D. Borillo, «Pour un sexe neutre à l'état civil», *Libération*, 27 juin 2017.

身份的司法基础。而对此，已经有精神分析师指出，在"真"变性者的民政登记申请被通过的情形中，其修改民政登记的权利本身便包含了"个人的自我肯定相对于其对自己身体的肯定的优先性，也就是说，抛弃了掌控身体的心理过程"。[1] 而今，事态与人们当初预料的相比已经走得太远，我们甚至已经不再需要将自己的身体纳入考量——身体，作为一种"古板"而"糟粕"的历史，已经消散于时间的长河。

被消费的各类"跨××"族群：跨种族、跨阶级，以及其他"异类"

正如我们所呈现的，对于身体的纯"主观"定义显然不会轻易止步。而另一个关键问题，同时也是在美国身份讨论中真正绕不开的问题——种族，自然不会在这类辩论中被轻易错过。跨种族问题的导火索是 2015 年的瑞秋·多尔扎尔（Rachel Dolezal）事件。多尔扎尔曾是美国全国有色人种协进会在华盛顿州的负责人，多年以来，她一直以非裔美国人的身份活动。而当这位金发姑娘的白人生物学父母向公众揭露她其实是白人的时候，举国哗然，她随后不得不辞去自己在美国全国有色人种协进会的职务。尽管如此，她依然坚称"自己的自我认同是黑人"，具体来说，她认为自己是一名被囚禁在白人身体内的黑人。这是首个被公开的"跨种族"案例。按多尔扎尔的说

---

[1] C. Flavigny, *La Querelle du genre. Faut-il enseigner le gender au lycée ?*, Paris, PUF, 2012, p. 150.

法，唯有她对自己的主观感受才是重要的，而并不存在所谓的客观真相。如果按照这样的说法，那其实此处的瑞秋·多尔扎尔和上文我们提到的布鲁斯/凯特琳·詹纳之间并没有什么区别。在瑞秋·多尔扎尔那具有瑞典、捷克和德国血统的父母领养了四名黑人孩子之时，她便开始自我认同为黑人，而自此以后，因为她觉得自己是黑人，所以她就是黑人。

显然，此处关于跨种族问题的辩论并没有像在跨性别族群那里一样得到明确的反馈。跨性别主义的拥护者甚至声称，将跨种族和跨性别进行比较的做法本身对跨性别族群就是某种侮辱。因为在他们看来，多尔扎尔掩盖了自己的身份，而跨性别者则天生如此——他们天生便拥有某种处于两性之间的身份。此外，科学界早已放弃了涉及种族差异的观念，而涉及社会性别差异的观念依然合法地存在于当代科学之中。最后，他们认为，跨性别者在美国当代大众文化当中远比"黑人"受排斥。

而其他各类"跨××"族群也可以被纳入设想。就比如英国自由主义记者詹姆斯·德林波尔（James Deingpole）就声称自己是一名"跨阶级者"：尽管他看起来出生于英国的中产阶级之家，但他其实是一位18世纪的公爵，平日以围猎为乐，并住在一座宫殿之中。因而，他要求周围人以对待一位公爵的方式对待他。"您想想看，我每天早上都要经历的那种恐惧：没有贴身侍从给我穿上礼服，只能被迫穿上牛仔裤和衬衫。您可以想象一下那种被困在一个中产阶级记者的身体之中的痛苦，那简直是地狱。因此，烦请您称呼我为'殿下'。这得多亏瑞秋·多尔扎尔，替我开辟了这样一条道路。"[1] 如果说这种戏谑不大受跨性别活动人士待见的话，我们还可以设想一下其他各类意想不到的"跨××"群体。托马斯·萨斯就做过此类设想，在为雷蒙德的那本探讨变性的著作所做的书评当中，他提到，如果我们可以谈论跨性别，那何不也谈谈"跨年代"或"跨经济"？比如，一名想要年轻的老人是不是得了"跨年代"的"病"？一个想要变富的穷人是不是得了"跨经济"的"病"？[2]

可悲的是，萨斯当年的玩笑话如今几乎全部成为现实。显而易见的是，一旦我们走上了这条路，就没有什么理由不在这条路上走得更远。因而，可以想见，此后出现了所谓"跨物种者"，即认为自己是困在人类身体中的动物的群体。他们自称为"异类"（即"其他种类"）或"兽类"（therians，源自拉丁语"thérion"，即"野兽"），要么将自己视为想象中的动物（比如精灵或独角兽），要么将自己视为现实中的动物，甚至将自己视为元素：其中就有人将自己视为困在人类身体中的云。显然，多亏——或者说"归咎于"——互联网才让这些"身份"出现在以年轻人或不那么年轻的人为主的讨论组中，让他们沉迷于讨论这些相当不切实际的可能性。正如我们在上文截

---

[1] J. Delingpole, «You Think Being Trans-Black is Bad, Rachel Dolezal ? Wait Till You Hear About My Problem…», *Breitbart*, 12 juin 2015. Consultable sur http://www.breitbart.com.

[2] T. Szasz, «Male and Female Created He Them», article précité.

肢狂的案例中所见，身体认同障碍之所以在当今如此横行，互联网在很大程度上难辞其咎：试问，在正常生活，或者说在现实生活中，有多少机会碰到一个认为自己是困在人类身体中的云的人呢？答案不言自明：几乎为零。而在网上则不同，一些讨论群组往往汇集了几十个同好，而其中的讨论内容更是会被动辄数十万对自身感到不适的青少年阅读。为了收视率，电视真人秀的节目策划们已经将他们的手伸向了这些"怪咖"。而对于当下这波"异类"运动，跨性别群体的反应也比较微妙，因为其中还有点儿幽默感的人似乎已经预感到，这些新型"诉求"更有可能让他们的跨性别大业显得愈发滑稽而不是蒸蒸日上。

拓展资料1　肯奇塔·沃斯特或"大混合的海洋"

早在一段时间以前，这种玩弄性和性别的游戏就已经被引入欧洲歌唱大赛了。1998年，以色列变性者（男变女）达娜·国际（Dana International）[原名亚伦·科恩（Yaron Cohen），后更名为莎朗·科恩（Sharon Cohen）]凭借一曲《歌剧名伶》加冕大赛冠军。然而，若论后续的政治和社会效应，还要数2015年的肯奇塔·沃斯特（Conchita Warst）夺冠事件。

肯奇塔·沃斯特，一名变装成女性的胡须壮汉，其在欧洲歌唱大赛上的胜利被整个欧盟赞许为宽容的胜利，从奥地利总统到维也纳大主教克里斯托夫·舍恩博恩（Christoph Schoenborn），再到欧洲议会，无不对此赞不绝口。有人借此声称：肯奇塔·沃斯特代表了欧洲的风貌，是当之无愧的"欧洲女王"。欧洲议会副议长、绿党议员、女同性恋激进分子乌丽克·鲁娜泽克（Ulrike Lunacek）对此赞叹道："肯奇塔·沃斯特传递了一条与欧盟价值观相关的、极其重要的政治信号，那就是无论你属于LGBTI群体抑或其他少数群体，你都享有与其他人平等的权利、充分的各项基本权利，以及不在恐惧中尽情生活的权利。"然而在同时，其他欧洲国家（如俄罗斯和一些东欧国家）却对此兴趣寥寥。

面对此种狂热，我们不由得心生疑惑。肯奇塔·沃斯特似乎向人们证明了在确定性别的问题上我们是"可以选择的"。他（因为这是名男性）声称自己拒绝在两种性别之间做出选择：他既是一名男性也是一名女性，而具体是男是女，取决于每天不同的时段或他自己的心情。这也是他选择这个名字所表达的含义："Conchita"（肯奇塔）是"concha"（"贝壳"）的昵称，在西班牙语中用以指代女性生殖器；而"Wurst"（沃斯特）则是德语中的"香肠"，用以指代男性生殖器。因此，肯奇塔·沃斯特既是阴户又是阳具，既是女性生殖器又是男性生殖器。同时，这个名字还传达了一种对一切都满不在乎的意涵，因为在德语中有一个表达"das ist mir Wurst"，意为"我不在乎"。此君究竟能否代表欧洲风貌暂且不提，单就他这个混合了西班牙语和德语的名字来讲，倒多少有点儿欧洲风味。

不同于达娜·国际——后者已决意改变性别并按照她所选择的新性别的刻板印象进行活动，肯奇塔·沃斯特选择保持在"不同性别之间"：有女性的美妙嗓音、非常女性化的着装，但同时保留胡须以及明确且彰显的男性认同。让欧盟那群官僚兴奋不已的是，肯奇塔的身份是真真正正的不确定，与"欧洲人"这个身份一样模糊。此外，让他们高兴的还有沃斯特的歌曲《凤凰涅槃》所具有的激进意味：曲中，沃斯特着重树立了自己当年作为一个奥地利外省同性恋青年，最终战胜各种羞辱的形象。在他们看来，这一形象的进步性是无可争议的，正如肯奇塔·沃斯特另一首歌中所说的："我们势不可当。"将一个不愿选择自己性别的人捧为那些处于性取向尚未固定阶段的青少年的榜样，这样做是否合适？——这样的疑问是不被允许的，因为会被批评为"酷儿恐惧"。

对此，法国哲学家阿兰·芬基尔克罗（Alain Finkielkraut）中肯地点评道，这出以肯奇塔·沃斯特为主角的戏码，与其说是所谓"差异性的胜利"，倒不如说是"差异性的丧钟"："就在不久之前，男性和女性的意义并不相同。而在此时此刻，每个人都可以随心所欲地变成自己想要的样子：男的变成女的，女的变成男的，又或者既是男的又是女的。这绝不是属于差异性的胜利，而是针对差异性的胜利。"[1] 芬基尔克罗认为，这象征着威胁我们未来的"大混合"的来临："很快，将不再有什么明确的事实，而只有变化、转移、杂交以及没完没了的变形。没有什么相异性不能被放在消费链条当中。外部性将荡然无存，没有什么能逃脱这套逻辑。一切都将变得可被替换、可被买卖、可被选用。如果说当今的欧洲文化让位了，那并不是让位给其

---

[1] A. Finkielkraut, *La Seule Exactitude*, Paris, Stock, 2015, p. 146.

他某一个具体的文化,而是让位给一切事物的总解体,让位给大混合的汪洋。"[1]

拓展资料 2 "LGBTQI等"

对乌丽克·鲁娜泽克,这位支持肯奇塔·沃斯特的欧洲议员,我们倒是想给她提个醒:她十分珍视的LGBTI事业正在毁灭自我——这可以从据称遭受极其不公歧视的人群中得见,这些人的称谓有巨大的不稳定性。起初,"LGBT"是"女同性恋、男同性恋、双性恋和变性人"(Lesbiennes, gay, bisexuels, transsexuels)这几个英文单词的首字母缩写。到此处为止,一切都还相对清晰。然而后来,这串字母后面必须得加个"I"以表示"双性人"(intersexe)。再后来,得再加个"Q"以表示"酷儿"(queer),即拒绝固定的生理性别或社会性别认同的人;或者,根据某些人的说法,"Q"也可以指代"质疑者"(questioning),即质疑自己身份认同的人。目前,字母"A"也逐渐被加入其中,用以指代"无性恋"(asexuels),或者根据其他一些人的说法,指代很可能遭受到了歧视的人所组成的"同盟"(alliés)。既然如此,那为何不再添加一个"C"以表示那些同样奇怪的"顺性别者"(cisgenres)[2]呢?——他们对于自己的生理性别非常满意,并且不想改变性别,这些人在今天难道不也足够奇怪,可以被加入这串字母之中了吗?如此这般,我们不就得到了一份名副其

---

1 A. Finkielkraut, *La Seule Exactitude*, Paris, Stock, 2015, p. 146-147.
2 在拉丁语中,前缀"cis-"(顺式)是"trans-"(反式)的反义词。

实的、美国人常说的"字母汤"①了吗？为此，南加利福尼亚大学提出了一份用小号字编写的、长达十多页的"LGBTQI术语表"[1]——当然，按目前情况来看，这很可能也已经过时了。笑话不仅远在北美，也近在欧洲。德国勃兰登堡州议会德国选择党议员斯特芬·科尼格（Steffen Königer）在投票反对一项支持"接纳社会性别和生理性别多元性"的法案之前，用了两分多钟的发言时间，向可能与会的六十多种各类性别人士喊话，引发了在场议员的哄堂大笑："尊敬的男同性恋、女同性恋、双性人、双社会性别人士、女变男变性者、男变女变性者、性别多变人士、性别酷儿、中立性别人士、无性恋者"，不一而足。[2]

为避免此种偏差，一些相关活动人士提议用GSM（gender and sexual minorities，性少数）或GSD（gender and sexual diversities，多元性别）作为替代表达。然而尽管如此，"字母汤"的风险依然存在。也有人试着使用所谓"骄傲"（Pride）或"骄傲社区"这类称谓，但似乎也不尽如人意。还有人希望将上述一切都统称为"酷儿"。"酷儿"一词意为古怪的、离奇的、蹊跷的、歪曲的，它最初被用来辱骂同性恋群体，形容这类人扭曲、变态。而自20世纪80年代以来，这一侮辱性称谓被同性恋活动人士采用，并在将贬义词变为褒义词的传统之下

---

① "字母汤"这一表述通常用以指代缩写词泛滥的现象。——译者注
[1] 这份术语表可见南加利福尼亚大学的网站 https://lgbtrc.usc.edu/files/2015/05/LGBT-Terminology.pdf。
[2] 记录这一发言的视频在网上火爆一时。该视频目前仍可查看：https://www.youtube.com/watch?v=H3pntGBylho。

被赋予新的内涵，用以勾画活动人士自身的斗争风貌。该称谓可同时指代男同性恋、女同性恋、双性恋和变性人，他们可以借此将自身与后来被称为"直的"的异性恋者区分开来。如今，自称为"酷儿"同时也意味着强调"性别总是某种值得质疑的选择的结果"这一观点：在酷儿看来，无论是异性恋还是同性恋，都不存在固定和稳定的性别规范。他们认为，性取向不能被简化为二元模式，并希望终结这种在他们看来简单粗暴的描绘性取向的方式。

此外，有关"字母汤"的一个补充问题也引发了相关爱好者群体的严肃讨论，那就是字母的排列顺序问题。究竟哪个字母应该被摆在第一个呢？有人提议道，字母"B"应该被摆在最前面，因为"B"所指代的双性恋人数最多，这样的话，字母排序就成了"BGLTIQPA"——这就是美国男同性恋作家罗恩·苏莱沙（Ron Suresha）的主意，尽管改动后的字母串念起来并不朗朗上口。但如果按照这个思路，这位著有《爱个毛》（*L'Amour des poils*）的男同性恋"熊族"（指男同性恋群体中迷恋高大、毛发旺盛并具有旺盛阳刚之气男性的群体）亚文化的资深传道使何不提议再增加一个字母"B"以代指"熊族"（bear）呢？或许问题出在"熊族"社群内部，因为其内部还有更细的划分：比如圆胖熊、头发灰白的老头熊、肌肉熊、胖小子熊、喜欢熊族男同性恋的瘦子……凡此种种，不一而足。可见，一整套字母表都不一定能解决相关人士的命名问题。由此，就有人提出了"LGBTQI等"这一称谓——尽管我们得说，这个被放在最后的"等"字对于某些群体也可谓相当具有歧视性了。

可惜，咱们的各类社群主义朋友唯一未曾想到的是：有多少个有性生活的个体就有多少种性行为和性取向，而他们可悲的社群化集结方式却只保留了人类行为中最刻板的那部分。如今这个时代，我们可以同时或者依次成为"LGBTQI等"中的每一个字母，或者其他任何类型，但是，我们也可以就这么简简单单地试着做好自己——此举在如今似乎会带来一些麻烦，但终究也有不少益处。

动物，与对人的遗忘

动物和你我一样，都是人类。

——摩纳哥公主　斯蒂芬妮（Stéphanie de Monaco）

在"正常的总统"①发起的"社会改革"中,有一项改革在议会中几乎达成了全体共识,那就是应该赋予动物②"权利"。这项改革后来得到落实,成了2015年1月28日通过的法国《民法典》格拉瓦尼修正案,它确定"动物是有感知能力的生命体"。从此,在法国《民法典》中,动物史无前例地成了有感知能力的生命体,而不再仅被视为"动产"。这项主张引起了大部分法学家的不满,而在同时却深受大众欢迎——要知道,就在一些年前,大哲学家罗伯特·诺齐克(Robert Nozick)还曾认为"将保护动物视为我们世界中的头等大事是相当匪夷所思的"。[1]在相关调查中,有一个问题:"您个人是否赞成在

---

① 法国前总统弗朗索瓦·奥朗德(François Hollande)在其任期中曾多次表示自己希望做一位"正常的总统"。——译者注。
② 此章中所说的"动物"皆指"指人类以外的其他动物",为免行文累赘,下文不再特别区分。——编者注
1 R. Nozick, «About Mammals and People», *New York Times Book Review*, 27 novembre 1983.

《民法典》中承认动物是'有感知能力的生命体',并由此在法典中添加一项与'人'和'财产'等范畴并列的新法律范畴",89%的受访者给出了肯定的答复。此外,在对另一个问题的回答中,45%的受访者表示,他们更中意与自己的宠物一起度假,而不是人类伴侣。在本次为这"三千万朋友"进行的民意调查之前,知识界曾发起一项团结一致的请愿,要求《民法典》承认动物也是"有感知能力的生命体"。这些愿望已经被格拉瓦尼修正案实现,但如今,对于那些激进兽道主义[1]者来说,这还远远不够,他们希望"更进一步"。法国农业部长让·格拉瓦尼(Jean Glavany)本人就曾宣称,这项修正案的通过应该被视为"踏进大门的一只脚,为后续的动作开辟道路"[2]。一项又一项诉求接踵而至,一度有法国的动物之友要求设立"动物权利国务秘书处",就像之前设立的妇女权利国务秘书处一样。照此逻辑,何不干脆直接为动物权利增设一位政府内阁部长呢?

善意帝国

就目前所见,至少在西方国家中,"兽道主义"情绪日益高涨,不少人都曾对"动物的生活条件"感到震惊。越来

---

[1] "兽道"一词首次出现在海明威歌颂斗牛的作品《死在午后》中。后被人类学家让-皮埃尔·迪加尔(Jean-Pierre Digard)借用,以指称并批判那些"极端同情动物"的活动分子。

[2] Entretien avec L. Josoph-Theobald sur droitetanimaux.com.

越多的人对于食用肉类感到恶心。同时，我们看到，诸如美国作家乔纳森·萨福兰·弗尔（Jonathan Safran Foer）所作的《吃动物：无声的它们与无处遁形的我们》等书籍在市面上接连收获巨大成功。目前，在法国各类大学校[①]的入学竞考或各类教师学衔考试[②]中，"动物"也是最重要的内容之一。这种普遍的态度无疑表现出某种群体性的心理状态：无数宠物主人都在关注"动物权利捍卫者"的论点，后者反复强调要关注动物，关注这些"有感知能力的生命体"的痛苦，包括它们的饲养、屠宰条件，以及在它们身上进行的医学实验。被城市化后的整个西方世界都沉浸在这种"动物"崇拜中，而随着我们对以前农村动物的记忆的逐渐消逝，崇拜也日趋狂热。[1]

越来越多人认为，作为"有感知能力的生命体"，动物应该被视为"我们的兄弟"以及"姐妹"——按照时下"男女平等"的用词要求来说。因而，人与动物之间的区分不过是一种武断过时的分类方式：一些时髦的哲学家谴责"本质主义"，即将人类和动物划分在不同范畴、不同"本质"之中的观点，相反，他们认为人和动物实际上是一个连续体。他们认为，对

[①] 大学校，指法国一些通过入学考试录取学生并确保优质教学的高等院校，在法国高等教育系统中与综合性大学平行。——译者注
[②] 通过该考试的人有资格在法国的高中或大学等高等教育机构任教。——译者注
[1] 相比之下，那些在日常生活仍与动物保持接触的人，如农民、饲养员、猎人、屠宰场员工或兽医，则并不愿意粗线条地讨论"动物"的问题：对他们而言，动物是具体和多样的，因而我们与它们的关系也是极其复杂和丰富的，远不是那种幼稚而简单粗暴的同情可以概括的。（cf. J. Porcher, *Vivre avec les animaux. Une utopie pour le 21e siècle*, Paris, La découverte, 2014.）

人与动物进行区分的话,那离种族主义也没多远了,而正是在这一点上,我们看到了彼得·辛格(Peter Singer)的神来之笔——他推广了"物种主义"的概念,用以指代那些仅仅因为动物不属于我们而对动物施加的歧视。我们之前还曾取笑过摩纳哥公主斯蒂芬妮,嘲笑她信誓旦旦地宣称"动物和你我一样,都是人类"。[1]但如今,至少在英语国家,已经有多来越多的人使用"人类动物"和"非人类动物"这样的表达,以消除之前那种潜在的歧视性区分。[2]

对于这种将人类与动物完全等量齐观的观点,用美国动物权利活动家、善待动物组织创始人,长期担任该组织主席的英格丽德·纽柯克(Ingrid Newkirk)的一句话可以做出很好的概括:"一只老鼠=一条狗=一头猪=一个孩子。"在她看来,这种等价不言自明,因为"我们全都是哺乳动物"。[3]按照这种说法,对软体动物岂不是不够友好?所以我们建议,这句话最好更正为:"一只蜗牛=一只生蚝=一只章鱼=一个孩子。"我们甚至可以更进一步说,这种观点依然具有某种应予以指责的物

---

[1] Citeé par C. Rosset, *Lettre sur les chimpanzés* (1966), Paris, Gallimard, 1999, p. 14.

[2] 这类表达在如今的英文之中相当常见,就比如玛莎·努斯鲍姆(Martha Nussbaum)。不过,我们也能看到,这类表达也日益成为法文"动物研究"圈中的口头禅,乃至进一步蔓延为一套强制性的政治正确用语。

[3] I. Newkirk, Citeé par K. McCabe, «Who Will Live, Who Will Die?», *Washingtonian*, août 1986, p. 21. 同名文章也出现在2013年8月28日出版的那期《赫芬顿邮报》上,并被善待动物组织的网站转载。此外,这位英格丽德·纽柯克还说过一句话,不仅荒谬至极,而且甚至可以说令人发指,她说:"我们只知道600万犹太人在集中营里被杀害,殊不知,仅在今年就有60亿只圈养肉鸡死于屠宰场。"(*The Washington Post*, 13 novembre 1983)若单以她口中的受害者数量角度来看,这种比较无疑是不利于犹太人的。

种主义。在这个层面上，套用彼得·辛格在其一本书的开头所引用的英国伦理学家玛丽·米奇利（Mary Midgley）的话来说就是："我们不仅仅像动物，我们就是动物。"[1]

---

[1] 这段出现在其作品 *The Expanding Circle*, Princeton, Princeton University Press, [1981], 2011, p. 3）的开篇。按照辛格的观点，在某些情况下我们甚至连动物都不如。因为（我们将在之后讨论）在辛格看来，一位残障人士的"生命价值比不上"一头健康的猪，因此在必要的情况下，与其伤害这头猪，不如在残障人士身上进行医学实验，即便这种实验会令其面临生命危险。

1 辛格与"动物解放"

在当代社会涉及动物世界的观感演变历程中，有一个人发挥了举足轻重的作用，那就是彼得·辛格。彼得·辛格，澳大利亚哲学家，自1999年起担任普林斯顿大学生物伦理学教授，人称（并乐于自称）"在世哲学家中最有影响力的一位"，他甚至也不排斥直接以苏格拉底自比。[1] 对于辛格，有好事者曾戏谑地说，此君在普林斯顿大学"人类价值研究中心"工作，这件事本身就是匪夷所思的，因为按辛格本人的说法，将"人类"与"动物"进行区分本身就是与种族主义一样罪恶的"物

---

1 Cf. son article «Philosophy on Top» sur le site *Project Syndicate*, et https://www.project-syndicate.org/commentary/peter-singer-explains-why-the-world-s-leading-thinkers-are-philosophers. 当被问及自己在当世最具影响力知识分子中排名第三这件事时，他指出哲学家的这种"影响力"并不令人惊讶，因为早在古希腊时期，当时的雅典人就已经"将苏格拉底视为一位相当危险的人物，并以腐蚀青年的罪名将其判处死刑"。不过，相比于苏格拉底被当时的雅典人问罪，辛格倒没怎么因为自己的学说被当代人追究，反而颇受追捧。

种主义"的表现。[1]不过,辛格的影响力的确不可否认,至少在学术界和媒体界如此。然而,正因如此,他本人立场所带来的伦理后果也极其有害。对于自己观点遇到的任何一点点异议或抵制,辛格都会假装惊讶。比如,他在普林斯顿大学的任命遭到一些残障人士及家属的抗议——他们喊着"Not yet dead"(还没有死)的口号,抗议将辛格这个主张对智力障碍儿童实施安乐死的人被美国最顶尖的大学之一提名为伦理学教授。他在德国的讲座也曾被示威者打断,这些示威者对当年纳粹对精神障碍人士实施安乐死的暴行记忆犹新。对此,辛格故作愤怒,辩称他本人就出身于犹太家庭,祖辈在纳粹主义兴起时期逃离了德国。然而,他的这一辩解格外虚伪,因为这些示威者有充分的理由和明确的证据显示,辛格的主张与当年纳粹灭绝残障人士的T-4计划如出一辙。

据说,辛格成名作《动物解放》的销量超过了50万册。与此同时,他还编写过一套伦理学教材《实践伦理学》,其英文版在英语国家的几乎所有大学中广泛传播。他另一本书的标题甚至直接叫《重思生死》(*Rethinking Life and Death*),显示了他相当强的创作抱负。辛格对"动物解放"的呼吁建立在一个十分简单的想法上,即扩大权利的覆盖范围,将那些被不公正地剥夺了权利的主体囊括在内:如同当年解放黑奴、女性和

---

[1] 伯纳德·威廉斯(Bernard Williams)曾风趣地点出这一悖论,并指出,对辛格而言,所谓的"人类"价值在某种程度上就是"雅利安价值的等价概念"。(*Philosophy as a Humanistic Discipline*, Princeton, Princeton University Press, 2006, p. 142.)

殖民地人民一样,现在是时候解放动物了。就像当年,有些人是种族主义的受害者,如今的动物则是"物种主义"的受害者:以损害其他物种为代价而偏袒某一物种——人类,这种做法与种族主义或性别主义对特定种族或性别的偏袒无异。因此在他看来,性别主义也在同样意义上"违反了平等原则"。[1]而在此之前,随着女性解放运动的广泛发展,我们会以为"解放之路已经走到最终目的地"。[2]

对此,辛格说,不,我们还没有走完这条路,我们仍需将动物从人类所施加的压迫中解放出来。他认为从感知能力,即感受痛苦或愉悦的能力的角度看,所有动物都是平等的,人类也不例外。这种感知能力在辛格看来,应是评估其他有感知能力的生命体(无论是动物还是人)的唯一标准。

基于此,辛格对人文主义进行了猛烈抨击,认为这是一种招致恶果的种族主义。鉴于人类对动物的长期压迫,并自视为奴隶主,因此人文主义不过是一套空洞而虚假的教义。辛格在此处并未给出更详细的解释,只是全方位抨击了从中世纪到文艺复兴时期再到笛卡儿的所有古典人文主义。他对笛卡儿的批判是可以想见的,并且相对而言也不无道理,因为笛卡儿的动物机器理论多被用以论证动物不具备灵魂,也就可以被毫无

---

[1] P. Singer, *La Libération animale*, Éditions Payot & Rivages, Petite Bibliothèque Payot, trad. Louise Rousselle, 2012, p. 76. "物种主义"这一表述最早是由理查德·赖德(Richard Ryder)于1970年提出的,不过其在大众中的普及却要归功于彼得·辛格。

[2] P. Singer, *La Libération animale*, Éditions Payot & Rivages, Petite Bibliothèque Payot, trad. Louise Rousselle, 2012, p. 59.

顾忌地利用。不过,辛格想要在此基础上进一步拓展他的批判,将笛卡儿式的观点视为基督教最糟糕的后果之一——这一主张就相当值得商榷了。此外,他还抨击托马斯·阿奎那,指责他将非人类排除出道德领域。而至于文艺复兴时期的人文主义者,他们亦未得到辛格的青睐,因为这些人强调人类的崇高尊严及其在宇宙中的中心地位,这自然会相应地贬低动物的价值,将它们视为低等的存在。辛格之所以批评文艺复兴时期的人文主义,恰恰是因为文艺复兴是"人文主义"(humanisme)的,他认为这个词"跟人道主义精神(humanitarisme),即以人道的方式行事的倾向,一点关系都没有"。[1]

在对物种主义的谴责中,辛格希望将自己置于边沁的传统中。早在1789年,边沁便提出了人类对待动物的态度问题,这使他成为最早一批关注该问题的学者。而在事实上,边沁也确实提出过有关动物和奴隶的痛苦以及二者的共同命运问题,在一段足以勾勒后来辛格思想的著名文字中,边沁写道:

> 可能有一天,其余动物生灵终会获得它们该获得的那些权利,除非暴君作梗。法国人已经发觉,黑皮肤不代表一个人应当万劫不复,听任折磨者任意处置而无出路。会不会有一天终于承认腿的数目、皮毛状况或骶骨下部的状况同样不足以将一种有感觉的存在物弃于同样的命运?还有什么别的构成那不可逾越的界限?是理性思考能力?或

---

[1] P. Singer, *La Libération animale*, Éditions Payot & Rivages, Petite Bibliothèque Payot, trad. Louise Rousselle, 2012, p. 356.

者，也许是交谈能力？然而，完全长大了的马和狗，在理性程度和交谈能力上远强于出生才一天、一周甚至一个月的婴儿，但假设是别种情况，那又会有什么用？问题并非它们能否理性思考，亦非它们能否谈话，而是它们能否感知痛苦。[1]

成年动物比婴儿更具人性，这表明用理性或语言来定义人类的做法并不恰当，如此，辛格在边沁那里得到了他的主要论据：对辛格来说，重要的不是语言或理性，更不是自由，唯一重要的是"感知能力"。又或者，更确切地说，"感知痛苦的能力"才是"赋予一个生命被平等对待的权利的决定性特征"。[2] 因此，人们可以踢一块石头而不能踢一只小老鼠，因为后者会因此感到痛苦。

"泛类人猿计划"及对其的预见性批评

辛格的聪明之处在于他并没有先从生蚝或蚂蚱开始"解放"，而是首先关注那些与我们最为接近并且似乎也最有能力感知痛苦的哺乳动物。而在这些哺乳动物中，他又优先关注最适合解放的那些种类，即大型猿类，因为它们与我们最为相似。辛格的大胆之处在于，他不满足于大谈人类与它们的相似

---

[1] J. Bentham, *Introduction aux principes de morale et de législation*, Paris, librairie philosophique J. Vrin (www.vrin.fr), 2011, p. 324-325.

[2] P. Singer, *La Libération animale, op. cit.*, p. 74.

之处，而是直接要求大型猿类立即享有与我们相同的"权利"。这就是著名的"泛类人猿计划"，它旨在"推动国际间的努力，为黑猩猩、大猩猩以及红毛猩猩争取基本人权"。[1] 该计划借由1993年由彼得·辛格和保拉·卡瓦列里（Paola Cavalieri）共同编写的一本同名书发起，该书汇集了近40位哲学家、科学家以及法学家的文章，其中不乏像理查德·道金斯（Richard Dawkins）、珍妮·古道尔（Jane Goodall）、贾雷德·戴蒙德（Jared Diamond）以及加里·弗兰西恩（Gary Francione）这样的著名学者。该书的第一句话就开宗明义："我们是人类，我们也是类人猿。"[2] 因此，基于这种共同的身份，其他类人猿也应享有与我们相同的权利。

该书开篇的泛类人猿宣言要求"将所有类人猿，包括人类、黑猩猩、大猩猩和红毛猩猩都纳入"一个"平等的社区"，"一个其所有成员都享有生命权、自由权和保障免于重大痛苦的道德和法律社区"。并且，这份宣言补充道："截至目前，只有智人这一物种被实际纳入平等社区。而将非人类动物纳入确实是一个雄心勃勃的计划。"[3]

之所以首先给类人猿赋予权利，不是因为它们与我们最为相近，而是因为它们与我们相同，或者说我们与它们相同。正

---

[1] P. Cavalieri, «The Meaning of the Great Ape Project», *Politics and Animals*, 1, automne 2015, p. 17.

[2] P. Cavalieri, P. Singer (ed.), *The Great Ape Project. Equality Beyond Humanity* (1993), New York, St Martin's Griffin Edition, 1996, p. 1.

[3] Ibid., p. 4 et 5.

如书中一篇文章的标题"它们就是我们"[1]所指出的。此外，该书的另外两位供稿人写道："鉴于黑猩猩、大猩猩和红毛猩猩有着几乎与我们别无二致的心智能力和情感生活，所以我们应该毫不犹豫地保障它们享有与我们平等的生命权、自由权和免受折磨的权利，无论它们是什么种族、性别或物种。"[2]

多年之后，当卡瓦列里回顾这本书的时候，她强调了各位供稿人提供的论证的伟大意义。借由这些论证，他们强调了人类与其他类人猿"在亲缘关系和相似性上的交织面"，从而提出了"某种对当下分类标准来说非常具有批判性的认识论"。[3]这些论证中的核心论点便是我们与其他类人猿的基因相似度高达98.4%。同样，对辛格来说，"黑猩猩、倭黑猩猩、大猩猩和红毛猩猩都是能思考、有意识的生命，它们能为未来做打算，能与其他个体建立持久的社会关系，并且拥有丰富的社会和情感生活。因此，这些类人猿的存在是体现现有物种界限的任意性的绝佳例证"。[4]而以上反思的直接结果毫无疑问便是"对'人'的概念"[5]的重新思考。

对于可能的异议，比如这些类人猿自身并没有能力主张自己的权利，有人回应道："它们的人类监护人应该像维护我们自己物种中的年轻成员或智力缺陷的成员一样，捍卫它们的权

---

[1] G. Teleki, «They Are Us», in P. Cavalieri, P. Singer (ed.), ibid., p. 296.

[2] H. Häyry, M. Häyry, «Who's Like Us ?», ibid., p. 182.

[3] P. Cavalieri, «The Meaning of the Great Ape Project», article précité, p. 18.

[4] P. Singer, préface à l'édition de 2002, *Animal Liberation*, New York, Harper Collins, 2002, p. XIII.

[5] P. Cavalieri, «The Meaning of the Great Ape Project», article précité, p. 20.

益。"[1] 这也是美国法学家、哈佛大学教授、奥巴马政府的法律顾问卡斯·桑斯坦（Cass Sunstein）的立场，他宣称自己支持推动美国的联邦和州法律允许动物提起诉讼。他承认这个想法可能看起来有点"奇怪"，但他认为有些案例可以表明支持这一诉求的合理性。诚然，这并不意味着动物可以自己出庭和提起诉讼，毋庸置疑的是，它们对人类语言和法律的微妙之处还不甚了解，但这不妨碍它们在法庭上拥有自己的人类代理人，就像儿童在法庭上拥有成年代理人一样。这种权利目前尚不存在，但桑斯坦希望美国国会能在不久的将来赋予动物以法人资格，就像当年赋予相对于自然人的社会团体以法人资格。桑斯坦故作天真地发问："设想一下，如果国会赋予动物提起诉讼的权利，以防止有损其利益的行为……这种做法有什么问题吗？"[2] 我们想说，是的，还真的有点问题。首先就是，凭什么桑斯坦先生或者他的前妻玛莎·努斯鲍姆女士认为他们有资格为动物代言？到底是哪个或哪种动物指定了他们作为自己的代理人？为什么驯兽师、猎人甚或屠宰场的员工没有被指定为动物的代理人？要知道，这些人与动物朝夕相处，要论对动物的了解，他们绝对比将自己的矫情和无病呻吟寄托在宠物狗上的那些学者要强得多。此外，动物解放理论家凭什么认为自己有资格为动物代言？瞪羚和老虎并不像那些人一样思考（这反而

---

1 P. Cavalieri, P. Singer (ed.), *The Great Ape Project*, *op. cit.*, p. 5.
2 C. Sunstein, «Can Animals Sue ?», in C. Sunstein, M. Nussbaum, *Animal Rights. Current Debates and New Directions*, Oxford, Oxford University Press, 2004, p. 269.

是件好事），但它们可能过着比这些人刺激得多也更令人惊喜的生活。

卡斯·桑斯坦认为自己的诉求符合"历史的走向"，并列举了有关个别动物权益的诉讼被受理的案例。而实际上，目前美国的各级法院还从未受理过由动物提起的案件，其中包括所谓"由协会代为"提起的案件。动物不具备司法行为资格，因为它们没有可以被法律诉讼处理的"诉的利益"①。除非与某个具体动物存在极为特殊而真实的关系，否则个人或协会都无法以该动物的名义提起诉讼。因此，对涉及动物的医学实验的普遍关切不足以让一位狗主人以"如果它的狗走丢就可能被实验室拿去做实验"为由向实验室提起诉讼，因为在这种事情上，"它没有具体、个人以及法律上可处理的利益"。[1]

泛类人猿计划的目标非常明确，就是迈出开路的"第一步"。[2] 辛格和卡瓦列里在此后数年内积极推动此项计划，令其被一些政府采纳。截至目前，可以让卡瓦列里倍感欣慰的一项成果就是，已有多个国家（包括英国、新西兰、荷兰、瑞典、奥地利、日本、爱尔兰和比利时）宣布"禁止或暂停在类人猿身上的动物实验"，并承认"这些动物所具备的特征和行为能力表明，将它们视为实验资源是不道德的"。[3]

---

① 民事诉讼程序的启动以利益纠纷的存在为前提，秉承"无利益即无诉权"的基本原则。——译者注

1 D. R. Schmahmann, L. J. Polachek, «The Case Against Animal Rights», *Boston College of Environmental Affairs Law Review*, 22, 4, 1995, p. 778.

2 P. Cavalieri, P. Singer (ed.), *The Great Ape Project, op. cit.*, p. 826.

3 P. Cavalieri, «The Meaning of the Great Ape Project», article précité, p. 28.

然而我们注意到，正如人类学家乔纳森·马克斯（Jonathan Marks）所指出的那样，这些类人猿狂热者似乎并不真正了解类人猿。比如其中一位，心理学家、"动物解放先驱"理查德·赖德，他在一篇文章的开头便写道："黑猩猩做爱几乎和人类一般无二"。[1] 而正如乔纳森·马克斯所指出的，且不说黑猩猩的性行为是否称得上"做爱"，单就广为人知的那些情况来说，"就和人类的做爱方式大相径庭，或者说，至少与我们大多数人有幸体会的那种方式大为不同"。比如"黑猩猩的平均交配时间在10~15秒"，并且"伴随雌性个体的生殖器的肿胀发红……以及相当多的雄性个体在雌性发情期外对性行为不感兴趣"，[2] 因而上述比较"可能更多反映的是作者自己而非黑猩猩"。[3] 故而，马克斯总结道，"人类在98%的意义上是黑猩猩"这个观点实际上并没有多大意义，因为"在现代社会，权利并不是根据基因相似度来赋予的"[4]。

这项"泛类人猿计划"似乎在若干年后实现了哲学家克莱芒·罗塞（Clément Rosset）于1965年出版的那本极具预见性与幽默感的《关于黑猩猩的信》（*Lettre sur les chimpanzés*）一书中的内容。罗塞在书中以戏谑的口吻为黑猩猩辩护，后者经常被视为种族主义的受害者："黑猩猩所遭受的一切偏见实际上都是粗鄙的种族主义偏见，那是我们当年曾历尽千辛万苦才

---

[1] R. Ryder, «Sentientism», in P. Cavalieri, P. Singer (ed.), *The Great Ape Project*, op. cit., p. 221.

[2, 3, 4] J. Marks, *What It Means to Be 98% Chimpanzee. Apes, People, and Their Genes*, Berkeley-Los Angeles, University of California Press, 2002, p. 186.

终于摆脱的、对于我们所有人类同类的偏见。"[1] 然后，罗塞写道，实际上黑猩猩拥有与我们相同的能力："它们能够做最为复杂的动作：穿衣、在餐桌上吃喝、打扫、擦拭餐具、使用钥匙、骑自行车、抽烟斗，等等。不仅如此，它们还具备分析和抽象能力，它们甚至能够轻松解决让一些年轻人类都感到棘手的实际问题。"[2] 谁料，多年后卡瓦列里关于类人猿的说法与当年罗塞的这些戏谑之言如出一辙："它们的交流方式与我们非常相似，在相似的情境中使用，并具有相似的含义；它们能够进行复杂的交流，实施复杂的社会操控；家庭成员之间的联系牢靠且持久；它们还通过某种真正的教育来传承文化。"[3] 在书中，克莱芒·罗塞还说，若以"精神"论，黑猩猩更是有着优于人类的表现："它们可以深切体会我们精神生活中的一切情感：喜与悲、乐与苦、爱与恨。"[4] 更不用说语言了：黑猩猩之所以不说话，不过是出于生理形态上的原因，实际它们对我们语言的理解远胜于我们对它们语言的领会，"在语言和交流领域，黑猩猩相对我们有无可比拟的优势"，[5] 因为它们可以"相当好地理解我们"，而我们未曾理解"黑猩猩表达的哪怕一个字"。[6] 多年后，卡瓦列里也得出了同样的结论："尽管由于非习惯性两足动物的发声系统无法发出辅音而导致它们无法像人

---

[1] C. Rosset, *Lettre sur les chimpanzés*, *op. cit.*, p. 35.

[2] Ibid., p. 35-36.

[3] P. Cavalieri, «Les droits de l'homme pour les grands singes non humains ?», *Le Débat*, 2000/1, n° 108, p. 160.

[4] C. Rosset, *Lettre sur les chimpanzés*, *op. cit.*, p. 41.

[5, 6] Ibid., p. 37.

类一样说话，但我们仍旧成功地向非人类类人猿传授了一门人类语言：北美手语，即美国听障人士所使用的手语。"¹罗塞还补充道，当然会有人提出异议，说"黑猩猩从来不会说拉丁语"，但不要忘了，它们之所以不会说，是因为我们没有向它们传播我们的拉丁文化："极少数意识到这一问题的人已经开始行动，他们开始向黑猩猩提供与幼儿类似的教育。"²

不仅如此，在道德层面上，黑猩猩也优于我们，因为它们完全不受"社会偏见"的影响，就像我们从它们对"异族通婚"这件事的态度上所看到的："黑猩猩不会因与人类交配而感到羞耻。"而相比之下，我们人类却远没有如此包容："我们人类的年轻女子中又有多少能毫无保留地选择与黑猩猩结为夫妻呢？"³当罗塞提到我们人类的偏见其实与我们对人文主义过于狭隘的理解有关时，我们感觉这些话更像是从辛格或卡瓦列里的嘴里说出来的："根深蒂固的偏见使得社会中最优秀的思想家仍然坚持将黑猩猩排除在人类社会之外，对此，应该如何理解？窃以为，首要原因在于某种对人文主义的过时理解。实际上，我们很多当代人仍困于这种过时理解。"⁴同样，对保拉·卡瓦列里而言，人文主义是建基于某种"古旧的世界观"上的，之所以这么说，是因为人文主义假定"我们与其他动物

1　P. Cavalieri, «Les droits de l'homme pour les grands singes non humains ?», article précité, p. 160.

2　C. Rosset, *Lettre sur les chimpanzés, op. cit.*, p. 38.

3　Ibid., p. 48.

4　Ibid., p. 23.

之间存在一条阻碍人类界与非人类界交叉的'鸿沟'"。[1]而自达尔文之后，这种假定实际上已经过时："如今我们知道，我们与其他动物拥有很多共同的基因和进化历史。"[2]

正如罗塞在该书最近的再版序言中所提到的，这部天才的讽刺作品在当年并没有得到理解。当时，人们指责罗塞表面上是在批判黑猩猩权利，实际上是在宣扬种族主义和殖民主义。而如今，这种幽默就更难被理解了，其再版收获的寥寥反响正可反映这一点。然而，应该看到的是，在此次再版之前，泛类人猿计划已经声明了相同的主张。而不同的是，泛类人猿计划不像罗塞的作品那样话里有话，它是真的要倡导这些主张：谴责物种歧视，认为人道主义内在地歧视动物并将之视为一种犯罪；认为类人猿具有与我们完全相同的能力（包括语言和解决问题的能力）。更妙的是，这些类人猿物种的偏见无疑比我们人类少得多。

咱们的兽道主义者甚至不满足于此，他们还补充道，一些动物具有"典型的人类特征"，而相比之下，某些人类却并不具有这些特征。实际上，在这个表面上非常讨喜的泛类人猿计划中，我们同样也能非常清楚地看到其引发了很多不那么讨喜的后果。卡瓦列里在其为《争鸣》杂志所做的介绍中，已经非常明确地表达了这一点，甚至将其作为自己的主要论点之一：我们岂能一边拒绝赋予黑猩猩权利，另一边又不忘照顾那些比

1　P. Cavalieri, «Les droits de l'homme pour les grands singes non humains», article précité, p. 157 et 158.
2　Ibid., p. 158.

它们意识程度低得多的人类的生命呢？需要看到的是，在我们的种群中，一直都有"一些非典型个体，他们不可逆地失去了通常被认为属于人类的那些典型特征，比如智力障碍者、智力不健全人士或阿尔茨海默病患者"。[1] 既然我们能照料这些人，那为什么我们不能以同样的方式照顾那些健康的类人猿呢？

---

[1] P. Cavalieri, «Les droits de l'homme pour les grands singes non humains», article précité, p.158.

2 动物权利

显然，辛格主张动物解放的宣言极佳地表现了将"有感知能力的生命体"的范围扩大到动物的这一当代趋势。不过，只有在此之后，人们才开始以感知能力概念发生变化的名义为动物争取权利，这与当年"先有儿童权益运动，再有'儿童权利'概念"的过程极其相似。而这两种情况都存在一个同样奇怪的点，即都要为显然无法起诉的个体争取权利，因为动物和儿童都缺乏足够的语言和其他相关能力。不过这种司法角度的观点并不符合辛格的口味，作为一位典型的"六八佬"①，辛格感觉那种以权利概念为基础的方法终归太"形式化"，最好还是实打实地"解放"动物。

汤姆·雷根（Tom Regan）是经典著作《动物权利研究》的作者，他的论证更多借鉴的是康德主义传统，而非功利主义。其论证的出发点是个别生命体（大致上是成年哺乳动物）

---

① 指当年参与或支持过法国 1968 年 5 月学生运动的人，广义上也指这一代人中支持或认同这一运动的理念的人。——译者注

所具有的、作为"其自身存在的主体"的能力，对此，他是这样定义的："个体如果具备以下特征就是生命主体：信念和欲望；感知、记忆以及未来感，包括对自己未来的感觉；情感生活，同时伴随对快乐和痛苦的感知；偏好利益和福利；行动以追寻欲望和目标的能力；时间进程中的心理同一；某种意义上的个体福利——个体体验或好或坏的生活，这个体验在逻辑上独立于个体对他人所具有的效用，也无关乎他们自己成为任何他人利益的对象。"[1] 至于另一位有代表性的"动物权利"倡导者加里·弗兰西恩认为，只要动物仍被视作物品，视作我们的财产，我们就无法认真考量它们的利益，这与"奴隶主不会考虑奴隶的利益"道理相同：正因它们被视作"财产"，所以它们才没有起诉的能力，不能像儿童或智力障碍人士一样可以在法庭上寻求代理。因而，尽管有旨在保护动物的法律，但实际上"在司法体系中，它们的利益并未被认真对待。因为司法体系死守起诉资格原则，在此原则下，有关动物的案件永远不会被送上法庭"。[2] 他进而主张，应该为所有有感知能力的生命体争取"平等的权利"，并在此后进一步扩大权利主体的覆盖面，乃至将山和植物也囊括其中。

加拿大的两位杰出学者，威尔·金里卡（Will Kymlicka）和其伴侣休·唐纳森（Sue Donaldson），在他们2011年出版的

---

[1] T. Regan, *Les Droits des animaux*, Paris, Hermann (www.hermann.fr), 2012, p. 479. （中文版参见［美］汤姆·雷根著，李曦译，《动物权利研究》，北京：北京大学出版社，2009年，第205页。——译者注）

[2] G. Francione, *Animals, Property and the Law*, Philadelphia, Temple University Press, 1995, p. 65.

《动物社群：政治性的动物权利论》一书中提出了动物权利理论在时下最时髦的版本。此前，威尔·金里卡就已经是"多元文化的公民身份"这一主张在加拿大的代表理论家，并以此闻名。比如，他提出，每个社会群体，无论其是"本地民族"还是新近来到加拿大的族群（比如移民社区），都有权保留其习俗——只要这些习俗属于"真诚信仰"。因此，金里卡支持个别族群佩戴面纱而不必被迫同化。他认为，有必要调整移民接收社会的基本原则以容纳这些少数族群，即"合理便利"原则，同时，还应鼓励对这些族群实施"积极的区别对待"①。

由此，金里卡和唐纳森提出将他们政治理论中的这些概念应用到动物权利的领域。他们认为，动物权利应该被融入政治社会，但应该以某种差异化的方式实施，类似少数族裔融入移民接收社会。这并不是说要在普遍层面"给动物以权利"，而是说需要考虑到动物种类的多样性。金里卡和唐纳森将动物分为三类：家养动物、野生动物和"边缘动物"。在他们看来，与动物之间建立公平公正的关系是可能的，尤其是与家养动物，因此，他们反对加里·弗兰西恩那样的"废奴主义"活动家，后者认为一切的动物解放都应该从终结我们普遍施加给动物（尤其是家养动物）的那种不可忍受的支配关系开始。我们的社会应该是一个人与动物平等共享的社会。

他们认为，家养动物不仅是受害者，而且是主体，以及彼此之间可以交流的"朋友"。他们引用了美国社会学家珍妮

---

① "积极的区别对待"指在特定时段或场合中，对某些遭受系统性歧视的群体实施优待，以恢复机会平等。——译者注

特·阿尔杰（Janet Alger）和史蒂文·阿尔杰（Steven Alger）的研究，两位阿尔杰"对生活在同一屋檐下的狗和猫之间建立的友谊做了精彩的研究。猫狗朋友之间不仅会定期打招呼和接触，还经常蜷缩在一起坐着或睡觉。它们喜欢一起散步，并在受到威胁的时候相互保护……但狗和猫并不是仅有的意识到自己与人类共同组成合作社区的动物。大多数家养动物都了解如何向人类寻求帮助：它们也经常相互问候和接触"。[1] 因而，人们理应赋予它们"公民身份"。在他们看来，这种做法是完全可行的，即便这些动物无法实际行使该身份所具有的各项权利，就像儿童或智力障碍人士无法行使这些权利，但这并不妨碍他们享有这些权利一样。但在同一时间，作为对这种公民身份的回报，动物也必须学会以社会可接受的行为方式去生活，比如不在街上随便咬人，换言之，它们得接受相关的教育或训练。人们也可以要求它们工作，但前提是要有安全的环境和合理的劳动时间。当然，必须确立这些动物的"劳动权"，并确保相关工作可以充分发挥和发展它们的能力。

而就"野生动物"这一类别而言，他们认为，应该赋予它们"主权"。它们自己组成主权国家，因而人类国家必须尊重其自治权。"如果一个民族'独立存在'，'赋予这种独立存在以价值'并'抵御'外来统治，如果可以'通过其社会组织

---

[1] S. Donaldson, W. Kumlicka, *Zoopolis. Une théorie politique des droits des animaux* (1991), Paris, Alma, 2016, traduit de l'anglais par Pierre Madelin, p. 170. 有一点必须指出，作者对他们的爱犬科迪十分依恋，而这本书也正是献给它的，在英文原版中，他们写道："科迪于2005年去世，但它的精神在本书的写作过程中一路指引着我们。"而在近期出版的法文译本中，这段题献神秘消失了。

结构确定其利益所在'，那么我们就应该将其视为一个主权民族。"¹ 这些主权国家应该被国际机构承认，当然这也意味着这些主权国家需要人类在这些机构中代表它们。我们不应入侵它们的栖息地，如果一定要经过它们的领土，就必须小心谨慎，比如，如果一名驾驶员撞倒了一只正在穿越马路的动物，那他就必须治疗这只动物，并且如果这只动物不幸死去，那他就必须照顾其幼崽。此外，即便动物世界中的捕食行为令我们感到厌恶，我们也必须接受这些野生动物的生活方式。因而，他们认为我们并不需要像努斯鲍姆所主张的那样，保护特定物种免受其他物种的伤害。² 如果我们人类表现出过度的家长式作风，那么我们实际上就将建立一个"全球动物园"，捕食者和猎物在这个地方被分别困在各自的笼子里。而至于在特定情况下采取的适当的"人道干预"，或者更确切地说是"兽道干预"，我们则必须确保其中没有暗藏什么帝国主义企图。

最后要谈到的是"边缘动物"，也就是生活在人类城市附近但未经驯化的动物，比如老鼠、海鸥、鸽子、野猫以及松鼠。由于它们既非野生动物又非家养动物，因而赋予它们地位的问题会更加棘手一些。而根据金里卡和唐纳森的想法，这些动物应该享有"居民身份"，也就是说，"承认它们是我们城市空间的共同居民，尽管它们既不能也不愿融入我们的合作公民身

---

1 S. Donaldson, W. Kumlicka, *Zoopolis. Une théorie politique des droits des animaux* (1991), Paris, Alma, 2016, traduit de l'anglais par Pierre Madelin, p. 244.
2 这里提到的动物界中普遍存在的捕食行为，对兽道主义者来说是一个无尽的谜团（并在无意中伴随着些许滑稽）：动物世界不像"文明的"人类世界一般运作，这一点让他们既无比惊讶又愤慨不已。

份计划"，[1] 即某种类似于向合法定居的移民授予的准公民身份。公民身份的大门对这些动物是敞开的，但最终只有它们中的少部分可以获得。对于这些边缘动物，必须构建一个关心它们安全的城市环境，并且还应避免它被污名化为疾病或污染的源头。不过，社会并不需要给予它们"健康权"和有关援助，因为这会有损它们的自治权：与对待野生动物一样，也必须让它们自行决定如何管理自己的生活。但在同时，也应允许人们采取手段限制边缘动物的"非法移民"行为，并阻止它们进入某些地方，比如使用防鸽网。然而这一切不总是那么简单："尽管如此，冲突在所难免。安装屏障、小心安放食物和垃圾等做法固然可以让老鼠远离房屋和橱柜，但如果说我们买下的是一套已经有大量啮齿类动物居住的老房子，那该怎么办呢？"这确实是个棘手的问题，不过金里卡和唐纳森仍有应对之策："或许，唯一的选择就是捕捉这些动物并重新安置它们"，尽管"这对它们来说会是一次颇有压力的经历"。[2] 瞧瞧，这就是目前最时兴的动物哲学所热衷讨论的议题。

不管怎么样，在他们看来，动物的生活会在一个提供更多发展机会的"多元物种"的世界中变得更加绚丽多彩，就像人类一样。唐纳森和金里卡在试着显得比较幽默的《公民狗恩》[3]一文中，提到了一个案例：某只母鸡因"过度挑剔"而被其他

---

1 S. Donaldson, W. Kumlicka, *Zoopolis. Une théorie politique des droits des animaux* (1991), Paris, Alma, 2016, traduit de l'anglais par Pierre Madelin, p.30-31.

2 S. Donaldson, W. Kymlicka, *Zoopolis, op. cit.*, p. 347.

3 来自对奥森·威尔斯的电影作品《公民凯恩》的戏仿。

母鸡排斥。如果这只母鸡仍留在鸡舍世界中，那它将被边缘化并且无法茁壮成长，而如果它成为"人-动物社会"中的一员，那么它便"可以选择与人类或者家中的猪狗交朋友"。[1]因此，他们认为，在一个"多元物种"的社会中生活可以"让动物们拓展自己的社交圈，进而提高它们'为人处世'的能力"。[2]

拓展资料1　当牛成了"大学社区"中的一分子

　　金里卡和唐纳森那颇具超现实主义色彩的高见体现在他们对"比尔和卢的故事"所做的研究中。比尔和卢是两头牛，生活在美国佛蒙特州绿山文理学院下属的一家进行可持续农业实验的农场中。这个模范故事是这样开始的：当两头牛共同劳作了十年之后，"卢的腿受伤了，而比尔则拒绝与卢之外的另一头牛在同一个轭下工作"。[3]针对这一情况，学院领导在研究探讨后决定"杀掉比尔和卢，并将它们制成汉堡肉饼供学院食堂使用"。[4]这一决定随即在校内引起公愤。随后，一家动物收容所提出愿意免费收留这两头牛，但学院领导拒绝了，他们给出的理由是："如果让比尔和卢继续活着，它们将会对可持续农业计划的目标造成负面影响，因为如今的它们会继续消耗资

---

[1] S. Donaldson, W. Kymlick, «Citizen Canine : Agency for Domesticated Animals», texte préparé à l'occasion du colloque «Domesticity and Beyond : Living and Working with Animals», Queen's University, septembre 2012. Consultable sur http://christiane-bailey.com/.

[2] Ibid., p. 15.

[3、4] W. Kymlicka, S. Donaldson, «Étendre la citoyenneté aux animaux», *Tracés. Revue des sciences humaines*, 15, 2015, Hors série, 2015, *Traduire et introduire*, p. 143.

源并排放温室气体,却不能如之前那样以别种方式弥补——之前它们可以代替拖拉机工作。"[1] 不难理解,对动物保护者来说,"比尔和卢是单独的个体,因而他们对它们所遭受的待遇感到震惊"。[2] 更值得注意的是,对于有"废奴主义"倾向的动物保护者来说,剥削动物的劳动力本身就是不可接受的。而金里卡和唐纳森基于他们的"公民身份模型",为这两头牛提出了一个更具政治性也更激进的解决方案:对于这样的家养动物,我们必须认识到我们对让它们沦为"某种为我们服务的'种姓'"[3] 是有责任的。因而我们应该修复这种错误并给予它们完整的公民身份,就像我们当年对奴隶所做的一样。从今往后,我们应该与它们建立平等的关系。不过,这种公民身份也意味着合作,也就是说,我们必须将公民身份的覆盖范围限制在家养动物上,因为毕竟我们怎么能"跟眼镜蛇、蓝鲸或孟加拉虎共享一个社区呢?"[4]

根据咱们两位作者的说法,比尔和卢这两头牛的案例正是他们观点的一个极佳注解:"它们曾经相当配合、关心人类,勤劳工作,并且和学生们以及那些照管它们的人建立了联系;可以说,它们是大学社区的一分子。"[5] 它们身为一个小社会的

1、2 W. Kymlicka, S. Donaldson, «Étendre la citoyenneté aux animaux», *Tracés. Revue des sciences humaines*, 15, 2015, Hors série, 2015, *Traduire et introduire*, p. 144.

3 Ibid., p. 145.

4 Ibid., p. 146. 我们认为这个说法对眼镜蛇、蓝鲸和孟加拉虎都非常有歧视性。

5 W. Kymlicka, S. Donaldson, «Étendre la citoyenneté aux animaux», *Tracés. Revue des sciences humaines*, 15, 2015, Hors série, 2015, *Traduire et introduire*, p. 146.

成员，而这个小社会并不将它们视作成员。实际上，与这个小社会所做的相反，我们应该承认它们的居住权、受保护权、健康权以及那些赋予普通工作者的权利，比如"不在危险的环境中工作的权利、退休后享有医疗照护的权利"，[1] 以及在涉及公共利益的决定中主张自身权益的权利。最后，也是最重要的，它们应该拥有"个体身份权"，也就是说，我们应该努力避免动物因频繁更换主人而感到困扰。与此同时，我们还需关注动物的表达方式以及它们想要我们了解的信息。比如，在比尔和卢的案例中，我们就应该去了解在过去的十年中它们在田间的耕作生活："它们喜欢拉犁吗？它们将这种生活视为充满强制性和鞭打的奴役，还是享受并喜欢这项工作带来的那些社会关系？它们更喜欢吃草、修剪草坪，还是套着大车去市场上拉萝卜？它们喜欢做些什么？谁是它们的朋友？它们重视些什么？"[2] 可惜学院领导们没有深入思考这些严肃的问题。有人可能会觉得这很难说，因为这涉及"我们能否揭示动物心灵的奥秘的问题"。[3] 不过，根据唐纳森和金里卡的看法，就家养动物而言，这其实"构不成什么真正的奥秘"：任何跟它们有过接触的人都知道"它们在不断向我们表达自己的喜好，并且，通常它们对于'我们人类该与它们保持何种关系'也有坚定看

1　W. Kymlicka, S. Donaldson, «Étendre la citoyenneté aux animaux», *Tracés. Revue des sciences humaines*, 15, 2015, Hors série, 2015, *Traduire et introduire*, p. 147.

2　Ibid., p. 151.

3　Ibid., p. 154.

法"。[1]比如，就比尔和卢来说，我们就应该注意到比尔在卢受伤之后拒绝与其他牛一起拉犁这件事。"实际上它是在说：'如果老卢停下来了，那我觉得我也得立马停下来，这样我们就能一块儿在草场上溜达溜达。'也就是说，这是动物个体明确表达其心中所愿的时机，而在同时，这也依赖于其人类同伴的承认、接受和尊重。可叹的是，比尔不知道的是，仅仅是表达了一下自己想要退休的愿望，它便签署了自己的死刑判决。"[2]这段动人故事的结局着实令人哀恸不已。

拓展资料2　在野生动物之间的干预力道究竟要多大

对动物权利引发了荒谬困境而不自知的人，不止唐纳森和金里卡。对赋予动物以权利这件事的一个经典反对意见是，动物本身就会侵犯这些权利，尤其是会侵犯动物同胞的生命权。我们怎么才能向狮子说明它们不应该捕食瞪羚，向狼说明它们应该饶过那些羊？彼得·辛格提醒道，这是一个古老的反对意见：早在18世纪，切斯特菲尔德伯爵（Lord Chesterfield）"便用动物相食的事实，来论证这是'自然界一般秩序'的组成部分"。[3]辛格承认这里存在问题，即应该如何处理那些威胁其他物种存在的食肉动物呢？难不成真的要就此消灭食肉动物吗？

1　W. Kymlicka, S. Donaldson, «Étendre la citoyenneté aux animaux», *Tracés. Revue des sciences humaines*, 15, 2015, Hors série, 2015, *Traduire et introduire*, p. 154.

2　Ibid., p. 155.

3　P. Singer, *La Libération animale, op. cit.*, p. 395. 在此，我想提醒各位，切斯特菲尔德伯爵是杰作《伯爵家书》的作者，此乃一部涉及教育的论著，展现了作者的智慧和温情——可惜，像辛格这样的浅陋之辈是永远难解此中妙味的。

对这种问题，辛格有个"简单明了"的回应方式："一旦我们放弃了'统治'其他物种的企图，我们便应该完全停止干涉它们的生活。"[1]的确如此。不过实际上，这一回应对他来说还不够，因为毕竟人类会比其他动物更了解未来会发生什么，因此"在某种情况下，如果不干预反而会造成严重的后果"，[2]所以人类应该出手帮助动物。这些人张口闭口都是专家意见，举手投足都是家长式作风，最要命的是，千万别让人发现，其实现实中的动物所做的和所知道的可比这些家里养宠物狗的美国象牙塔中的学究多多了。

在《正义的前沿》中，美国著名哲学家玛莎·努斯鲍姆在尝试将"能力"理论拓展到动物时也遇到了同样的困惑。在她看来，应该给予每种动物以最大程度发展"能力"的机会。因而，像某些特别有天赋的狗（比如边境牧羊犬）就应该有"接受相应教育的权利"。[3]而在动物这一尺度的另一头，努斯鲍姆认为，自己这套"能力理论"可以拓展到"植物乃至自然界的其他部分"，也就是说，要给它们以最好的生长条件，不过这样或许会将那些"在亚里士多德的意义上"不具备"运动能力"的单细胞生物排除在外。我们很难不对这种针对单细胞生

1，2　P. Singer, *La Libération animale, op. cit.*, p. 396.

3　M. Nussbaum, *Frontiers of Justice. Disability, Nationality, Species Membership*, Harvard, Harvard University Press, 2006, p. 397.

物的歧视深感震惊。[1]

　　此处浮现出了主要难点：当我们知道老虎想要吃掉瞪羚，那该如何调和老虎与瞪羚各自"对完整性的向往"呢？野生动物行为方式的残酷性可真是吓到了咱们这位极有教养的WASP[①]大哲学家："动物世界的文化中充斥着恃强凌弱"，对年迈群体的虐待更是极为普遍。[2] 这话说得让人无从置喙。面对这些，她发问，我们是否还可以继续在瞪羚和老虎之间持"不干涉"立场呢？[3] 如果作为人类的我们比其他物种更了解接下来会发生的事情却对此无动于衷，不采取行动去保护这些动物中的最弱者，那么是否可以说我们犯了一种对处危急关头的他人（或者更确切地说，对其他"有感知能力的生命体"）的袖手旁观、见死不救之罪？因此，有必要保护受其他动物威胁的物种。不过与此同时，如果我们捕捉甚至杀死作为捕食者的动物，我们不是也在否认这些动物的天性，从而把我们自己变成了"最糟

---

[1] M. Nussbaum, *Frontiers of Justice. Disability, Nationality, Species Membership*, Harvard, Harvard University Press, 2006, p. 447, n. 24. 不过，努斯鲍姆可谓是这种歧视的行家里手了。并不是所有种类的动物都拥有相同的"能力"：显然，"无痛苦地杀死一条鱼所造成的伤害与杀死一头奶牛所造成的伤害相比"，前者没那么严重。(*Frontiers of Justice*, p. 387.) 对此我们不禁要问，为什么？难道只是因为从各个方面来看杀牛都比杀鱼更困难吗？不得不说，努斯鲍姆倒多少还有些神志清醒的时刻：她也承认，这些都是非常"狡猾"的问题，因为我们可能会在这里表现出对那些更接近"我们自己的生活形式"的物种的偏爱。

[①] White Anglo-Saxon Protestant的简称，即白人盎格鲁-撒克逊新教徒，尤其指信奉新教的美国欧洲裔精英族群，他们有相对广泛的政治和经济影响力。——译者注

[2] Ibid., p. 399.

[3] Ibid., p. 379.

糕的捕食者"了吗？可见，如何回答"保护瞪羚的同时又满足老虎的需要"，[1]这个棘手的问题令努斯鲍姆颇感疑惑。

随后她提出了一系列她自认为合理的解决方案。比如，布朗克斯动物园有一项"发现"，"为了满足老虎的狩猎需求，人们给它做了一个系在绳子上的大球，而这个大球的重量接近一只瞪羚。这样就既满足了老虎的需求而不至于令其沮丧，而又使瞪羚免于痛苦"。[2]在努斯鲍姆看来，我们完全可以像对待家养猫狗一样对待老虎，给它们一个球让它们玩。不过，对于老虎是否真的能从一个替代了瞪羚的大球中得到满足，我们仍持怀疑态度：毕竟，这玩意儿不那么好吃。

努斯鲍姆又给出了另一个解决方案：与其杀死很可能不会做出改变且不会认识到自己的所作所为是有错的捕食者，倒不如对它们进行绝育，让它们不能繁衍后代而无法在动物世界中延续这种暴力。此外，在动物身上采用这种方案也比在人类那里更容易，因为"对人类实施强制绝育会违反某些人类的权利"。[3]在她看来，对待动物就应该像对待儿童或智力障碍人士一样，"根据这种精明而充满尊重的家长作风，当年迈的（或

---

[1] M. Nussbaum, *Frontiers of Justice. Disability, Nationality, Species Membership*, Harvard, Harvard University Press, 2006, p. 379.

[2] Ibid., p. 371.

[3] Ibid., p. 396. 玛莎·努斯鲍姆在这里提出的所谓"解决方案"格外虚伪，与其前夫、奥巴马政府的"规制沙皇"卡斯·桑斯坦的"助推"理论如出一辙。根据这一理论，我们不直接禁止人们抽烟，喝酒，食用高糖、高脂肪的食物等行为，但我们会让这些行为变得越来越难以实现。在他们看来，"专家"比我们自己更懂什么是对我们有益的。然而，可惜我们人类仍旧（但说实话，又能"仍旧"多久呢）比那些动物稍微难驯服一些。

幼小的）动物的痛苦不可逆的时候，可以对它们实施安乐死"。[1] 同样，对年迈的动物实施安乐死也比对老年人类容易得多，因为后者并不总会顺从这一做法。然而，刚刚不是有人说动物应该享有与人类平等的权利吗？看来，实际发生的似乎更多的是，人类中的脆弱群体受到像动物一样的对待，并由自封的专家们来决定谁该活下去，而谁又应该去死。

不过，努斯鲍姆也没有排除在某些情况下做出直接干预的必要性，比如当一个物种受到另一个物种的威胁时（就像人类之间的种族战争），就有必要进行类似人道主义干预的行动。并且如果需要为这些干预节省开支，方法也不复杂：只需"让人们不开大排量的越野车就行了"。[2] 作为当今最具影响力的哲学家之一，其论证竟轻佻如斯，我们对此深感震惊。将动物作为智力障碍者或处于种族战争中的民族来对待，这真的算是尊重它们吗？这难道不是更像对动物王国之美以及其非凡相异性的一种彻底的无知吗？蹩脚学者努斯鲍姆、金里卡和唐纳森对于究竟何谓野生动物简直一无所知。他们自缚于一套名为人性的茧，深陷其中到了骇人的程度。当玛莎·努斯鲍姆详细讲述她的前夫卡斯·桑斯坦如何照顾他那只"非常聪明、充满友爱"的德国牧羊犬贝尔时，她的字里行间弥漫着感人的氛围："当贝尔慢慢变老的时候，它的髋关节开始退化。它并不觉得痛，但它不能像以前那样活动了……由于它并不感到痛苦，因

---

[1] M. Nussbaum, *Frontiers of Justice. Disability, Nationality, Species Membership*, Harvard, Harvard University Press, 2006, p. 393.
[2] Ibid., p. 403.

而道德个体主义很可能不会提议为贝尔提供特殊治疗。但它的家人却不这么想，他们为它配置了一辆新近研发的狗用轮椅来支撑它的后半身，让它可以用前腿走路……自由行动是狗的发展中至关重要的一部分，而对于海绵则并非如此。对于贝尔来说，能够活动是有尊严地生活的重要组成部分。"[1]

反对动物权利的法学家们

目前，法学家们在被迫承认所谓的动物权利上面临越来越大的压力。有人主张重新修改所有法典，以适应一个明显错误的事实，即动物和人类一样有人格。对激进动物权利活动者来说，现存成文法基本只将动物视为某种无足轻重的要素，甚至只是物品。而在这方面的第一步已经迈出，即格拉瓦尼修正案，该修正案于2015年被法国国会投票添加到法国最具象征意义的法典——《民法典》之中，将动物定义为"有感知能力的生命体"。动物不再被归类为"动产"，即可移动的财产。然而，此项修正案也仅仅是一个开始，那些生态绿党的议员已经对此表示遗憾，因为其中没有对野生动物做出任何规定。虽然野生动物在法国的《环境法典》中有所涉及，但该法典并不承认它们的感知能力，除非它们被"拘禁"在"动物园或马戏团中"。[2]

---

[1] M. Nussbaum, *Frontiers of Justice. Disability, Nationality, Species Membership*, Harvard, Harvard University Press, 2006, p. 365.

[2] J.-M. Neumann, «Les animaux reconnus comme "êtres sensibles", un pas "totalement symbolique"», *Le Monde*, 16 avril 2014.

2016年，有人要求设立一个类似于妇女权利国务秘书处的"动物权利国务秘书处"。此后的下一步就是承认动物拥有法人资格。目前，正有一小撮法学家致力于推动将动物从财产领域中"剥离"的主张，只不过，这一主张尚未通过目前《民法典》的修改。

绝大部分法学家看起来是反对此次修改的，尽管显然很难抵抗如此泛滥的善意和有组织的游说。其中敢于指出此类设想所面临的无数困难以及矛盾的法学家很快就会遭受公众的口诛笔伐，即便他们不过是指出动物已经得到了充分和多样的保护——包括法国的《民法典》《农村法典》《环境法典》。恰如芝加哥大学法学教授理查德·爱泼斯坦（Richard Epstein）在美国提醒的：与人们声称的相反，实际上，动物在历史上从未被当作财产或物品对待过。而涉及动物机器的那种笛卡儿式观点也从未影响过任何司法判决。一直以来，对动物的考量都是将各种微妙的差异包含在内的。比如，同样是逃跑的动物被以不同方式对待，具体取决于它们是打算回到其主人身边还是想重新过上野外生活。"规则是，如果一动物离开其主人的家但有意愿返回（也就是有返回意向），则其不能被他人捕获；而如果该动物已经在野生状态下重获自由，则可以被捕获。"[1] 实际上，与动物朝夕相处并绝对依赖它们的文明"不会犯下我们所犯的那种严重的分类错误，因为我们的文明几乎不

---

1 R. Epistein, «The Dangerous Claims of the Animal Rights Movement», *The Responsive Community*, vol. 10, 2, printemps 2000, p. 30.

再与动物打交道"。¹ 同样，在法国，像雷米·里布萨贝（Rémy Libchaber）这样的法学家也指出，就像"动物有很多种"一样，处理这些问题的"法典也有很多部"，包括《民法典》《刑法典》《农村法典》《环境法典》——它们都以不同的方式考量这些问题。爱泼斯坦甚至勇敢地在《纽约时报》上讥讽发问："难道就连细菌也该拥有权利吗？"² 在他看来，"如果我们将动物视为独立享有权利的主体而非财产的话，那我们人类社会将一无所有"。³ 此外，给动物赋予权利会在事实上导致一系列匪夷所思的事情。如果我们接受权利与义务相互依存的主张，那么动物的义务又是什么呢？谈论所谓"动物权利"，实际上就是忘了"在法律意义上，自然人既是相应权利的拥有者又是相应义务的承担者"。⁴ 如果我们在《民法典》中承认动物也是人，那么是否也就意味着它们将拥有司法意义上的"人"的所有特征呢，比如拥有财产、建立家庭等？如果将先占原则适用于动物，那么它们将成为整个地球的主人，那我们自己该怎么办呢？这种看似无害的人道主义观念实际上会带来各种荒谬的后果，令法学家感到厌恶。

---

1 R. Epistein, «The Dangerous Claims of the Animal Rights Movement», *The Responsive Community*, vol. 10, 2, printemps 2000, p. 30. 爱泼斯坦还补充道，在纳粹大屠杀之后，"认为可以将人类对待动物的方式类比为那种无端且变态的种族灭绝，或者将之与这些人类悲剧中所彰显的绝对邪恶与残忍等量齐观——这种想法无疑是极具冒犯性的"。

2，3 R. Epistein, in W. Glaberson, «Legal Pioneers Seek to Raise Lowly Status of Animals», *New York Times*, 18 août 1999.

4 S. Desmoulin-Cancelier, «Quel droit pour les animaux ? Quel statut juridique pour l'animal ?», *Pouvoirs*, 2009/4, 131, p. 46.

拓展资料　"胡萝卜的呼喊"或界限的移动

　　有一个能让那些动物权利捍卫者抓狂的绝妙论点，即"胡萝卜的呼喊"[1]。该论点认为，有人一边以"杀害有感知能力的生命体并令它们在饲养和屠宰过程中遭受痛苦"为由禁止食用肉类，一边却又继续食用植物——这种做法是不可理喻的。我们该怎样才能保证同样是生命体的植物在被采摘、切割及食用时不遭受痛苦呢？"新时代"哲学家阿兰·瓦兹（Alan Watts）曾提到这个难题，他转述了一名佛教徒的论点，后者向瓦兹解释道，自己之所以成为一名素食主义者只是因为"当我们杀死那些蔬菜的时候，它们叫得没那么响"[2]。这位佛教徒并不自诩完美，他吃的是他眼中遭受痛苦最轻的东西：若是说对生命体最彻底的尊重，那实际上就得再也不吃任何有机物了。换句话说，也不能再吃植物了，因为它们也算是生命体。这样的话，到最后我们只能吃土了。

　　这个令素食主义者抓耳挠腮的"胡萝卜的呼喊"论点实则是一个古老的故事——相比于对这个论点倍感抓狂，素食主义者或许更应该去了解一下为何这个论点一直都这么成功。实际上，类似的观点早在1848年在巴黎大获成功的一部戏剧《胡萝卜女王》中便已被提及。剧中的园丁做了一个梦，梦中的胡

---

[1] Cette objection est, sur Internet, en tête du «Top 6 des phrases que les végétariens en ont marre d'entendre». Cf. https://www.youtube.com/watch?v=4AK-iFJzHJ0. Sur cette question du «cri de la carotte», cf. P. Bruckner, *Le Fanatisme de l'apocalypse*, Paris, Grasset, 2011, p. 132-133.

[2] A. Watts, «Meurtre dans la cuisine», 见 *Matière à réflexion*, Paris, Denoël-Gonthier, 1972.

萝卜女王指责他的职业是杀手。而他却坚持准备餐食：当他在"刮"第一根胡萝卜时，"他听到了一声微弱的呻吟，不过，一开始他不以为意；而直到听到第二声呻吟的时候，他才猜想那可能是橱柜里关着的那只猫"。而实际上，这是胡萝卜的哭喊。而一名法官命令它们"从今往后不许出声、任凭切割。判决太不公道了！我们可以判处一个人死刑，但我们从未剥夺其临死前说话的权利"。[1]

"胡萝卜的呼喊"的论点如今常常被素食主义者口中的那些执迷不悟的肉食者所采用。为什么我们拒绝食用那些与我们最为接近的生命体，而在食用植物乃至与我们距离稍远的动物时却没有丝毫犹豫？能吃和不能吃的生命体二者之间的界限究竟何在？神经系统的有无是否决定了我们可以吃软体动物（比如没有神经系统的贻贝或生蚝）而不能吃头足类动物（比如具有神经系统的章鱼或鱿鱼，因为它们能感知痛苦）？

对辛格而言，之所以有必要保护动物免受痛苦，是因为它们是"有感知能力的"生命体，能够感受快乐和痛苦。但是否所有动物都符合这种情况呢？在辛格看来远非如此："我们的确足够了解哺乳动物和鸟类的神经系统、行为模式、起源以及它们的进化历程。因此，我们可以十分确定它们能够感知痛苦。可是当我们逐渐远离人类，沿着进化树向其底部探寻，我们会发现我们的确定程度在逐渐降低：脊椎动物可以感受到痛

---

[1] Champfleury, Monnier, *La Reine des carottes. Pantomime fantastique en douze tableaux*, Théâtre des pantomimes, 1848, p. 3.

苦，那蚊子呢？"[1] 对此，情况并不十分清晰，当一名记者询问辛格是否可以吃生蚝的时候，他表示了自己的困惑——这个问题也令他困扰："这个问题在过去几年间一直萦绕在我脑海之中。关于生蚝可能以何种方式感受痛苦——这个问题或许比在植物那里存在更大的探讨空间——不过就我而言，我认为（生蚝可以感知痛苦的）可能性不大。就算给这个问题留有一些余地，我们也仍旧可以说，但凡我们不能提供更多证据来证明生蚝具有这种感知能力，这种怀疑就应该被压缩到最低，因而在这种情况下，我们也就没有什么理由停止食用在可持续养殖池内培育的生蚝。"[2] 也就是说，他在此处给出了一个从宽的说法——这在后来激怒了那些最严苛的纯素主义者。

而对于其他作者（比如雷根）来说，分界线应该画在作为"生命主体"的动物和其他动物之间。不过，雷根也意识到了其主张中所蕴含的难点："划定界限这个工作对于那些并不认为所有动物都是生命主体的人来说确实是个挑战。比如，变形虫和草履虫，它们都在这个世界中存在，但它们对这个世界并没有意识。生命主体究竟是在进化树的哪一条刻度线上出现的？"他继续写道，并"以保守的方式"给出了一个没什么论据的回答："我划出的这条线是，'一岁以上精神正常的哺乳动物'。"[3] 看来，这个问题仍有待商榷。

---

1 P. Singer, «Des droits de l'homme pour les animaux ? Entretien avec E. Aeschimann», *Le Nouvel Observateur*, 18 juillet 2013.

2 Cité par Christopher Cox, «Manger des huîtres ne fait pas de mal (même pas aux huîtres)», *Slate*, 12 avril 2010. Consultable sur http://www.slate.fr/.

3 T. Regan, *Les Droits des animaux*, Hermann, Paris, 2013, p. 21.

到了玛莎·努斯鲍姆那里，她给出了另一个版本的"胡萝卜的呼喊"，即杀死"一头牛比杀死一只虾"更为严重，因为牛"在死亡时会遭受到比虾多得多的伤害，包括丧失社会关系、丧失行动和进食的乐趣、丧失活动能力。而一只虾甚至很可能都不会感到痛苦：纵然它拥有一些生理功能，却对这些功能几乎没有意识"。[1] 多亏了辛格和努斯鲍姆，海鲜爱好者们在将来还有那么几天好日子。

事实上，我们得认识到，当我们说要消除人与动物之间的界限时，我们实际上只不过是在宣称我们要移动这些界限，也就是说，我们要在动物界内的其他地方划定这个界限——我们可能会抛弃那些可怜的蚊子、海鲜以及其他微生物，当然更不用说什么水果蔬菜了，尽管它们确实也都是和其他生物一样活生生的生命体。这就是一些法学家对于最近在《民法典》中将动物定义为"有感知能力的生命体"这件事所提出的意见。比如，法学家菲利普·马兰沃（Philippe Malinvaud）就指出：

> 515-14条款中的"动物"到底是什么意思？若无进一步明确，我们就可以说它指的是所有动物，无论其种类。那这个列表可就没有尽头了，我们可以列举出数百万种动物！由简到繁，维基百科列举了：海绵、海葵、珊瑚和水母、蠕虫-贝壳类（包括蜗牛、蛤蜍、贻贝、牡蛎、墨鱼）、螃蟹和小龙虾……鱼类、无数种昆虫（如蛛形纲、蜘蛛目、

---

[1] M. Nussbaum, *Frontiers of Justice, op. cit.*, p. 386.

蝎目和蜱目，还有蜻蜓目）、六足亚门（包括蟑螂、螳螂、白蚁和螨虫）、直翅目（包括蝗虫和蟋蟀）、半翅目（包括臭虫和蝉）、鞘翅目（包括鳃角金龟和瓢虫）、膜翅目（包括蜜蜂、黄蜂、蚂蚁）、双翅目（苍蝇）、四足动物类（包括爬行动物、蛇目、鳄目、龟鳖目），其中同样也包括鸟类和哺乳动物。[1]

一番列举之后，马兰沃提出了他的结论："有关将来的法律定义如何适用于这些不同的动物，我们多少有些困惑。水母、蜘蛛、白蚁和蛇是否具有感知能力呢？以及那些在我们品尝时因我们挤在其上面的柠檬汁而起反应的生蚝，对于它们，我们又该怎么处理呢？"他继续说，宣布"动物是有感知能力的生命体"是一个"适合放在词典而非法律规定中的定义，因为它不具备任何规范效力"。[2] 顺着该修正案的思路，我们何不将植物也囊括在内呢？"为什么只把权利保留给与我们的神经系统类似的动物，理由仅仅是它们被视为除我们外唯一能'感知痛苦'的生命体？这样只不过是对标准进行了移动，而我们其实完全可以将'移动'假设为感觉的雏形。何不将蔬菜也纳入保护范围（毕竟它们也算是生命体）？"[3]

正是在这里，拟人论得到了充分发挥：只有那些与我们密切相关且其痛苦能引起我们共鸣的动物才值得保护。我们为何不去关心细菌和海绵的压力呢？正如理查德·爱泼斯坦所指出

1，2，3　P. Malinvaud, «L'animal va-t-il s'égarer dans le code civil ?», *Recueil Dalloz*, 2015, p. 87.

的:"我们难道不能说应激性也算是一种感知能力吗?凭什么细菌没有资格得到保护?"[1]我们为什么不能想象一下那些会收缩的花朵、昆虫和软体动物可以体会到一些我们感受不到的感觉呢?可见,"胡萝卜的呼喊"依然不绝于耳。

---

[1] P. Malinvaud, «L'animal va-t-il s'égarer dans le code civil ?», *Recueil Dalloz*, 2015, p. 87.

3 "边缘案例"论证

从"人与动物的彻底同化"中可以得出的第一个推论是"应该将二者等量齐观"。为什么不呢？然而，当辛格和雷根使用一个著名的论据来证明人与动物之间并不存在真正的区别时，事情变得复杂。这段归谬推理在动物伦理学领域极为有名，被称为"边缘案例"论证[1]。该论证表面上很简单，旨在说服人们用同样的方式对待人与动物。而实际上，这段论证是极为刺耳的，而那些兽道主义者从中得出的推论则更骇人听闻。在这里，善意导致了最可怕的暴行。

在辛格及其追随者看来，我们基于某些基本能力而在人与动物之间所做的区分是站不住脚的。我们用语言、意识或理性

---

[1] 如今的一些作者更倾向于使用"被边缘化的案例"这个表述，以避免让人认为这些边缘案例"本身就是脱离于社会的，而实际上，它们更多的是被社会排斥出来的"。让冉讷·维勒梅尔（J.-B. Jeangène Vilmer）采用了该表述并将之归功于科蒂-布德洛（F. Côté-Boudreau, *L'Éthique animale*, Paris, PUF, 2015, p. 39）。依我们看，还得补充一点，那就是这些案例之所以被社会排斥，主要就是因为以它们为例进行推理的人不把它们当人看。

来定义人性。由于动物不具备这些能力，所以它们被赋予相对较低的地位。而正是基于这个原因，我们会认为在动物身上进行各类科学实验以造福人类（通常人类自认为被赋予"较高"的地位）这种做法是正常的。然而，在辛格看来，在现实中存在一群通常被视为人类的生命体，他们并不具备我们借以区分人与动物的上述能力。这就是辛格所说的"边缘案例"或"非典型案例"——这是一种奇怪的委婉表达。实际上，他在这里指的是存在智力障碍的儿童及成人、阿尔茨海默病患者以及脑死亡患者，他们通常不具备意识、语言能力以及理性。通常，人们认为，在这些"边缘"人类身上进行实验是完完全全不可接受的；而在同时，在那些比这些能力极度衰退的人更有意识、更聪明的动物（在辛格眼中）身上进行实验则没有任何问题。这种态度上的差异，该如何解释呢？在辛格看来，唯一的解释在于一种无意识且完全非理性的偏见，这种偏见让我们偏爱我们自己的物种（即人类）胜过其他所有动物物种：

> 就这个论证来说，非人类动物与幼儿、智力迟钝人士属于同一类型，因此，如果我们用这个论据来证明在非人类动物身上进行实验是合理的，那便必须自问，我们是否也准备允许在幼儿或智力迟钝者身上进行相同的实验？在这种情况下，如果我们仍把动物与这两种人区别对待，那除了是出于赤裸裸的（在道德上也是站不住脚的）对本物种成员的偏袒，还能有什么其他原因？[1]

---

[1] P. Singer, *La Libération animale*, op. cit., p. 87-88.

辛格认为，必须给这种偏见画上句号。我们应该像对待人类一样对待动物，如若不然，那我们就必须接受，像对待动物一样残忍地对待那些"边缘案例"。因此，我们应该放弃对人类的偏袒，并在身有残障的人类（而不是动物）身上进行实验。实际上，在辛格看来，我们没有任何理由区分"人类动物"和"非人类动物"，因为并不存在某个我们通常可以拿来区分二者的标准（比如语言能力、自我意识、理性）。而如果连不具备意识或语言能力的人类都被赋予权利，那么这些权利也应该被同样赋予某些动物，尤其是具有中枢神经系统的哺乳动物。人和动物都是有感知能力的生命体，因而，我们应该一视同仁地让二者都免于痛苦。我们保护的是"有感知能力的生命体"的利益，而不单单是"人类动物"的利益。

辛格有时也会稍作澄清，说自己并没说要像对待动物一样虐待残障人士，自己希望做的恰恰与此相反。他批评那些认为他会得出上述结论的对手使用的是"滑坡论证"①。辛格的弟子们声称，自己老师并非希望降低残障人士现在的待遇，而是希望提升动物的待遇。辛格自己也宣称，自己的目标是"提高动物的地位，而不是降低人类的地位"。[2] 然而，当读到下面这些话时，我

---

① 又称"滑坡谬误"，即认为某些行为在一连串因果链上的传导像在滑坡上一样，不可避免地导向一个严重或糟糕的结果。实际上，这一连串的因果关系并非必然而只是可能乃至不太可能，所以事实不一定会按照滑坡谬误的推论发生，而是存在其他可能。一个滑坡谬误的例子是"A今天迟到1分钟，如果我们不加以批评，他明天就会迟到2分钟，之后就是3分钟、4分钟，直到旷课"。——译者注

1 P. Singer, *Questions d'éthique pratique*, *op. cit.*, p. 83.

们很难不对他的澄清表示怀疑，他先说道："我并不主张给智力障碍人士强迫喂食含有色素的食物，直到其中的一半人死亡为止。"然而，他随即吞吞吐吐地补充道："尽管这样做相比于在任何兔子或狗身上进行的同类实验，无疑会让我们得到有关被测试物质的无害性或毒性的更为翔实的资料。"[1]

实际上，辛格毫不犹豫地走在这个明确的方向上，并从该论证中得出了一些预见性推论。因而，面对担心动物实验禁令的影响的人，他的回应是，最好是在昏迷者身上进行这些实验。而一名记者向他提出了一个具体的问题："我们知道，在黑猩猩身上进行的研究促成了乙肝疫苗的诞生，拯救了许多人的生命。假如我们现在处在这项研究的开始阶段，您会阻止它继续开展吗？"辛格答道："我对所有在黑猩猩身上进行的侵入性研究都感到不安。这种情况下，我会问是否还有其他解决方案。我认为也存在其他解决方案。比如，我会问，为什么不试着问问那些植物人的家属，以求得他们同意（在这些植物人身上进行实验）？""那将会激起骚乱！"记者说道。随后，辛格明确总结道："如果您真的能完全确定一个人再也不会恢复意识，那么相比于在实验中使用黑猩猩，使用这个人确实会好很多。"[2]

辛格此次的回应并非孤立事件，也不是一次不幸的偏差，而是他一直坚持并一再重申的观点。可以看到，他在别处也说："如果我们接受'非人类动物、婴儿和智力迟钝人士

---

[1] P. Singer, *Questions d'éthique pratique, op. cit.*, p. 84.
[2] J. Neymark, «Living and Dying With Peter Singer», *Psychology Today*, janvier-février 1999, p. 58.

属同一类别'这个论点,并且我们借用这一论点来为在非人类动物身上进行的实验辩护,那么我们就得自问,我们是否也可以在婴儿和智力迟钝的成年人身上进行实验?以及,如果我们要在上述这些人类和动物之间进行区分,那么我们进行区分的依据又是什么?那除了是出于无耻的(在道德上也是站不住脚的)对我们自己物种成员的偏袒,还能有什么别的原因?"[1]在他看来,某些残障程度重的人还不如成年的、有感知能力的,甚至还有自己的"生活规划"的动物更"配活下去"。一如既往,辛格在"心平气和的挑衅"与"洋洋自得的愚蠢"两个方面都堪称一骑绝尘。一些看似有意识的、有生活规划的动物比完全残障的、不算是"人"的人类更有价值——这个观点在他看来很符合逻辑。从他所谓的"人格指标"的角度来看,在一头猪身上进行实验比在一名残障儿童身上进行实验更为恶劣——这就是辛格心安理得地在一份儿科杂志上所阐述的观点。他写道:"如果比较一名严重残障的人类儿童与一只非人类动物(比如狗或猪),我们往往会发现,在理性、自我意识、交流以及所有可以被合理地视为在精神上有意义的能力方面,非人类动物在实际以及潜在层面都具备比前者更高的能力。而这名儿童之所以可以被以不同于猪狗的方式对待,仅出于一个事实——他是'智人'这个物种的一员。"[2]在辛格眼中,猪比那

---

[1] P. Singer, *The Animal Liberation Movement. Its Philosophy, Its Achievements, and Its Future*, Nottingham, Old Hammond Press, 1987, p. 8.

[2] P. Singer, «Sanctity of Life or Quality of Life ?», *Pediatrics*, 72, 1, juillet 1983, p. 129.

些完全没有意识也没有对未来的感知的人类儿童更优越，所以，"我们有理由更偏重于使用人类儿童（比如孤儿）或有严重智力障碍的人进行实验，因为这两种人根本就不知道将要在他们身上发生什么"。¹ 这个乍看之下对动物仁慈的论点，实际上会导致对人类的骇人听闻的暴行。而辛格一再重申这个观点。因而，顺着这个思路，如果我们消除了人与动物之间的界限，那我们就必须在同一时间区分不同类型的人。按辛格的说法，在通常被称为人类的群体中，有一部分是"有人格人类"，即具有意识且有活下去的价值的人；而另一部分则是"无人格人类"，其生命价值比不上健康的成年动物。简言之，在他看来，并非每个人都具有同等的生命价值：

> 因此，我的结论是，反对物种主义并不意味着所有生命具有同等价值……一个具有自我意识、抽象思考、计划未来和复杂交流等能力的生命，比一个不具备这些能力的生命更有价值——这并不是一个武断的观点。²

这结论真是令人叫绝！辛格后来还对自己在德国的演讲激起反对示威这件事愤愤不平，因为这些反对者将他的理论与纳粹主义相提并论。然而，他的这种说法很难不让人想起两位德国教授——纳粹智力缺陷者清除计划的先驱霍奇和宾丁，他们在1920年发表大作，提议销毁那些"不配活下去的生命"，认

---

1 P. Singer, *Questions d'éthique pratique, op. cit.*, p. 67.
2 P. Singer, *La Libération animale, op. cit.*, p. 94.

为这些"累赘性存在"、这些"空洞的人类躯壳"阻碍了社会以最佳速度进步，因而不具备任何"主观的生命权"。[1]

这一"边缘案例"的论点也贯穿保拉·卡瓦列里和泛类人猿计划的论证中。在她看来，以"人本主义"为借口拒绝赋予类人猿权利的做法是虚伪的，因为"在我们的物种内部，一直都存在一些非典型个体，他们不可逆地缺乏那些被认为是典型人类个体应具备的特征，这些非典型个体包括：智力障碍人士、智力迟钝人士和阿尔茨海默病患者"。[2] 如果将那些通常在动物身上进行的实验（尤其是医学研究框架内的实验）转移到这些人身上，我们一般会感到非常残忍——卡瓦列里则惊讶于我们会有这样的感受。她认为，如果我们不想在非典型人类身上做实验，那么我们也同样没有任何理由在动物身上进行这些实验。事实上，从严格的"科学"角度来看，区别对待黑猩猩和人的做法是站不住脚的："如今我们知道，我们与其他动物拥有很多共同的基因和进化史。"[3] 因而，如果我们给非典型人类以优于类人猿的待遇，那将意味着对后者而言，"其低人一等的伦理地位仍延续至今"。[4]

法国国民教育部前部长、哲学家吕克·费里（Luc Ferry）曾非常扼要地提出了对卡瓦列里的反驳，他指出，之所以残障人士不应受到动物般的对待，是因为他们曾经是或将来至少有

---

[1] Cf. *infra*, p. 315.

[2], [3] P. Cavalieri, «Les droits de l'homme pour les grands singes non humains ?», article précité, p. 158.

[4] P. Cavalieri, «L'humanité au-delà des humains», *Le Débat*, 2000/1, n° 108, p. 188.

可能是"主动公民"："我们继续借这个简单的比方说下去，类人猿只能一直当'被动公民'。而儿童跟它们不一样，因为儿童不会一直是被动公民；严重智力残障人士跟它们不一样，因为他们可能或曾经可能不是被动公民；阿尔茨海默病患者跟它们也不一样，因为他们并非一直都是被动公民。"[1] 对于这一批评，卡瓦列里回应道，自己的主张本该让大家放心："我并没有鼓吹对非典型人类的不公平对待。"然而，她随即补充道（补充的内容真的很难让大家放心）："当然前提是，他们得拥有被他们自己意识到的利益，从而让这些利益可以被纳入道德黄金律所论证的适用范围内。"黄金律的表述如下："欲人以此道待己，须先以此道待人。"[2]——"泛类人猿计划"的目标正是拓展这条黄金律。

"边缘案例"论证的后果

我们有理由担心，在思想实验之外，"边缘案例"论证会造成一些严重的后果。比如有人会以"保护动物"的名义阻碍医学研究，更有甚者，可能会考虑在脑死亡的病人身上进行实

---

[1] L. Ferry, «Des droits de l'homme pour les grands singes ? Non», *Le Débat*, 2000, 108, p. 167. 在 *Le Nouvel Ordre. L'arbre, l'animal et l'homme* (Grasset, 1992) 中，吕克·费里犀利不减。只可惜，自那之后，实际情况进一步恶化了。

[2] P. Cavalieri, «L'humanité au-delà des humains», article précité, p. 188.

验。[1] 第一个预见到"边缘案例"论证最有可能导致的结果或许不是对动物更好，而是对残障人士更差的人，是自由意志主义哲学家罗伯特·诺齐克。汤姆·雷根的书甫一面世，诺齐克便指出：

> 社会如果接受雷根提出的平等对待哺乳动物与"虚弱"的人类的主张，就能让动物权利得到认可——在我看来，这一点很难令人信服。我们对于"严重智力迟缓人士应受何种对待"这件事的观念，肯定部分取决于"他们是人类，是人类物种的成员"这一事实。因而，将这种考量作为一种伦理意义上不相关的因素排除在外，只会让社会将严重智力迟缓人士视作动物，而不是相反（让动物得到更好的待遇）。[2]

这种将残障人士与动物等量齐观的观点本身就相当骇人听闻：首先当然是因为这种观点给残障人士形象带来的影响，同时也因为它带来的有关动物的看法——这多少有点吊诡。将人类称为"边缘案例"其实已经是一种难以置信的暴力，因为该观点像是在说：这些人类处在边缘，并不算真正的人类，而其

---

[1] 参见 1985 年，亚眠事件中，医学教授阿兰·米洛（Alain Milhaud）在未经患者家属同意的情况下，擅自在一名处于持续性植物状态的患者身上进行实验。1988 年，这名教授再度犯案，同样在未获家属同意的情况下，在一名脑死亡患者身上做实验，并因此受到谴责。

[2] R. Nozick, «About Mammals and People», *New York Times Book Review*, 27 novembre 1983.

他那些处在中心位置的正常人类才有权利活着，并有权力决定是否保留这些"边缘案例"的二流生命。这样看来，在有些人眼中，这些残障人士的生命还不如健康黑猩猩的生命有尊严。

我们可以在人类学家乔纳森·马克斯的书（该书旨在驳斥我们"在98%的意义上"是类人猿的观点）中所提到的一场令人难以置信的辩论中窥见这种词义的转移。书中记述，一位来自英国的动物学家支持给类人猿赋予权利，他在电视节目中被问及是否支持自己的宝贝女儿嫁给一只类人猿时，他如是答道："我不认为她愿意嫁给一只……那你们呢？你们乐见自己的女儿嫁给一名智力障碍人士吗？"[1]毫无疑问，对于这位兽道主义活动分子而言，智力障碍人士与黑猩猩之间没有任何区别。对此，马克斯的评论非常在理："不仅猿类完全不能等同于智力障碍人士，更重要的是，智力障碍人士绝对不像猿类。这不像是我们说的'黑人''犹太人''狩猎-采集者''纽约出租车司机'——所有这些人都完全是人类，而所有猿类都完全不是人类。这是个再简单不过的生物学事实。"[2]

不难想见，当被告知更应该用残障人士而不是猴或猪来做实验时，这些残障人士自身以及残障儿童家属会做何反应。而"在很多情况下，最好将他们安乐死"的想法实际不过是纳粹计划的翻版。这么看来，恐怕就只有在当代英语国家中，过着一眼就可看穿的象牙塔生活并被政治正确腐蚀得没了脑子的学究有活下去的权利了。就连法国哲学家伊丽莎白·德·丰特奈

1, 2   J. Marks, *What It Means to Be 98% Chimpanzee, op. cit.*, p. 190.

（Élisabeth de Fontenay）也以一种轻描淡写的方式承认，"边缘案例"论证有点"无礼"，因为它可能会冒犯不愿看到自己智力障碍的亲人被拿来与动物做比较的人。[1] 实际上，美国女权主义哲学家伊娃·基泰（Eva Kittay）就是这样反应的：作为一名残障儿童的母亲，她有力地批判了边缘案例的论证过程。对于将所有残障儿童一股脑"放在同一个筐中"的人所表现出的对残障多样性的无知，她表示震惊。她接着谴责了区分"有人格人类"和"无人格人类"所带来的残忍后果。最后，她呼吁辛格及其追随者"在哲学实践中稍微多积点儿德"：

> 他们声称自己只是在做纯理论的论证，从而免除面对经验现实的必要性，即那些患有严重认知障碍的人的真实生活，以及"此类思辨可能给这些人的生活带来灾难性影响"这一事实，而这些人本身却并没能参与讨论。[2]

伊娃·基泰清楚展示了"边缘案例"论证所产生的那些令人不寒而栗的逻辑后果，其中又尤以辛格的弟子杰夫·麦克马汉（Jeff McMahan）的观点最令人瞠目，他公然出版了以"杀戮伦理"为题的作品。在这位作者看来，"我们对于严重智力

---

[1] E. de Fontenay, *Pour ne pas offenser le genre humain. Réflexions sur la cause animale*, Paris, Albin Michel, 2008, p. 98.［丰特奈的研究涉及动物权利，曾与彼得·辛格等人合著 *Les Animaux aussi ont des droits* (Paris, Seuil, 2013)。——译者注］

[2] E. Kittay, «Une éthique de la pratique philosophique», in S. Laugier (dir.), *Tous vulnérables. Le care, les animaux et l'environnement*, Paris, Payot, 2012, p. 147.

迟钝者的处理方式与我们对动物的处理方式遵循同样的结构"，紧接着，麦克马汉做了一个十分卑劣的简单计算：

> 当我们对比数量相对较少的、接受我们照顾的那些严重智力迟钝的人类，与那些数量众多的、在我们手里受苦的动物时，我们必然会得出结论，即基于我们的物种偏袒而产生的好处在很大程度上被其坏处抵消了。[1]

有时候，我们真希望辛格和他的弟子们只是在故意挑衅或是在玩黑色幽默。只可惜，事实并非如此：这是一帮勤勤恳恳的推理狂，在自己狂热的推理论辩中，他们唯独忘记了何为"人"。不难想见，如果真的可能应用自己的理论，他们会毫不犹豫地执行自己的设想。实际上，辛格和他的追随者们已经开始这样做了：在澳大利亚的一些州，他们极力拓展安乐死的适用范围，尤其针对儿童。

对边缘案例理论最猛烈的抨击来自一些受维特根斯坦启发的作者。尤其是科拉·戴蒙德（Cora Diamond），她考证了该论证的历史，并指出，早在辛格之前，在约翰·罗尔斯那部长篇大论的《正义论》中，这一论证就已有萌芽，该书"将重度智力迟钝人士和动物归入同一范畴，即仍需进一步厘清正义或'严格正义'是否适用于他们的那类生物"。[2] 但特别是从辛格开始，在有关正义对于不同对象的适用性问题上，这种认为智力

---

[1] Cité par E. Kittay, ibid., p. 153.
[2] C. Diamond, *L'Importance d'être humain*, Paris, PUF, 2011, p. 76.

迟钝人士构成某种"极端情况"的观点变得"极为普遍"。[1]

在某种程度上,辛格及其追随者似乎对他们观点的骇人听闻还颇感得意,认为这反倒表明了他们的论点是极其理性的,且他们偏向动物的论证中并未掺杂情感因素。然而戴蒙德一针见血地指出,这些作者并非无偏无党:驱使他们的,与其说是对动物的爱,不如说是对人类的恨。他们追求的,与其说是保护动物免于残忍的实验,不如说是将人类还原到其兽性的一面。纵然他们所有人都同意尽量减少人类出于重要研究的目的而让动物所遭受的痛苦,但他们将"边缘案例"论证作为支撑该目标主要论点的做法本身却表明,他们想要的"并不是为动物做辩护,而是攻击人类生活中那些宝贵的东西"。[2] 因此,当辛格说在动物身上做实验而不是在"人类身上,哪怕即使是在大脑严重受损的人身上做实验"[3] 的做法是出于某种物种主义偏见时,戴蒙德将自己的目光停在了这句话上,并强调,在"哪怕是在大脑严重受损的人身上做实验"这句话中最刺眼的就是那个"哪怕"[4],因为这似乎是在说:这些智力迟缓人士显然都不太算是人了,因而从逻辑上来说,有理性的实验者就没多大必要去考虑他们的权利和感受了。

---

[1] C. Diamond, *L'Importance d'être humain*, Paris, PUF, 2011, p. 76.

[2] Ibid., p. 120.

[3] P. Singer, *La Libération animale, op. cit.*, p. 189.

[4] C. Diamond, *L'Importance d'être humain, op. cit.*, p. 75. 这种推理与生命伦理学问题类似,都预设了同一种显而易见性。比如,在一场火灾中,消防员应该先救他做清洁工的母亲还是即将发现治疗癌症方法的诺贝尔奖得主。这里的隐含观点与正文中的观点类似,即如果那不是消防员自己的母亲,那么抉择的结果就是显而易见的:先救诺贝尔奖得主而不是清洁工。

拓展资料　雷根的救生艇

汤姆·雷根在他那本经典的《动物权利研究》中以大致相似的方式引用了非典型案例论证。在对人类生命和动物生命各自价值的探讨中，雷根得出结论：同样也正如人类物种中的那些"边缘案例"所证明的那样，并不存在什么内在理由让我们在有缺陷的人类和动物之间选择优待前者。

究竟是什么基础要素让我们可以拥有比动物更高的内在价值？是它们理性、自主性或智力的缺失吗？除非……我们愿意对有同样缺陷的人类也做出相同的判断。[1]

这一观点在著名的"救生艇"思想实验中得到了阐明——该思想实验由雷根普及，也是"救生艇伦理学"这一思想传统的起源。[2] 该思想实验提出的问题是：在海难中，如果救生艇过小而没有足够的空间救下所有人，那么我们应该选择救其中的哪些人？要知道，如果救生艇上载太多遇难者的话，就会面临沉没的危险。在此情形下，雷根在《动物权利研究》中提出了他的问题：如果在这个过小的救生艇上有四个人和一只狗，那么，该牺牲哪一个？是牺牲一个人，还是一条狗？他给出了一个貌似合理的答案：应该把狗扔到船外，而不是人。然而，这样的回答刺激了为数众多的兽道主义者，他们开始谴责雷根

---

[1] T. Regan, «Animals are Entitled to Rights», in C. Mur (ed.), *Animal Experimentation*, San Diego, Greenhaven Press, 2004, p. 12.

[2] Cf. F. Leichter-Flack, *Le Laboratoire des cas de conscience*, Paris, Alma, 2012.

推理中的不一致以及他以牺牲动物为代价的那种对于人类的非理性偏好。雷根则解释道,他之所以在思想实验中选择拯救人类的生命并非出于道德原因,而是因为人类的生命富含比狗更多的成就潜能。在他看来,"没有一个理性的人会否认:四个人中任何人的死亡比起狗的死亡,都将带来更大的损失,因此初步看也将造成更大的伤害"。[1] 相比狗,这些"有人格人类"的生命蕴含更多获得满足的机会,因而牺牲他们是不合理的。不过,仍有很多人未被说服,他们认为,狗的生命也具有同样多的获得满足的机会。

然而,反过来说,如果在救生艇上的人类是"非典型案例",换言之,如果这些人类缺乏"成就潜能",那又当如何选择呢?这就是救生艇案例的另一个变体:如果救生艇上有"一只狗、三个正常的成年人和一个陷入不可逆永久昏迷的人",且救生艇有沉没的危险,此时雷根的答案也同样是明确的:"因为(根据我的分析)死亡没有给陷入不可逆永久昏迷的人带来什么损失,因此没有造成伤害;又因为死亡对于任何一个其他人,同样还有狗来说都代表了大于零的损失/伤害;因此特殊考虑除外,我的分析显然会支持牺牲那名陷入不可逆永久昏迷的人,用以挽救一只狗和三个正常的成年人"。[2]

---

[1] T. Regan, *Les Droits des animaux, op. cit.*, p. 610.(中文版参见[美]汤姆·雷根,《动物权利研究》,第273页。——译者注)

[2] 但此外,他也设想了牺牲并未处于昏迷中的人类的可能性:"恶化原则的应用允许我们在其他情形中挽救狗而牺牲人类(比如,如果其中一个人患有无脑畸形症,或者严重缺乏一般人类的能力,以至失去了记忆或对普通物体的意识)。"(Ibid., p. 50, n. 32).

同样，在关于动物实验的问题上，雷根也解释道，动物实验必须禁止，无论这种禁令会给人类带来何种后果。与辛格一样，他甚至支持赞同某种"动物优先"的立场（即使人类可能会因此而受苦）："权利观点痛恨科学研究中对动物的伤害性使用，并呼吁全面取消这种做法。"[1] 在权利观点看来，科学"无权侵犯个体权利，而如果这意味着我们无法获得一些知识，那也就只能这样了"[2]。尤其是，我们无权让动物遭受"我们自己罹患的那些自然疾病"。[3]

1　T. Regan, *Les Droits des animaux*, *op. cit.*, p. 730.
2，3　Ibid., p. 715.

4　彼得·辛格的伦理学暴论

反物种主义的第二个纯逻辑性的，同时也是一些兽道主义者并不回避的推论是：人们没有任何理由禁止"人类动物"与"非人类动物"之间的温情关系，同时也没有理由禁止二者之间的爱情关系。如果不再有物种屏障，我们就更无法理解要以何种名义继续禁止人类动物与非人类动物之间的交融，而只能说这种禁止不过堪称对"我们历史中的至暗时刻"的歧视。该推论让一些动物权利理论家感到有些不安，尤其是汤姆·雷根，他并不怎么赞赏彼得·辛格的相关辩护，反而担心后者的辩护词"给动物权利事业带来适得其反的效果"。不过，彼得·辛格的这套辩护在法国倒是没有激起多大浪花。[1]

实际上，一贯重视自洽且不乏天真挑衅风格的彼得·辛格，曾为那个非常"时髦"的在线杂志《神经》撰文论证自己的

---

[1] Sauf chez E. Roudinesco, *La Part obscure de nous-mêmes. Une histoire des pervers*, Albin Michel, 2007, et P. Bruckner, *Le Fanatisme de l'apocalypse* (*op. cit.*) et Michel Onfray, *Cosmos. Une ontologie matérialiste*, Paris, Flammarion, 2015.

观点。此文题为《重度"宠"爱》(*Heavy Petting*)，该表达(pet)既表示"进一步的调情"，又暗指家养宠物。[1] 这篇文章实际上是他为荷兰生物学家米达斯·德克斯（Midas Dekkers）的作品所作的书评。如果我们有人好奇心作祟去翻看德克斯的书的话，会发现其中提出的论点不是天真就是愚蠢，总之荒谬透顶，跟19世纪末犯罪学家龙勃罗梭的作品有一拼。比如，德克斯认为，大部分宗教不敌视兽交，而是恰恰相反。他以基督教为例，称基督教与其他宗教一样：耶稣是玛利亚与一只鸽子的产物，因此，他就"像所有丽达与天鹅的孩子们①一样，既是人与动物的产物，又是圣婚（人与神）的产物"。[2]

这就是辛格眼中值得称赞的好书。在书评中，辛格也明确支持人与动物之间的性关系——他搞不懂凭什么禁止这种关系。首先，他从所谓"发展的"角度提出了一个论点：性方面的禁忌一个接着一个被打破，那么，为什么不能也打破兽交的禁忌呢？如果不考虑恋童癖和乱伦的问题，[3] 那兽交可能真的就是最后一个尚待打破的禁忌了："就在不久之前，所有不以生育为目的的性行为都还被视为纵欲，甚至是一种性倒错。而随着历史的发展，这些禁忌一个接着一个地被打破。"[4] 令他感到惊

---

1 这篇文章可在网上找到。米歇尔·翁弗雷是少数几个提醒大家关注这篇令人瞠目结舌的文章的人之一。对这篇文章，人们的观感不外乎两种：不是咬牙切齿就是哑然失笑。（M. Onfray, *Cosmos. Une ontologie matérialiste, op. cit.*, p. 287-290.）

① 古希腊神话中，神王宙斯化为天鹅，与斯巴达王后丽达诞育四名儿女，其中包括引发了特洛伊战争的著名美女海伦。——译者注

2 M. Dekkers, *Dearest Pet. On Bestiality*, Londres-New York, Verso, 1994, p. 10.

3 其实就连这两个禁忌，辛格也认为注定会消失。

4 P. Singer, «Amour bestial», article précité.

讶的是，在这些禁忌行为中，"唯独与动物发生性关系在今天仍被视为绝对的禁忌"。[1] 在辛格看来，西方这种禁忌的缘由植根于"犹太-基督教传统"的那种"想要与动物区分开来的渴望"，以及当今的"人权话语"，即"我们赋予所有人类以权利，却拒绝将权利赋予所有动物"。[2] 因而，基于反对基督教传统和人权话语的目的，我们应该毫不犹豫地做"圣像破坏者"，去打破这些传统观念，并主张没有任何东西可以区分人类动物与非人类动物。因此，不难理解，一名狂热追随辛格的波兰学者会对"没有任何一个国家承认人与动物之间的婚姻"这件事感到不可思议，并且，这种不承认仅仅是因为"动物并非法律所承认的主体"[3]——在她眼中，这是个很成问题的托词。

接着，辛格又依据德克斯的书摆出了所谓的"事实"论据来证明：这类亲密关系充满了历史的每一个角落，并不像人们想象的那么罕见，辛格还引用了《金赛性学报告》中的统计数据，称有半数左右的乡村居民曾与动物发生亲密关系。[4] 显而易见，这些数据无法核验，而且在任何意义上来说，都是对动物和他笔下的"乡村居民"的极度不尊重。在辛格看来，就算不亲临乡村，也应该考虑到日常生活中的那些简单观察："在

1, 2 P. Singer, «Amour bestial», article précité.

3 M. Bakke, «The Predicament of Zoopleasures : Human-Non Human Libidinal Relations», *Animal Encounters*, 6, 2009, p. 227 n.

4 而如今我们知道，《金赛性学报告》中统计数据的可靠性相当低：这些数据被大幅篡改，且归根结底是以囚犯为主要采样群体的，而未与标准人群对照。Cf. J. Reisman et al., *Kinsey, Sex and Fraud : The Indoctrination of a People*, Lafayette, Lochinvar, 1990.

社交场合中，谁还没看到过家养宠物狗抱住访客的腿然后使劲摩擦的场面，并被这种场面打断对话呢？主人通常会阻止这样的行为，但在私下场合，没人会拒绝自己的宠物狗这样做。"[1]而如果"这些活动"存在，那么它们就是自然的，因而也就是合法的——辛格对"实然"和"应然"不做区分。而后，他又从故纸堆中翻出了一本完全被遗忘的小册子——20世纪初维也纳一名作家奥托·索伊卡（Otto Soyka）的作品，他认为，禁止"'反自然的'性行为方式，即不以生育为目的的性行为"是一种"试图限制人类性欲的无穷多样性的、徒劳无功且搞错了方向的尝试"。[2]而谈到人与狗之间可能存在的关系，辛格指出："索伊卡可能会认为这属于人类性欲多样性的范畴。"[3]在辛格看来，兽交只有"在其存在对动物的残忍行为时"[4]才属违法。然而，如果我们有兴趣翻阅索伊卡1906年出版的这本标题非常有尼采风格的小册子《道德界限的彼岸》(*Au-delà des limites de la morale*)的话，我们会发现作者对这个主题并不怎么感兴趣，并且，他指出了此类行为的极端罕见性以及这种行为本质上的施虐-受虐狂属性："'正常的'满足方式在这种情况下如此罕见，这可能表明，相比于其他人类性欲形式，此种满足模式只占据某种次要地位。"[5]

对辛格这个总是喜欢只摆事实的人来说，有必要承认"我们（人类）也是类人猿"，我们的性器官和其他动物的性器官

1，2，3，4 P. Singer, «Amour bestial», article précité.
5 O. Soyka, *Jenseits der Sittlichkeits-Grenze*, Vienne-Leipzig, Akademischer Verlag, 1906, p. 63.

是一样的:"我们像它们一样交配。它们也像我们一样有阴茎、阴道。"[1] 此外,辛格的一位忠实读者,同时也是波兰的一名大学教授,也以一种非常"实事求是"的方式表达了类似的观点:"如果我们从性生理学的角度对动物(尤其是哺乳动物)进行更为仔细的审视,我们就会得出一个显而易见却也颇具挑衅性的结论,即我们的身体与其他动物相似,我们的欲望亦与其他动物相似……我们是动物的一员,或者说,一部分动物是人类。"[2] 既然如此,那又有什么理由不允许人类动物与其他非人类动物厮混呢?毫无疑问,这不过是一个习惯问题。辛格转述了一起事件来证明这一点。该事件是一位灵长类动物学家向他讲述的,这位灵长类动物学家曾造访婆罗洲岛的一处专门从事红毛猩猩重返野外生活适应性训练的营地。在其文章中,辛格以一种让人有点儿想哭又有点儿想笑,抑或让人哭笑不得的笔调记述了这一事件:

> 她与类人猿顶级专家加尔迪卡斯在营地中散步时,突然被一只巨大的雄性红毛猩猩抓住,它勃起的阴茎清楚表明了它的企图。想要推开一只如此强壮的动物是不太可能的,然而加尔迪卡斯让这位同行的女士不要担心,因为红毛猩猩并不会伤害她……果然,红毛猩猩在采取下一步行动之前就对她失去了兴趣。但这个故事中最令我感到惊讶

---

[1] P. Singer, «Amour bestial», article précité.
[2] M. Bakke, «The Predicament of Zoopleasures : Human-Non Human Libidinal Relations», *Animal Encounters*, 6, 2009, p. 223.

的是，对长年与红毛猩猩为伴的加尔迪卡斯女士而言，被红毛猩猩视作性欲对象，并不是什么值得惊讶和恐惧的事情。[1]

由此，我们无惧无畏的辛格教授得出结论：

> 红毛猩猩求欢举动的潜在暴力可能令人担心，但求欢举动的发起者是一只红毛猩猩这件事却并不令她忧心。这可能是因为加尔迪卡斯很清楚地知道：我们都是动物。更确切地说，我们都是类人猿。这个事实固然不能使不同物种之间的性关系"正常化"或"自然化"（无论这些常被滥用的字眼可能意味着什么），但是这至少意味着此种关系不再构成对我们作为人类的地位和尊严的冒犯。[2]

据辛格所说，所有这一切都不过是习惯问题——这种不同物种之间的性关系没什么可反感的，相反，这种关系显然是可以考虑的。只有当人与动物之间的性关系伴随着残忍行为的时候，这种关系才应被视为不可接受的。而也仅出于这个原因，辛格对人类与母鸡之间的性关系有所微词。[3] 而与工业化养殖的做法比较起来，甚至连这种残忍行为都只能说是"小巫见大巫"了——在辛格眼中，相比之下，工业化养殖的丑恶可谓有过之而无不及：

1，2，3　P. Singer, «Amour bestial», article précité.

母鸡与其他四五只同类挤在光秃秃的铁丝笼里一整年，空间小到它们完全无法伸展翅膀，然后被塞入箱子中运到屠宰场，倒挂在输送带上被杀、被肢解——相较于母鸡在养鸡场的这种命运，那种残忍行为还有那么可怕吗？如果答案是否定的，那么前面说的那种行为就还真的不比鸡蛋生产商长久以来对待鸡的方式更恶劣。[1]

对辛格和相当一部分兽道主义干将而言，虐待和食用动物比与它们发生性关系要恶劣得多。不过，辛格也指出，这一观点并不是最广为接受的，这也是为什么那些动物解放活动团体更专注于解决其中一种造成动物痛苦的问题。然而，辛格认为，若从使动物遭受痛苦的量的角度来看，毫无疑问，食用动物比与它们发生性关系造成的伤害更大：

> 据我所知，还没有一家动物权益活动团体将"禁止人与动物发生性关系"视为他们工作的第一优先事项。不过这并不奇怪，因为与工业化养殖所造成的巨量痛苦相比，这种做法造成的痛苦在程度上确实低不少。[2]

与动物发生性关系只有在未经对方同意的情况下才应被视为不可接受的——这一主张引发了一系列棘手问题，而辛格毫

1　P. Singer, «Amour bestial», article précité
2　F. Balibar, T. Hoquet, «Entretien avec Peter Singer», *Critique*, 2009/8, n° 747-748, p. 659.

不犹豫地讨论了这些问题。

辛格的文章纵然逻辑清晰、论证严密，却未能在动物权利倡导者群体中获得一致认同。动物权利理论家汤姆·雷根在《从一位动物权利"捍卫者"的手中捍卫动物权利》一文中批评了辛格的观点，他强调，辛格的文章对动物权利事业造成的后果是毁灭性的：

> 辛格关于人类与动物之间性关系的看法遭受广泛谴责，从主持人劳拉博士到《新共和》杂志，从各个动物权利网络群组到不同报刊的专栏板块都在发声。一切迹象都表明，针对辛格此番言论的集体谴责还会继续下去——理当如此。然而，我们却希望真相不会因此成为连带受害者：对动物权利的信仰固然可以被以很多种方式质疑，但我们绝不接受有人以"这种信仰赞成与动物发生性行为"为由而对这一信仰发起指责，并说它是邪恶的，因为这（"这种信仰赞成与动物发生性行为"）绝非事实。[1]

雷根解释道，辛格的主张源自他的功利主义观点，后者不承认动物拥有权利，并且认为善恶的评判取决于行为所造成的"满足的量"。而雷根则认为，如果允许与动物发生性关系，那么理论上就会导致人们没有理由不许与儿童发生性关系：

---

[1] T. Regan, «Defending Animal Rights From A "Defender"», *Nerve*, 3 avril 2001. Consultable sur http://www.all-creatures.org.

让我们想想"与儿童发生性关系"这种情形。恐怕没有动物权利的捍卫者会说：只要是在"私下里"发生，这种成年人与儿童之间的"相互满足的（性）关系"就称不上什么罪恶——相反，我们会在第一时间指出，这种行为是罪恶的。婴儿无法做出知情同意，无法说"是"，也无法说"不"。在这种情况下，与儿童发生性行为必然具有强迫性，必然是缺乏尊重的，因而也必然是恶的。兽交的情形与此同理。[1]

可问题是，这个论点不一定能很好地驳倒辛格，因为在辛格那里，恋童癖行为还真不一定构成一种"恶"。一位记者曾就那篇文章询问辛格，对兽交的解禁是否会引发对恋童癖的解禁，比如与十岁的孩子发生关系。辛格连眉头都没皱一下，便泰然答道："那得看这是否会对这名十岁的孩子造成伤害。"[2] 而瞠目的采访者再次追问他是否至少认为恋童癖"就是恶的"，辛格答曰："我是一个结果论者，我没有什么内在的道德禁忌。在我的观点看来，没有什么东西本身'就是恶的'，而都得取决于其造成的结果。如今人们对于恋童癖或兽交的态度与当年对于同性恋的态度没什么差别，只不过后者在今天已经有幸得到了改观。"[3] 可见，对辛格而言，这些行为是善是恶都取决

---

[1] T. Regan, «Defending Animal Rights From A "Defender"», *Nerve*, 3 avril 2001. Consultable sur http://www.all-creatures.org.

[2], [3] «William Crawley Meets Peter Singer», partie 3. Consultable en ligne sur YouTube.

于儿童和动物是否同意。

另一名动物权利事业的捍卫者加里·弗兰西恩敦促辛格辞去其泛类人猿计划组织主席的职务，因为辛格对兽交的支持有可能会被用作人类对动物的残忍行为的某种正当理由。"辛格太渴望成为聚光灯的焦点了，为此他甚至不惜鼓励人与动物之间的性行为——这是可耻的，他的这一立场应该受到明确且绝对的谴责。"[1] 弗兰西恩也批评兽交，不过却没有针对兽交本身，而是重在指出辛格"推定动物同意"这一观点本身的漏洞——仅就家养动物而言，它们的同意常常是被迫的，因为它们通常处于一种类似奴隶的状态中：

> 如果跨物种的性行为想要在道德层面上被正当化，那么这（至少）要以动物有能力对性接触做出知情同意为前提。尽管动物能够进行抽象思维……但它们无法就此类接触做出知情同意。即使动物可能会渴望与人类发生性接触，这也并不意味着它们"同意"此类接触……此外，彼得·辛格完全忽视了一个事实，即一只家养动物是无法对性关系表示同意的，这与一名人类奴隶无法对性关系表示同意的道理是一样的。所以鉴于"知情同意"这个关键条件无法满足，故而人类与动物之间的性接触无法在道德层面被正当化。因此，讨论这种接触是否构成所谓"残忍行

---

1 G. Francione, Lettre du 28 mars 2001, citée par E. Reus, «Lyncher pour ne pas être lynché. Réflexions sur les réactions suscitées par "Heavy Petting" de Singer», *Cahiers antispécistes*, 22.

为"——这着实是未得要领。[1]

面对这些来自自己阵营的反应，辛格则故作惊讶地指出，人们对人类与动物之间的性关系愤慨不已，而同时却对造成比前者更多痛苦的供应食用的工业屠宰安之若素，这岂不荒谬？如果我们承认人与动物同属一个物种且无论如何也不应区分二者，那么，食用动物就并不比与动物性交更可接受。换句话说，食用动物比跟动物性交更可耻。辛格解释道，在文章中，自己只不过"提出了'为什么人与动物之间一切形式的性关系都要被禁止，即使其中不包含任何对动物的强迫'这个问题"。在他看来，答案是"没有任何合理理由"，而且他坚持认为，"这些行为之所以被禁止，只不过是因为我们设想出了一条横亘于人类与动物之间的巨大鸿沟，而任何一种人与动物之间的性关系都有可能让这条鸿沟变浅"。[2]

然而，应该注意到的是，来自动物权利阵营内部的、针对辛格的反对声音，并非基于"人与动物交媾"这种行为给人类带来的耻辱，而只是基于某种假定的、来自动物的观点。因而对他们来说，问题只在于弄清楚动物是否同意。在雷根看来，"参与这种活动本身就有些不对。因为动物无法做出知情同意，动物也无法说出'是'或'不'"。[3]换句话说，他认为，如果动

1，2　G. Francione, Lettre du 28 mars 2001, citée par E. Reus, «Lyncher pour ne pas être lynché. Réflexions sur les réactions suscitées par "Heavy Petting" de Singer», *Cahiers antispécistes*, 22.

3　T. Regan, «Defending Animal Rights From A "Defender"», article précité.

物可以以明确方式给出它们的同意意见，那么这种活动就没什么问题。

因而，从这个角度看，我们觉得辛格还更自洽一点。对于某些辛格信徒来说，答案一目了然：考虑到动物（或至少是哺乳动物）的生理结构，它们显然有明确表达自己同意或拒绝的可能性，因而，没有任何理由禁止人类与它们发生性关系。比如，波兰的大学教授莫妮卡·巴克（Monika Bakke）就表示：

> 很多兽交爱好者指出，动物拥有借助其身体语言来表达同意与否的能力，而否认这种能力则是荒谬的——动物可以借由它们的爪子、牙齿和蹄子来表达反对。[1]

如果表达同意的鸿沟不复存在，那么兽交就是人类的未来——当然前提是，这种关系得是"相互满足的"。这就是莫妮卡·巴克的观点，她强调了"兽性恋"的重要性。在她看来，"西方科学"太过忽视"非人类动物的性欲"，不仅如此，"西方的人类中心主义"还透过禁止人与动物之间的性关系来"构建人类/非人类之间的边界"。[2] 然而这种禁止毫无道理："我们的身体与其他动物相似，一如我们的欲望也与它们相差无

---

[1] M. Bakke, The Predicament of Zoopleasures : Human-Non Human Libidinal Relations, in. T. Tyler, M. Rossini, *Animal Encounters*, Leyde-Boston, Brill, 2009, p. 225.

[2] Ibid., p. 222.

几……我们是动物的一员，或者说，动物中有一部分是人类。"[1]

拓展资料 与动物之间的何种关系才能被视为"相互满足"呢？

我们已经看到，一些动物权利理论家（如汤姆·雷根）对辛格立场中的一些激进部分表达了他们的保留态度。而其他人，尤其是一些女性主义活动分子，则对人们接受这种人与动物之间的性关系感到愤慨，因为这些活动分子认为，这种性关系不过是再现了人类异性恋性关系中"大男子主义"的暴力："女性因被强迫与动物发生性关系而被'兽化'，而动物则因被男性插入而被'女性化'。"[2] 因而，动物解放的话题在同一批作者所支持的女性主义理论或酷儿理论的视阈下愈加复杂。动物和女性都不应被视为任凭男性主导的异性恋性行为摆布的被动主体。在兽交中，男性可能会再现他们与女性之间的那种统治式的性关系。因而，这些未经同意的性关系可能会在现实中对动物造成创伤。不过，如果这种性关系是经过同意的，在此基础上，我们就有可能去设想某种平等的性行为和性关系，比如一名女性和一只宠物之间的性关系——这样的关系归根结底就是一种共同的爱情生活的延伸。这就是唐娜·哈拉维的观点，她称赞并满含爱意地讲述着自己与她的宠物母狗"卡宴辣椒小姐"之间的那些湿吻："我怎么抵挡得了她的那些湿吻

---

[1] M. Bakke, The Predicament of Zoopleasures : Human-Non Human Libidinal Relations, in. T. Tyler, M. Rossini, *Animal Encounters*, Leyde-Boston, Brill, 2009, p. 223.

[2] T. Hoquet, «Zoophilie, ou l'amour par-delà la barrière de l'espèce», *Critique*, 2009/8, n° 747-n°748, p. 680.

呢"？¹她的《伴侣物种宣言》甚至专门辟出了一个章节来讲述她与狗的"爱情故事"。她批判了传统话语中狗可以"无条件地去爱"²的说法，并试图证明人与狗之间实实在在的爱情故事有多么重要。就这一话题，哈拉维提及并赞扬了《我的小狗郁金香》这本书——该书作者阿克利是一名男同性恋，他在书中讲述了他与一只德国牧羊犬之间的关系，并最终成就了他生命中的一段"伟大的爱情故事"。³阿克利的叙述"充满了在亲身体验中获得的、在相互爱慕的过程中所包含的意味深长的细节"。⁴此外，哈拉维还在她的其他作品中特别提到了颓废（fin de siècle①）女同性恋与斗牛犬之间的伴侣关系："根据传统的美学标准，狗的丑陋面孔映射了女同性恋对于那种男性美的成规的拒斥。"⁵

而有关与动物发生性关系应该遵守的原则，可以看到辛格本人对此并未提出任何反对。对他来说，唯一的问题是弄清楚这些性关系是不是"相互满足的"。这些性关系不应对其中的任何一方造成强迫或痛苦。而其他动物权利捍卫者之所以坚持要对这些性关系进行惩罚，则仅仅是因为从动物的视角来看，

1　D. Haraway, *Manifeste des espèces de compagnie*, Paris, Éditions de l'éclat, 2010, p. 9. Cf. *infra*, p. 241.
2　Ibid., p. 40.
3　Ibid., p. 41.
4　Ibid., p. 42.
①　又译为"世纪末"，指具有19世纪末期特征的，尤指艺术、文化、道德方面。——译者注
5　D. Haraway, *When Species Meet*, Minneapolis, University of Minnesota Press, 2008, p. 304.

这些性关系是未经同意的。比如，伊丽莎白·德·丰特奈就曾遗憾地表示，"就像在面对儿童或残障人士的情形中一样"，与动物发生性关系的问题在于，在行为发生之前并未达成相互同意，故而我们可以说，在这些关系之中，人类实际上是"将其动物同伴物化成了某种绝非同伴的对象"。[1] 如此说来，我们或许还真应该像动物权利理论一样，搜罗、设置一批动物的"代理人"，让他们以自己所代表的动物的名义，代替后者同意或拒绝各种类型的关系。

只不过，真要这样做的话，讨论会在极短时间内就变得相当下流：鉴于让动物签署一份指明它们到底同意哪些类型的性关系这件事在实施上不太容易，因而我们就只能退而求其次，对不同类型的性行为进行区分——其中有一些"在理论上"相对更"温柔"，而有一些则更"粗暴"。而这似乎正是众多哈拉维信徒的共识。

---

[1] E. de Fontenay, «Interspécificité», 14 mai 2013, consultable sur https://www.franceinter.fr/info/interspecificite.

5　唐娜·哈拉维的宇宙大混合

以关于赛博格和后女性主义的作品而闻名于世的唐娜·哈拉维也同样支持一些可称为兽交的观点。不过，相比于其他学者，她在自己的作品中为该问题赋予了更为核心的地位。在辛格那里，兽交仅是一个"实践伦理学"问题（与动物发生性关系是否合乎道德，以及这种行为在什么条件下是合乎道德的？）；而在哈拉维这里，兽交则被放在一个截然不同的视阈下讨论。之所以这样说，是因为首先，对她来说，这是一个具有个人属性问题，我们可以看到，她在自己的作品中详述了她与她的狗之间的爱情关系。其次，不同于辛格，她不是个"步履沉重"的伦理学家，相反，她以一种轻松乃至有些幽默的方式来处理这个问题。最后，她对兽交的赞扬从属于一个更为庞大的设想，即"抹除"或"扰乱"物种之间的边界，推广各种"杂交"存在物——就比如她的《赛博格宣言》一文中著名的"赛博格"（cyborg）。对于这样一位与朱迪斯·巴特勒过从甚密的学者而言，拉近人与动物之间的距离，意味着进一步扰乱所有"二元对立"

之间的边界，比如：不同性别之间的边界、人与机器之间的边界、自然与文化之间的边界，等等。在哈拉维的宇宙大混合主义设想中，不再有人类，亦不再有动物：她的目标是让自己，当然同时也是让我们人类，消融于"自然-文化的大旋涡"之中。

哈拉维和她眼中的狗

在通过其提出的赛博格乌托邦而成功抹除人与机器人之间的界限之后，这位自称"已难掩衰颓"的学者和女性主义活动分子在其近作中又致力于抹除另一种区分，即人与动物之间的界限。相比于她之前的工作，如今这一理论的目标显得没有那么多的未来感，因而顺理成章，哈拉维也担心自己的读者提不起足够的兴趣。她讲述的就是她自己的故事：一段她与她"风华正茂"的狗狗"卡宴辣椒小姐"之间的爱情故事。在那本囊括了不少人狗之间"爱情故事"的《伴侣物种宣言》中，她也分享了属于自己的一段罗曼史，发生在一位"大学教授"（在讲这种故事的时候可千万不能忘了强调自己在高等教育界的职称）、"'精力充沛却也已难掩衰颓'的'白人'女性与一只'风华正茂'、'正值壮年'的宠物'狗'之间"。[1] 在《伴侣物种宣言》开篇的那段颇具煽动意味的文字中，她坦承不讳：

> 卡宴辣椒小姐一刻不停地占据着我的所有细胞……她

1　D. Haraway, *Manifeste des espèces de compagnie, op. cit.*, p. 9 et 10.

的唾液中可能含有病毒载体。可我又怎么抵挡得了她的那些湿吻呢？……她那柔软灵巧的红梅尔澳大利亚牧羊犬舌头清洁了我的扁桃体组织及其上分布的所有贪婪的免疫受体。谁知道我的化学感受器将她的这些信息送至何处？又或者，她从我的细胞系统中汲取了什么东西用来区分自我和他者，关联内部和外部？我们进行过不法的对话；我们做过口腔间的交流……本质上，我们都是伴侣物种。我们在肉体上彼此建构。作为超越物种差异的同伴，我们俩就是"爱情"这种严重的发育性感染的具体体现。可以说，这段爱情既源于历史的偏差，又源于自然-文化的继承。[1]

在自己的另一本书《当物种相遇》(*When Species Meet*)中，哈拉维又复述了这段文字——不难看出，这是她的得意之笔。在对自己的那些"湿吻"进行一番描绘过后，她又写道：

> 如何区分这一切呢？犬科动物、人科动物，宠物、教授，母狗、女人，动物、人类，运动员、主人。我们中的一个在其颈部皮下被植入了一块身份芯片，另一个则持有一本带身份照片的加利福尼亚驾照。一个拥有一份可以溯至其二十世祖的族谱，另一个却连自己的曾祖父母叫什么都不知道。一个是基因大混合的产物，被称为"纯种"；另一个也是基因大混合的产物，被称为"白种"。这些名

---

[1] D. Haraway, *Manifeste des espèces de compagnie, op. cit.*, p. 9 et 10.

称中的每一个都代表了某种不同的种族话语，而我们两个其实都是这些话语在肉体层面的后果的继承者。[1]

哈拉维与卡宴辣椒小姐之间的关系显然不是传统的关系（比如那种强制性的且粗暴的异性恋关系）可以比拟的，而与其更为接近的模式可能是某种平等的同性恋关系——这就是哈拉维的一位评论者所明确指出的。这位评论者更喜欢用"动物恋"（zooérastie）①而不是"恋兽"（zoophilie）来称呼这种关系。在与卡宴辣椒小姐的关系中，"'动物恋'不再延续异性恋性关系中的强制性，那种对女性化个体的压迫，而是呈现为一种具有同性恋性质的自由自愿的实践"[2]。

从这个角度看，将性"本能"从性行为之中完全分割出去的做法并非毫无意义。而哈拉维也在一些显然意在表现"热辣"的段落中描绘卡宴辣椒小姐的强烈性欲，尽管后者"在六个半月大的时候就被摘除了卵巢"[3]（可这不也是在唐娜·哈拉维的决定之下才进行的手术吗？）。她将卡宴辣椒小姐比作《星际迷航》中以性欲强烈而著称的女性克林贡人。哈拉维夸赞了卡宴辣椒小姐与X之间激烈的性行为，后者是哈拉维的伴侣饲养的一只"才华横溢的景观护卫犬"，拥有"丝绒质感

1　D. Haraway, *When Species Meet*, *op. cit.*, p. 15.
①　此为该评论者结合"恋兽"（zoophilie）和"男同性恋"（pédérastie）二词所造的新词。——译者注。
2　T. Hoquet, «Zoophilie, ou l'amour par-delà la barrière de l'espèce», *Critique*, 2009/8, n°747-n°748, p. 682.
3　D. Haraway, *Manifeste des espèces de compagnie*, *op. cit.*, p. 108.

的大舌头"。[1] 在书中，哈拉维细致描述了卡宴辣椒小姐与这只"未经阉割"的狗之间以舔舐和骑跨的方式发生的性关系，并指出，这些性关系"嘲讽了以生殖为目的的异性恋性关系霸权。"[2] 因为，在此过程中，它们的性行为与卡宴辣椒小姐身体的完整性并没有关系。

哈拉维之所以对自己与其狗狗之间的那些"湿吻"如此着迷，并非出于这种关系本身，而更多的是因为这种关系所带来的物种之间的混合和混淆。在与卡宴辣椒小姐的刻骨铭心的故事之外，哈拉维其实有更为宏伟的蓝图——打破物种间的藩篱。不同于辛格及其一些追随者斟酌人类与个别动物之间进行结合的利弊，哈拉维单纯就是享受自己所引入的混乱，因为这种混乱扰动了她眼中的那些武断专横的分类。这就是她在自己那篇《赛博格宣言》中所追求的目标，她称之为"为边界混乱的乐趣所做的辩护"[3]。

目前哈拉维之所以特别关注狗，是因为狗是"伴侣物种"的最佳范例——人与狗共生共存。本质上，人和狗都是"伴侣物种"。在哈拉维看来，狗恰巧处在人与动物之间、社会/文化与自然之间的边界位置。对此，她解释道："我对栖息在边界的生物感兴趣。狗栖息在文明世界与其背后的野性自然的边界之上。狗是被贬黜的狼，它们谈论着不自由。它们向我们诉

1，2　D. Haraway, *Manifeste des espèces de compagnie, op. cit.*, p. 110.

3　D. Haraway, *Manifeste cyborg et autres essais*, Paris, Exils, 2007, p. 31.

说人类意志在自然界中的实现。"[1]哈拉维指出，我们不应仅在抽象层面描述或思考人与狗之间的这种亲密性，而应该亲身体验、起而行之。动物之于她，并非某种"思考对象"，而是生活伴侣："狗并不是某种理论的替代物，它们并不是专门为我们提供'思考材料'而存在的。它们就生活在我们中间。"[2]不应该将动物工具化，让它们服务于这样或那样的哲学论点。所以，哈拉维严厉批评了吉尔·德勒兹（Gilles Deleuze）和费利克斯·加塔利（Félix Guattari）在《资本主义与精神分裂——千高原》中谈论"生成-动物"[3]时对动物的使用。也正是出于这个原因，哈拉维写了一本大部头的作品——《当物种相遇》，书中提到了她与她的狗共同参加的犬敏捷运动。在她看来，这是狗与主人相伴共生、建立"接触区域"的完美典范。

此外，哈拉维也对其他处于人类与动物之间的边界上的动物有兴趣，比如灵长类动物——她甚至还为它们专门写了一本

---

[1] J. Raskin, «Donna Haraway : Interview with a Dog Lover on a Dog Day Afternoon», *Santa Rosa Press Democrat*, 14 septembre 2003. Consultable sur monoskop.org.

[2] D. Haraway, *Manifeste des espèces de compagnie, op. cit.*, p. 13.

[3] 他们认为应该生成一个"狼的集群"，以区别于有人情味的家养动物和俄狄浦斯式的、使人退化的动物的主张，在哈拉维看来，这不过是一种令人无法忍受的"大男子主义"偏见。哈拉维仅凭三言两语便跟这二位算了账："纵然哲学圈内向来聚讼纷纭，但我还真不确定在圈中有（比他们的观点）更能清晰展现厌女症、恐老症、对动物缺乏好奇心以及对肉体的普遍性的恐惧的了。"(*When Species Meet, op. cit.*, p.30.) 他们的观点是纯粹抽象的，与那些具体的、活生生的动物毫无关系，尤其是与"这个世界上的狼，平凡却活生生的狼"毫无关系：但凡他们真正关注过一点这些动物，也不会想到将它们作为反俄狄浦斯的样本，因为在狼这一物种当中，氏族是依照"父亲-母亲-幼崽"的模式经由多个世代而构成的。而德勒兹和加塔利仍对动物持有一种非常传统的哲学观点，将动物视为基于纯粹抽象和论证性目的而被虚构出来的简单对象。

书，题为《灵长类视觉》。她作品中谈及的狗和灵长类动物是此类哲学的公认范例，因而不足为奇，她的新奇之处在于，她想走到一个比这些范例要远得多的地步：人类应该与包括植物与微生物在内的整个生物世界融为一体。哈拉维热切憧憬着与"稻米、蜜蜂、郁金香、肠道菌群以及其他所有对人类生存有至关重要作用（反之亦然）的有机生物相互交织、融合"。[1] 也就是说，她希望在一种坚定的酷儿精神的指引下，消除不同物种之间、不同类别之间的边界："我希望自己的作品被视为一种具有矫正性的实践，被用来学习重铸亲属关系，以创造一个人们不那么熟悉却更美好的世界……正是我酷儿家族的成员们教会了我如何确定亲属关系和物种，这些成员中有女性主义者、反种族主义者、学者、研究人员、实验室中的转基因啮齿动物、赛博格、爱狗人士、吸血鬼、谦卑的见证者、作家、分子、活的以及被制成标本的猿……今后，对于从未成为人类也从未现代过的人来说，一切的宇宙关联都可以在某些非欧几里得几何体系中得到溯源。"[2]

在哈拉维的一些信徒那里，这一囊括所有生物的大融合设想暴露出了极为激进的一面。在一个名为"母狗"的项目中，两名法国女学者计划理解、探讨"雌性生物间的团结"。在她们看来，物种界限不过是某种"围绕身体和客观化生命体"的分类癖所导致的"唯名论障碍"，并且这种疯狂的癖好在"涉及性别、种族和物种分类方面"体现得空前强烈。她们愤怒地质问：

---

[1] D. Haraway, *Manifeste des espèces de compagnie, op. cit.*, p. 22.

[2] D. Haraway, «Introduction: A Kinship of Feminist Figurations», in D. Haraway, *The Haraway Reader*, Londres, Routledge, 2004, p. 2 et 3.

"那些被归入'雌性'类别的身体都有谁？"故而，她们倡议，从今往后，团结就是一项政治任务，不仅要团结"母狗、母牛、母羊、母鸡、母猪"姐妹，还要团结"细菌姐妹"[1]……在其他人那里的共生设想与其说是激进，不如说是神秘，比如阿方索·林吉斯(Alphonso Lingis)，在《危险的感情》(*Dangerous Emotions*)一书中，他专辟一章歌颂了"兽交"。这中间，林吉斯使用了一些相当夸张的措辞——这些措辞后来几乎原封不动地被哈拉维引用："我们也与稻米、小麦和麦田共生，与浆果丛和菜园共生，与固氮细菌共生——这些细菌也与那些植物的根系共生，帮助它们生长，滋养它们的茎、叶、种子或果实。我们也会在四处走动中感受到自己与其他哺乳动物、鸟类、爬行动物和鱼类的共生。"[2] 但，何必止步于生物世界？哈拉维的另一位继承者巴克就将这一融合的意愿推向了极致，并宣称，自己所鼓吹的"兽交"是"一种游牧的、涵盖性的驱力，这种驱力穿过人类、动物、植物乃至无机物的身体表面"。[3]

一位反对生物学的生物学家

除了这种近乎神秘的、想要抹除物种间屏障的意图，哈拉

---

[1] «Chiennes». Appel à contributions par F. Arena et E. Dorlin. Consultable sur le site https://commentsensortir.org/.

[2] A. Lingis, *Dangerous Emotions*, Berkeley-Los Angeles, University of California Press, 2000, p. 27.

[3] M. Bakke, «The Predicament of Zoopleasures : Human-Non Human Libidinal Relations», article précité, p. 228.

维还透露了一个既属于认识论又属于本体论的计划。该计划旨在质疑生物学乃至一切"客观科学",甚至推而广之,谴责一切分类或抽象思考的念头。就像哈拉维的两位信徒所说的,她的目标并不是"建构一些传统意义上的理论",而是"让世界爆炸和偏转"。[1] 或者,用哈拉维自己的话说,"要让那些被视为理所当然的事物变得奇怪起来,将它们'酷儿化'"。[2] 可见,哈拉维的计划中不仅明确包括某种与自然的神秘融合,还包括要摧毁一切客观、理性的思维。

哈拉维还经常把自己学习生物学的经历挂在嘴边——实际上不过是一个生物学史的博士学位,主攻生物学中被想象出来的事物。在这一领域,她动不动就玩"诉诸权威"① 的把戏,并且喜欢在自己东拼西凑出来的"论据"(包括科普和科幻作者的言论)中再掺入一些科学家的言论。她从生物学得到的结论是,生物学已然证明人与动物之间并无区别:在这一点上,哈拉维倒是乐于以"达尔文的忠实女儿"[3] 自居。得益于进化论,"在20世纪晚期的美国科学文化中,人与动物之间的边界已经近乎崩溃",如今,这一边界只不过是"一道被意识形态斗争或社会

---

1 M. Grebowicz, H. Merrick, *Beyond the Cyborg. Adventures with Donna Haraway with a "seed bag" by Donna Haraway,* New York, Columbia University Press, 2013, p. 15.

2 D. Haraway, «A Game of Cat's Cradle : Science Studies, Feminist Theory, Cultural Studies», *Configurations,* 2/1, hiver 1994, p. 60.

① "诉诸权威"是一种典型的逻辑谬误,指在论证过程中,罔顾事实或论证本身的逻辑关系,单纯乃至片面援引某领域权威人士或假权威人士的话语以增强论证力度的做法。——译者注

3 D. Haraway, *Manifeste des espèces de compagnie, op. cit.,* p. 22.

科学与生命科学之间的专业争论所不断重新刻画的轻微痕迹"。[1]

到此处为止,一切看起来没有大问题。只不过,我们在鼓吹物种混合的时候,仍存在一个科学上的难题。有一门科学学科叫免疫学,它已经证明一切生物都不能随意混合,并且不仅不同物种之间不能随意混合,而且同一物种中的不同个体之间也不一定能随意进行物质交换。若两个个体之间不具备免疫兼容性,则在二者之间实施器官移植时一定会出现强烈的排斥反应,以及相应的强力免疫抑制治疗。人们常说,免疫学是一门定义"自我"与"非我"的科学,因而在这个意义上,免疫学与哈拉维的计划可谓针锋相对——后者主张抹除不同生物之间的边界,推动各种形式的杂交。

不过,对哈拉维来说,这都不算问题:在她看来,免疫学应该被终结。所谓"免疫系统"的概念,不过是某种"使建构和维持'自我'与'他者'之间边界的行为变得有意义的计划"。[2] 而免疫力,与其说是一个研究主题,还不如说是一个生命政治神话,是热带殖民医学留下的糟粕。为了论证自己的主张,哈拉维不惜将新闻报道或大众读物中对免疫力的描述与该领域中的专业刊物对免疫问题的探讨混为一谈。在她看来,可以"根据共享特性"去"想象"某种新型免疫力:

(这种想象也可以)根据与其他事物(人类和非人类、

---

[1] D. Haraway, *Manifeste cyborg, op. cit.*, p. 33 et 34.

[2] D. Haraway, *Des singes, des cyborgs et des femmes. La réinvention de la nature*, Paris, Actes Sud, 2009, p. 357.

内部生物和外部生物）接触的半透明自我（进行），但这种接触总伴随有限的结果；可以根据与个体化和认同相关的可能性和不可能性；还可以根据部分的融合及其相关的危险。后现代"自我"面临多种多样的问题，这些都被免疫学领域纷繁复杂的话语表征和压抑，而实际上，它们应该被整合到其他西方话语和多元文化话语之中——这些话语已经开始在健康、疾病、个体性和死亡等问题上发出声音。[1]

可惜，至少在目前，情况并非如此——免疫力是一个无法回避的现实。因而，对传统科学感到失望的哈拉维，在一些蹩脚的科幻故事中找到了其他"论据"，并且在其大部分作品中，她都在过度使用这些"论据"。在现实中，似乎各个物种并不能如她所愿地进行混合。不过这没关系：只需引用一下美国黑人女作家奥克塔维娅·巴特勒（Octavia Butler）的话就能轻松应对——这位作家"以冷静而乐观的态度"反思了人类的边界以及融合"自我"与"非我"的"多元文化的伟大计划"。在一个名为《克雷的方舟》的故事中，这位作家描绘了某种外星疾病被宇航员带回地球进而蔓延的情景。这种疾病影响被感染者的每一个细胞，并深刻改变了被感染者自身，迫使他们"与内在的'他者'以及双亲被感染的孩子之间建立一种被转变的关系。如果说这些孩子的四足形式给他们明确烙下了野兽的标

---

[1] D. Haraway, *Des singes, des cyborgs et des femmes. La réinvention de la nature*, Paris, Actes Sud, 2009, p. 391.

记,那么在同时,也可以认为,这些孩子也象征着人之意义的未来"。[1] 这部小说中所谓的"多元种族"男女,在后面的故事中将肩负起与外星他者建立新关系的使命。在这个故事之后,哈拉维又引用了这位大作家的另一部作品《莉莉丝的孩子:破晓》,该书探讨了近亲繁殖所孕育出来的暴力,并呼吁抵制繁殖过程中"重塑同一性神圣形象"[2] 的倾向。

此外,在《赛博格宣言》中,哈拉维又将另一则科幻故事作为支持边界抹除以及物种混合这一主张的论据。这一故事来自冯达·麦金泰尔(Vonda McIntyre)的《超光速》(*Superluminal*),该书"对僭越有特别丰富的描写",是一本打开了一个生存着"有潜力而又危险的怪物(它们有助于重新定义化身和女性写作中的快感和政治)"[3] 的世界之门的书。这里讲述的是经过基因改造的潜水员奥卡的故事——她生活在深海,可以与虎鲸对话,但她梦想成为一名宇航员。为此,她通过各种方式(从病毒到外科移植)在自己体内植入"可能危及她作为潜水员家族以及鲸类家族成员身份的仿生元件"。[4] 故事中的另一名角色拉埃内阿,为了能够进行超光速旅行,接受了将自己人类心脏替换为仿生机械的改造。第三名角色拉杜·德拉库,在一颗遥远星球上感染某种疫病之后,获得了一种新的时空感知能力。按哈拉维的说法,这些人物都"探究语言的极限、

---

1 D. Haraway, *Des singes, des cyborgs et des femmes. La réinvention de la nature*, Paris, Actes Sud, 2009, p. 391 et 392.

2 Ibid., p. 392 et 393.

3、4 D. Haraway, *Manifeste cyborg, op. cit.*, p. 78.

共享经验的愿望，以及在一个充满变化和纷繁连接的世界中，探询边界、偏见和亲密关系是否还有必要"。[1]

这些引用倒是非常能哄她的粉丝开心，同时更清晰展示了哈拉维究竟要用怎么样的一锅令人瞠目结舌的大杂烩（科幻小说、漫画、黑客文化、关怀伦理学、网络行动主义）来取代免疫学。

总而言之，对于"女性主义科学研究"而言，问题已经解决了——生物学就是一门大男子主义的科学。哈拉维因"主张科学客观性不过是一个圈套，只存在'情境化'的科学"而声名鹊起。借由"情境化知识"这个概念，哈拉维质疑了科学的"弱客观性"。而科学家意图成为的"谦卑的见证者"则不过是一种厌女的人物形象。这种客观性，即"将自己隐去，让自己变得不可见"，是"一种现代特有的、职业化的、欧洲的、男性化的、科学意义上的谦逊，被视作一种美德"。[2] 据哈拉维说，这种厌女症表现在男性灵长类动物学家之前所传播的有关灵长类动物的观点上——这种建构被长期维持，直到女性灵长类动物学家出手才将其打破，并且，她们还证明，在物种进化的过程中扮演核心角色的是雌性灵长类动物。此后，哈拉维的热心女读者德尔菲娜·加尔迪（Delphine Gardey）又接着她的思路说，必须"在科学共和国的普世价值中引入'混乱'，以扰乱

---

[1] D. Haraway, *Manifeste cyborg, op. cit.*, p. 78.

[2] D. Haraway, «Le témoin modeste : diffractions féministes dans l'étude des sciences», in *Manifeste cyborg et autres essais*, Paris, Exils, 2007, p. 310-311.

主体、自然、科学和文化等现代虚构为乐"。[1]

具体到免疫学，在各种免疫学理论中，只有生物学家林恩·马古利斯（Lynn Margulis）和她儿子多里昂·萨根（Dorion Sagan）的内共生学说能入哈拉维的法眼。该学说"为她提供了伴侣物种用来认识它们的共生体所需要的肉体和形式"。[2] 马古利斯先从自己的发现出发（该发现曾一度有争议但后来被广泛接受），即最早的真核细胞（拥有细胞核的细胞）是由原核细胞（无细胞核的细胞）经过成分整合后出现的，在此基础上，她提出了一个更为广泛但同时也远未被证实的学说，认为来自不同的界别生物体之间的共生互动才是基因发生改变的起源。根据哈拉维转述的马古利斯和萨根的观点，"基本的故事其实非常简单：更为复杂的生命形式是不同生命形式的日渐交错、日渐多向的结合行为的持续性结果。出于生存的目的，生物体之间相互捕食，但它们只能部分地消化对方。结果是有很多消化不良的情况出现，更不用说排泄了，其中的某部分又成为新的'一—多'并存的复杂结构的载体，继续错综复杂的演化结合之旅"。[3]

涉及这种共同进化，哈拉维最喜欢的一个形象是"悖论混毛虫"——这是一种生存在澳大利亚白蚁肠道中的寄生虫，先前被马古利斯提及，后来被哈拉维拿来证明一切有关于"有限

---

[1] D. Gardey, «Au cœur à corps avec le *Manifeste Cyborg* de Donna Haraway», *Esprit*, 200/3, mars avril 2009, p. 209. 德尔菲娜·加尔迪也曾为一直以来难以将这些"美国作品"翻译成法语而扼腕——确实困难。

[2] D. Haraway, *When Species Meet, op. cit.*, p. 30.

[3] Ibid., p. 31.

自我"的观点都是错误的："让我们来看一个现实中存在的例证：在现代澳大利亚白蚁的后肠中，有一种被命名为'悖论混毛虫'的复杂生物。这种微生物看起来像一团纠缠在一起的混乱'毛发'，充满悖论——它因此而得名。而仅凭这一小小的丝状微生物就足以反衬出'单一自我'这一概念的荒谬：后者为了保护其基因围城而将自身包裹在防御之中，而同时也将自身限制在其中。"[1] 在哈拉维眼中，该生物的存在意义重大，因为它"是由一系列科学技术关系产出的，这些关系包括实验室中的设备、飞机旅行、整个动物学和生物分类学的历史，以及澳大利亚的殖民地科学"。[2] 在马古利斯和悖论混毛虫的非自愿支持下，哈拉维可以设想某种源自"禁忌交配"和"怪异盛宴"的共同进化。

迈向边界"大模糊"

然而，在生物学之外，哈拉维有更为宏大的目标——扰乱一切边界。从《赛博格宣言》开始，她就确立了一个目标，即抹除人与机器之间的边界，宣告赛博格时代的来临。"赛博格"是一种半人半机的后性别生物，被视为"社会主义女性主义者"的某种标杆，因为它是人类用自然材料制造出来的"人工制

---

[1] D. Haraway, «Preface. Cyborgs and Symbionts. Living Together in the New World Order», in 1995 in C. H. Gray, *Cyborg Handbook*, Londres, Routledge, 1995, p. XVII.

[2] D. Haraway, *How Like a Leaf : An Interview with Thyrza Nichols Goodeve*, Londres, Routledge, 1998, p. 84.

品"，是自然与文化的混合物。在哈拉维看来，整个现实都是被建构出来的，而自然与文化之间也不再有区别：这就是她所谓的"人工事实主义"。而赛博格恰巧能超越一切二元对立，如身心对立、精神与物质的对立、人工与自然的对立……"我之所以创作赛博格神话，是为了讨论被僭越的边界、有力的融合以及危险的可能性。"[1] 赛博格呼应了她后来提出的"伴侣物种"概念，并且在本篇宣言中，哈拉维已经用矫揉造作的风格预告了自己之后要鼓吹的观点："赛博格预示着某种既令人不快又令人愉悦的激烈交媾。在这种夫妇般的交换循环中，兽交被赋予了全新的地位。"[2] 狗与人之间不应再有区别，人与赛博格之间也不应再有区别，因此，根据逻辑推导，狗与赛博格之间同样不应再有区别："赛博格的世界也许是一个由身体和社会现实构成的世界。在这个世界中，人们既不惧怕与动物和机器的双重亲属关系，也不惧怕那些始终都不完整的观念或始终充满矛盾的看法。"[3] 实际上，赛博格神话旨在消解一切我们可以想象的身份："充斥在女性主义科幻小说中的那些赛博格形象，撼动了诸如男性、女性、人类、人工制品、种族以及超越身体的文化实体这些身份原有的地位，让它们从毋庸置疑的事实变成了有待商榷的问题。"[4] 因此，并不存在什么女性的身份——这也正是她论证的目的之一：

1　D. Haraway, *Manifeste cyborg, op. cit.*, p. 37.
2　Ibid., p. 34.
3　Ibid., p. 38.
4　Ibid., p. 76.

"身为"女性并非某种自在的状态，相反，这意味着从属于某种高度复杂的范畴——这一范畴是在各种关于性别的科学话语以及其他同样值得商榷的社会实践中被建构出来的。[1]

　　哈拉维或许是最坚决、最明确地贯彻巴特勒"摧毁身份"这一教义的人——不仅要"消灭"男人，还要消灭西方。她指出，"黑人妇女或墨西哥裔美国妇女的斗争"应该被用来指导"消灭'西方'这一概念及其最重要的演绎结果。这一演绎结果既非'动物'，亦非'野蛮人'，又非'女人'，而是'男人'，具体来说，是'男人'这个缔造了被称为'历史'的宇宙的身份所掌握的优势地位"。[2]

　　在摧毁各种身份之余，哈拉维甚至也对一切意图定义、分类以及使用理性思维的尝试表达了怀疑。她不仅要摧毁各种身份，同时还要摧毁论证推理的一切可能性。甚至，连试图定义某个事物的想法本身在她眼中都是可疑的。因此，何为动物无法定义，甚至连某个特定的动物种类也无法定义。因为，如果我们开始定义何为动物，那么最终将导致我们定义何为男人、何为女人，继而导致一系列的歧视，这真称得上是"细思恐极"。对哈拉维来说，也不能有类别，不能有抽象思维：只存在模糊的个体、怪物和混合体，无一例外，全部如此。可以说，她在此处到达了某种唯名论的极端，即拒绝定义任何事

1　D. Haraway, *Manifeste cyborg, op. cit.*, p. 39.
2　Ibid., p. 41.

物——但凡试图定义，就是重新掉入本质主义的窠臼，而本质主义正是理性思维所背负的原罪。在哈拉维及其信徒所渴望放浪其中的"普遍流动"之中，一切身份、一切合理性都将不复存在。因而，当她的信徒德尔菲娜·加尔迪说哈拉维的作品是一项"破坏西方思想范畴稳定性的激进事业"[1]的时候，我们应该将之理解为一种称赞。

这个"自然-文化的大旋涡"概念最诡异的理论应用之一，被用于消解身体与心灵之间的二元对立，并且这种消解似乎是以心灵的胜利为最终方向的。在这里，在巴特勒那里已经初现端倪的诺斯替主义被推向极致。对哈拉维而言，物质与精神之间的对立根本就没有存在的必要。在她看来，没有什么是只有物质性的，尤其对身体而言。身体，始终也是某种意义的体现。哈拉维说，她本能地"坚持物质性和符号化过程之间的联系；和基因一样，肉体也不是某种单纯的物。而应该说，肉体符号化过程中有形的一面包含了亲密性、身体、血腥、痛苦和多汁等色调"。[2] 没有故事，身体就不存在；没有意义，世界就不存在。我们的身体不过是一些"隐喻"："所谓理解世界，就是生活在各种故事之中。在故事之外而又在世界之中——没有这样的栖身之所。而这些故事又被文字固定在这些物体之中。又或者说，物体是冻结的故事。而从最字面的意义上来说，我

---

1 D. Gardey, «Donna Haraway. Poétique et politique du vivant», *Cahiers du Genre*, 2013, 2, n° 55, p. 172.

2 D. Haraway, *How Like a Leaf*, *op. cit.*, p. 86.

们自己的身体就是某种隐喻。"¹在哈拉维那里，故事优先，正如在巴特勒那里，规范优先：相比之下，身体问题总是次要的——如果身体在她们那里还存在的话。混杂倒是自始至终都存在："肉体与意义、身体与词语、故事与世界，所有这一切都在自然-文化之中混杂纠缠。"²尤其在性行为领域，身体不具备任何必然性。对哈拉维和巴特勒来说，生物学意义上的"被给予"不具备任何限定性。"性别化繁殖的意识形态不再能够理所当然地将性别和性别角色视为生物体和家庭这些自然对象的有机特征。"³在哈拉维那里，"现实不独立于我们对它的探索而存在"，⁴现实不是自在的，并不存在"现实本身"。

而颇为奇异的是，哈拉维将这种对身体和世界的"属灵"视角归功于她"在一个天主教的家庭环境中"所受的教育。在她的天主教童年中，她"将自己看作充斥着符号性实体世界的一部分，而这些实体在她的日常生活中有非常真实的存在"。⁵在她对"圣事主义"①的理解中，天主教实际上就是一项普适的"符号化"事业。哈拉维强调了自己"深受天主教象征主义

---

1 D. Haraway, *Manifeste cyborg, op. cit.*, p. 106.
2 D. Haraway, *Manifeste des espèces de compagnie, op. cit.*, p. 28.
3 Ibid., p. 50.
4 D. Haraway, «La seconde sœur d'OncoMouseTM» in É. Hache, *Écologie politique. Cosmos, communautés, milieux*, Paris, Amsterdam, 2012, p. 231.
5 J. Schneider, *Donna Haraway. Live Theory*, New York, Continuum, 2005, p. 6.
① 圣事主义是一种天主教思想流派，强调宗教仪式的重要性和功效，认为其有助于让信徒更接近上帝。——译者注

和圣事主义的熏陶——'道成肉身'和'圣餐变体'①的教义都具有强烈的物质性。而天主教生活中根深蒂固的象征化活动不仅依附于物质世界，而应该说，这种象征化活动本身就是物质世界"。[1]在哈拉维看来，天主教既是言语，又是物质世界。因而，她从不接受分离物质和符号的主张。对这位新型诺斯替主义者而言，整个世界都是属灵的。她曾一度颇为狂热地告解道："由于我的灵魂被打上了不可磨灭的天主教教育的烙印，我在espèce②一词中体悟到了圣体圣事中'真实临在'的教义——基督的身体和血以两种形态（面包和酒）真实地存在，二者都是基督肉身的实质变体。因而，espèce一词展现了物质与符号在肉体之中的结合。而这种结合方式不见容于美国学术界中的新教世俗主义世界观，以及符号学这门人文科学中的大多数分支。"[2] 英国护教学家切斯特顿（Chesterton）曾说过一句名言："现代世界充斥着发了疯的基督教美德。"而哈拉维本人为这句话提供了一个鲜活的例证。

然而，哈拉维的这一立场是存在一些悖论的。一方面，她不断重申，自己的目标是"搞乱"、"抹除"、"混淆"或"取消"各种边界——她甚至认为这些边界实际上已经崩塌了，尤

---

① 圣餐变体论或圣餐质变论是天主教核心教义之一，该教认为圣餐中的饼和酒会通过圣餐礼质变为基督的身体和血液。这也是天主教与大部分新教教派之间争论的焦点之一。——译者注

1　D. Haraway, *How Like a Leaf, op. cit.*, p. 86.

② 此处的"espèce"一语双关，既指代被祝圣过的、被认为是基督的身体和血液的饼和酒，即"圣体"，又指代哈拉维所关注的"物种"问题。——译者注

2　D. Haraway, *Manifeste des espèces de compagnie, op. cit.*, p. 23.

其是人与动物之间的；而同时，在另一方面，她的另一个工作主题，却是主张人们关注"栖息在边界"的生物，比如各种混合体、酷儿以及怪物——对于它们，哈拉维一直都不吝赞美之词。[1] 而这正是她撰写《赛博格宣言》的目的所在："我之所以创作赛博格神话，是为了讨论被僭越的边界、有力的融合以及危险的可能性。"[2] 除了赛博格，她还赞美"诡计者"[3]——欺骗之神，"这位现象的扰乱者，颠覆了我们对人性的一切表征，无论是古典版本的、《圣经》版本的、科学版本的、现代主义版本的、后现代主义版本的，还是女性主义版本的，统统无一例外，全部被颠覆"。此外，她也赞美梅斯蒂索人①，这些墨西哥裔混血儿"讲着未被承认的混合语言，生活在历史和意识的边缘"。然而很明显，哈拉维提出的两个命题是相互矛盾的：如果连边界本身都已被抹除，又何谈那些或偷偷摸摸或光明正大地跨越这些边界的所谓"边界存在者"呢？如果边界都已不复存在，又何谈身份，更何谈围绕这些身份展开的游戏呢？就算我们想要像哈拉维那样（这偶尔也可以理解），领略一番"既令人不快又令人愉悦的激烈交媾"的风味，就像赛博格所预示的那种"夫妇般的交换循环"[4]，我们也仍需留存一些

---

[1] J. Raskin, «Donna Haraway : Interview with a Dog Lover on a Dog Day Afternoon», article précité.

[2] D. Haraway, *Manifeste cyborg*, *op. cit.*, p. 37.

[3] "诡计者"是美洲原住民和非裔美国人信仰中的人物，形象类似一个机灵的小孩或骗子，是人神之间的中介，虽然喜欢捉弄人，但仍被人们敬畏。

① 梅斯蒂索人是西班牙和葡萄牙殖民时期，欧洲殖民者与美洲原住民通婚而形成的混血族群。——译者注

[4] D. Haraway, *Manifeste cyborg*, *op. cit.*, p. 34.

边界。如若不然，我们就会退回到某种原初的、无所谓僭越的"混沌未分"的状态中，退回到科学家所说的"原始汤"，或者希腊神话中孕育人类的"卡俄斯"（混沌）。而实际上，我们看到，在她们一次又一次地呼吁抹除或扰乱一切边界的努力之中，哈拉维和巴特勒所憧憬的似乎还真就是这种状态。

这种拒绝一切形式的区分的行为其实也是对象征秩序的拒绝，拒绝象征秩序通过语言和理性在现实之中所做出的划分。这些边界不仅分隔出了"所有二元对立"，其实也区分了不同的存在物，尤其区分了不同的性别以及各种动物物种，最后也区分出了各种概念。然而，哈拉维拒绝接受一切被她称为本质主义的定义：哪怕是尝试对某个概念做出定义，在今天都常被视为某种"反动"姿态。恰如法国哲学家弗朗西斯·沃尔夫（Francis Wolff）所点出那样："我们这个时代不喜欢定义。所有'什么是××'型的问题在这个时代都疑似带有'本质主义'的秽气……甚至连这种问题本身都显得'反动'。"[1]这一点评完完全全适用于哈拉维——在她看来，没有什么是可被定义的，一切都是流动和混合的。然而，这一主张显然是自相矛盾的，因为与此同时，哈拉维本人还在不断地提出一些她信以为真的、被明确定义的命题。

---

[1] F. Wolff, «La question de l'homme aujourd'hui», *Le Débat*, 2014/3, n°180, p. 18.

6 为"例外主义"辩护
——人类的例外主义,以及动物的例外主义

不得不说,当今涉及动物的最为明智的观点并非出自哲学家之口,尤其不是在这一问题上被广泛引用的那些哲学家。如今,在所有自诩严肃的哲学家之间流行的口号是:终结"人类例外主义"。[1] "人"与"动物"之间的关系问题基本上在达尔文那里已经被解决了,而今唯一要做的只不过是在各个领域得出这一问题的具体结果。与其他动物一样,人类也是一种动物,同时,"我们与其他类人猿的基因相似度高达 98%"的著名论据也足以终结一切有关人兽之别的传统论战。具有医学背景的英国作家雷蒙德·塔利斯(Raymond Tallis)在其书《"猿"份弄人》[2]中就对这一思潮做了一番幽默的勾勒。他将这些常见却又错误的、对于达尔文理论的应用戏称为一场"达尔文炎

---

1 Pour reprendre le titre d'un livre de Jean-Marie Schaeffer, *La Fin de l'exception humaine*, Paris, Gallimard, 2007.
2 原名为 *Aping Mankind*,或者可以更为直白地译为《化人为猿》。

症"的流行，他还观察到，这种炎症时常伴有"神经狂热"发作，即笃信"一切都可以通过对大脑及中枢神经的研究而得到解释"的病症，相信那些人类最崇高的行为（爱、道德、宗教、音乐、哲学）都可以用达尔文的术语来解释，并且相信解开人类文化在所有领域的谜团的钥匙就藏在大脑之中。塔利斯的戏谑不无道理，他还指出这一思潮中所蕴含的重大悖论，那就是人类智慧的两项最为杰出的发现——达尔文的进化论和神经科学最终却被用来证明人不过是一种动物，这实在是莫大的讽刺。[1] 同样，在法国，生物学家阿兰·普罗奇安茨（Alain Prochiantz）也时常讽刺那些所谓的动物"文化"或荷兰动物学家弗朗斯·德瓦尔（Frans de Waal）笔下的"猴子政治"[2]：不能因为我们与黑猩猩在基因遗传物质上有99%的相似度，就认为那剩下的1%没有包含人类与它们的本质区别。尽管与所有当代生物学家一样，普罗奇安茨本人也是达尔文理论的拥护者，但是他也提醒人们注意：我们固然是动物，但我们也是有能力制定规则的动物，尤其是制定不被丛林法则支配的规则。我们一直以来对动物的关切以及对虐待动物事件的愤慨恰恰证明了一点："我们固然拥有一部分兽性，并且坦然承认这一事实很重要——哪怕只是为了更好地克制它。然而，我们之所以能做出保护动物的决定，是因为我们（在作为动物的）同时也

---

[1] Cf. R. Tallis, *Aping Mankind : Neuromania, Darwinitis and the Misrepresentation of Humanity*, Londres, Routledge, 2014.

[2] 这里指的主要是德瓦尔所著的 *Chimpanzee Politics : Power and Sex Among Apes*（Baltimore: The John Hopkins University Press, 1982）。

是拥有理性的存在物——这恰恰让我们能够在一定程度上摆脱被人们误称为'自然法则'的因素的支配。"[1]

"反例外主义者"的论据主要集中在展示，每当我们在人与兽之间设立某种屏障，这些屏障都会迅速崩塌。这也正是让-马里·沙非尔（Jean-Marie Schaeffer）在反讽中提出的主张：在作为区分人兽的标准的"灵魂"崩塌之后，接替其位置的是"自由"，随后是"理性""语言""适应性语言""可完善性""文化""道德""历史"……这本身就证明了不存在任何站得住脚的划分人兽的标准，而人类也因此不得不一次又一次地重新杜撰出新的检验标准，以维持与动物之间的距离。这是个相当粗略的举例论证，而实际上，我们应当进一步探究"各种新差异不断涌现"这个事实本身。对此，法国哲学家艾蒂安·邦柏内（Étienne Bimbenet）可谓一针见血，他指出，我们应该更严肃地反思这些差异持续增多的现象：这些"无限连续"出现的差异（诸如语言、文化、乱伦禁忌、历史等），"与其引发我们的'狂笑'，其实更应该警醒我们：我们之所以可以在这一清单中杂乱却又不假思索地列出这么多内容，恰恰是因为我们在处理的是某种根本性的差异"。[2] 诚然，我们曾经是动物，但如今，那样的状态已经结束——我们已不再是动物，或者说至少，"动物"已不再是我们作为人的本质。要验证这一点也简单，只需想一想在思考"人与其他动物物种结合"这个想法的时候，我们所感到的那种强烈眩晕。只能说：若能面

---

1 Cf. A. Prochiantz, «Mon frère n'est pas ce singe», *Critique*, 2009/8, n° 747-n° 748.
2 E. Bimbenet, *L'Animal que je ne suis plus*, Paris, Gallimard, 2011, p. 44.

不改色地设想这类结合，那他不是萨德①就是辛格。邦柏内的书名《那个我已不再是的动物》（*L'Animal que je ne suis plus*），正是对德里达一本文集的题目——《故而我所是的那个动物》（*L'Animal que donc je suis*）的回应。在该文集中，德里达也对所有在他眼中是被陆续杜撰出来的人类"特性"故作惊讶。他质疑了"动物"这个范畴本身，认为该范畴将各种不同生物抽象地聚拢在"动物"（德里达自造了一个规范法语中不存在的新拼写"animot"来称呼动物）这个词周围，以使人类自己得以抽身于动物世界之外。不过，话说回来，德里达本人其实也并未对动物的多样性和它们根本的相异性表现出什么过人的感受力。在书中，他提到，自己对动物在西方思想中所处地位的反思缘于一次经历，即某次他在猫面前一丝不挂，而猫又"凝视"着他的裸体——他对此感到尴尬、羞耻，随后反思了这种羞耻感："没有什么比'在一只猫的凝视下发觉自己赤身裸体'更能促使我思考他人或同类所具有的这种绝对的相异性了。"[1]然而，恰恰是在此处，德里达未能意识到，猫其实对他的裸体漠不关心——猫可能确实"看到"了他，但显然不是我们通常意义上的"凝视"，而是"视而不见"。毫无疑问，这个例子选得非常不恰当，因为相比于其他动物，猫对人类的在场是极为

---

① 通常被称为萨德侯爵（Marquis de Sade，1740—1814），他是法国贵族、哲学家、作家和政治人物，以其个人生活的放荡和色情文学创作而著称。其作品中的情节通常充满想象力以至不仅突破了道德的约束，更突破了现实的可能性。此外，其作品中大量的性虐待内容使其成为"sadisme"（施虐狂）、"sadomacochisme"（施虐受虐癖）等概念的法文词源。——译者注

1 J. Derrida, *L'Animal que donc je suis*, Paris, Galilée, 2006, p. 28.

漠然的。对此，夏多布里昂（Chateaubriand）的观察或许更加精准：他注意到，猫对在同一空间中的人类的行为无动于衷。不过他还说，正因如此，自己才喜欢这种动物："我喜欢猫的那种独立以及近乎忘恩负义的性格（这让它不去依附任何人），我喜欢它在客厅与屋顶檐槽的穿梭之间所散发的冷漠……我们抚摸它时，它会拱起后背，但这只不过是它感受到身体愉悦时的一种反应——它不会像狗那样出于爱与忠诚而感到某种愚蠢的满足，且还常常被主人报以脚踢。猫独自生活而不需要集体，它只在自己想听话的时候才听话，它装睡是为了更好地观察周围的动静，并且，它还抓挠它能够得着的一切东西。"[1]

有一点是可以肯定的，那就是与这种对"动物"的普遍迷恋同时发生的，是西方世界的日益城市化，以及伴随城市化而来的、人类与动物界直接联系的消失。对于城市象牙塔中的哲学家们而言，他们能接触到的动物，其实也仅仅是他们的宠物或他们食用的——或者更确切地说——是他们不再食用的肉类，而实际上，他们显然也并不真正了解这些动物。如今，很多人已经没有任何与动物共同生活的经历了，更对各种动物的习性一无所知，而仅在不久之前，这些东西还是每个普通农民的日常。正如人类学家让-皮埃尔·迪加尔所指出的："如今，'动物保护'的话题之所以曝光度越来越高，恰恰是因为这一话题在一种以城市为主的社会和文化肌理中传播。而这种肌理与从前的乡村根基，以及相应的涉及动物的文化之间的联系已经

---

[1] Cité dans Comte de Marcellus, *Chateaubriand et son temps*, Michel Lévy Frères, Paris, 1859, p. 129.

被割裂了。"[1] 正是因为人们不再真正了解动物，才会去谈论一个明显不存在的、抽象的"动物"。而我们的这些兽道主义哲学家所选取的例子也非常能说明问题：玛莎·努斯鲍姆的老狗、德里达浴室里的猫、辛格的狗，与布封《自然史》中所呈现的那些威风凛凛的动物相比，这些例子着实显得可悲。

事实上，如今为数不多的敢于冒险批评兽道主义教义的人，通常正是那些真正在自然环境中仔细观察动物的动物行为学家，或是曾与动物共同劳作、关注自己养育、屠宰的动物的人类学家。人类学家、曾经的山羊养殖者乔瑟兰·波尔歇（Jocelyn Porcher）就曾撰写过一本题为《与动物一起生活》（*Vivre avec les animaux*）的书，探讨了屠宰场员工与他们所屠宰的牲畜之间的紧密联系。此外，她在一篇标题直截了当的文章《不要解放动物！反对"盲目"从众》中，公开反对所谓的"动物解放"。恰恰是因为人们不再认真关注动物行为的无限多样性，才会囫囵地将它们视为与"我们"相似的生命，仅仅能感受痛苦；而事实上，它们是与我们共同占据同一方土地，却以非常多的、不同于我们的方式生存的生命。可惜，如今，它们的生命与人类生命之间的那些稍纵即逝的偶然相遇，已不再能拨动大部分哲学家的心弦。

然而事实上，一直到 18 世纪，一些既是哲学家又是猎

---

1 J.-P. Digard, «Raisons et déraisons. Des revendications animalitaires. Essai de lecture anthropologique et politique», *Pouvoirs*, 2009/4, n° 131, p. 101.

2 Cf. J. Porcher, «Ne libérez pas les animaux ! Plaidoyer contre un conformisme "analphabête" », *Revue du MAUSS*, 2007/1, n° 29.

人的作者都还在书写他们与动物的相遇。猎人，对他们追捕的动物有一种实实在在的熟悉感和真正的了解。因而不难理解，为什么在动物行为学这门学科创立之前，最好的动物行为学书籍之一是路易十五时期的"凡尔赛狩猎中尉"乔治·勒骅（Georges Leroy）撰写的《动物通信》（*Lettres Sur Les Animaux*）。正如一个世纪以后该书的编辑所言："若想观察并理解兽类，就要跟它们生活在一起，这也是为什么实践者，尤其是农民，比基于空想的形而上学思辨能更好地对动物乃至人类做出判断。"[1] 在勒骅看来，实际上，"只有猎人才有资格品评野兽的智慧。因为，想要真正了解它们，就必须与它们一同生活过，而大部分哲学家对此一无所知"。[2] 秉持这样的态度，勒骅在自己的笔下详细描述狼、狐狸、鹿以及河狸的习性。也正因如此，该书在一个世纪之后又被奥古斯特·孔德的一名弟子再度编辑出版，并被纳入孔德向其弟子们提倡的"无产者图书馆"的书单之中。对于孔德这位将人道置于实证主义宗教①正中央的哲学家而言，人最起码需要了解动物，了解它们与我们人类之间的无限差异。

动物身上真正值得我们关注的是，它们并非"与我们一样"，它们是在完全不同于人类世界的另一个世界中演化和发展的——它们只在偶然之间才与我们打照面，而且对彼此充满

---

[1] E. Robinet, «Introduction», in G. Leroy, *Lettres sur les animaux*, 4ᵉ éd., Poulet-Malassis, 1862, p. XLIV.

[2] G. Leroy, *Lettres sur les animaux, op. cit.*, p. 4.

① 孔德晚年创立了以实证主义为核心教义的宗教——"人道教"。——译者注

陌生感。这种碰面严格来说，并不能算作"相遇"。可惜，当代的那些兽道主义者不能理解这一点，"对动物世界缺乏好奇心"是这些人的首要特征。努斯鲍姆、金里卡与唐纳森给出的那些自以为感天动地的例子，实际上往往荒唐可笑，同时也更证明了他们对动物所过的那种根本相异于人类的生活没有一丝好奇心：把老虎视作可以用球逗弄的大猫，认为给残障人士使用的轮椅也适合给狗装配，将卢和比尔视为"大学社区中的一分子"，又或者将鸽子视为移民——这一切恰恰表明，这些人完全无法走出美国大学校园那个"极端狭小的世界"以及那个世界的政治正确语言。那些兽道主义哲学家丢失了作为哲学家最重要的一项品质——对多样性和意外的好奇心。在这个问题上，他们完全走到了亚里士多德的反面，后者钟情于探究和展示独属于每一个动物物种的特征，并在其《动物志》中给出了他那个时代所能做出的最为详尽的动物"调查"[1]。此外，值得注意的是，兽道主义者在努力禁止所有保留了人类对动物世界之"美"的回忆以及对它们的崇敬的活动：不应再有动物园，让孩子和大人可以畅想在人类出现之前曾以何等雄伟之姿生存于世的生命；也不应再有狩猎，让人们熟悉它们的习性和栖息地；更不应再有斗牛，歌颂人兽角力的那种神圣。

如此，不会再有动物，亦不会再有动物之"美"。届时，留存于世的将只不过是一些所谓的"善意"，横亘在我们人类与那些不同于人类的存在、与人类无关的存在之间。实际上，

---

[1] "调查"这也是希腊语中"历史"一词的原意。

当前的动物保护狂热是一种侵略性的人本主义观念，意图用人类的价值观包覆整个自然界——动物、植物、岩石都被视为无异于人类的存在，因而需要被赋予权利，并且遵循我们人类制定的规则。努斯鲍姆和金里卡们在面对动物的"非伦理"行为时所陷入的荒唐悖谬，很清楚地表明他们已然完全丧失了对"相异性"的理解，而仅仅是以我们人类自己的生活模式去衡量其他所有动物的生活。然而，我们恰恰不应该用这种方式对待动物，而是相反，我们应该试着将它们视为完全不同的他者，试着站在它们的位置上，聆听它们的声音——尽管我们清楚地知道自己永远无法完全做到这一点。只有这样，才能真正"善待"动物，才能真正尊重动物。正如艾蒂安·邦柏内所说，"真正的尊重"应该源自"一种对于真实差异有所觉察的认知，而不是一味地在动物身上搜寻与我们相似的行为"。[1] 拟人主义这种在当今世界极端到难以置信程度的观念应该收敛一些，至少给动物（这种完全不同于人类的存在）留下一点被关注的空间。或许，我们真的应该叫停人道和人道主义的固执又黏糊的扩张。在此，我们要捍卫的，并非人类的例外主义，而是动物的例外主义：那种削平一切物种独特性、化鼠为人、为植物、为石头的愚蠢想法，是难以被容忍的、对于世界多样性与世界之美的不尊重。这种无力思考差异的心态，与不愿承认"自然就存在具有基本差异的男性和女性"这一点背后的心态，本质上是相同的。

---

[1] E. Bimbenet, *L'Animal que je ne suis plus*, *op. cit.*, p. 25.

反倒是一些艺术家或作家保留了人类对动物的记忆。比如，人们就重新发现了乔治·希拉斯（George Shiras）的摄影作品。早在 19 世纪末，他就已经用闪光灯捕捉北美的野生动物在夜间生活的场景了。[1] 作为律师和政治家，希拉斯最初钟情于打猎，而后又投身于野生动物的观察与摄影之中。而作为美国环境保护主义的先驱之一，他也致力于对动物世界的保护。受到印第安人狩猎方式的启发，希拉斯设置了一些可以由动物自己触发的摄影陷阱，他借此成功地捕捉到了动物在闪光灯照射下被惊吓、被定住的那些动人心魄、壮丽绝伦的画面——它们正置身于属于自己的暗夜中心[①]。以无限优雅的身姿在田野中四处穿梭的"三只弗吉尼亚鹿"，不需要由人类来赋予它们展示自身美丽的权利；威严伫立在隆湖湖畔、身影映在水中的猞猁，也不能与残障儿童混为一谈——无须人类操心，它凭自己就足以立于天地之间。

此外，一些作家也对动物身上的这种独特性有敏锐的觉察。就比如让-克里斯托夫·拜伊（Jean-Christophe Bailly），近年来他对于"动物的面向"、对于人类生活与动物生活之间的交织以及二者的不同之处都多有着墨。在自己一部作品的开篇，拜伊描绘了一只突然从未知的夜幕世界中闪现的狍鹿，在山路的拐角处，被车灯所笼罩：

---

[1] 2016 年，巴黎狩猎与自然博物馆就举办过一期非常棒的希拉斯摄影作品展。展出作品都收录在了他的展览图录中：*L'intérieur de la nuit*, Paris, Xavier Barral, 2015。

[①] 此处作者呼应了该展览图录的英文版标题《暗夜中心》(*In the Heart of the Dark Night*)。——译者注

那天夜里在我身上发生的事，当时就让我感动得泪流满面。这既像是某种思考，又像是某种证明。那一刻，我意识到：既没有所谓人的王国，也没有所谓兽的王国，而只有擦肩而过，只有转瞬即逝的主权，只有偶然的际会，只有逃离，或相遇。狍鹿，在它的夜晚，而我，在我的夜晚——我们各自在自己的夜晚之中孤独着。但在彼此路途的间隙，我触碰到了。确实，我真的触碰到了，另一个夜晚，那个属于它的夜晚。但是，它的夜晚来到我身边，也只是昙花一现，而非对我倾泻无遗。然而，就是这瞬间的交集，便足以让我窥探另一个世界……[1]

动物并不是简简单单地就在"那边"——它们不仅是在我们、在人类边上。正如拜伊所说，动物与我们同处在某个交织、规避、相似与极端相异并存的交叉肌理之中："人与野生动物之间的接触，首先是在空间之中某种充满规避与张力的复杂系统之中发生的——这个系统呈现为一个巨大的线团，其中充斥着躁动不安的网络，这些网络隐而不显，但不时，我们又得从中抽出一条线来。这不仅因为动物像赫拉克利特口中的'自然'一样'喜欢隐藏'，也因为它们必须这样做。自远古以来，除了它们内部的冲突和争斗，动物都不单单将人类视为捕食者，更是某种古怪莫测、错乱失常的存在。"[2] 因而，与其给多种多样的动物强行包覆上一层那么匮乏、那么可预测的、名

1　J.-C. Bailly, *Le Versant animal*, Paris, Bayard Éditions, 2007, p. 12.
2　Ibid., p. 18.

为"人权"的外壳,实际上我们更应该去感受动物不可化约的独特性,甚至我们应该在这些自己曾打扰、改变、驯化或爱过的生命身上感受到某种神圣的情感——它们必将比我们更能长存于世。同样,拜伊也注意到了这一点:"这种先在性,这种远古的气息,这种'早已在此'的风度,它们都具备。这正是我们在跟它们彼此注视的时候,或者看到它们生活于自己栖息地的时候,所感受到的东西。"[1] 学着去倾听它们的声音,维护它们最为根本的独特性。这才应该是我们的责任。因而,拜伊能为一本收录了很多法国画家吉尔·艾尤(Gilles Aillaud)以"动物园中的动物"为主题所创作的绘画作品[①]的书作序,也并非偶然。画中的这些动物困于由笼子或围栏组成的机械环境中,显得有些凄惨与格格不入,它们对动物园的参观者完全不感兴趣——它们确实令参观者着迷,但对它们自己而言,参观者似乎并不存在。此外,艾尤还创作了一大批名为《有关所有动物的百科全书,包括矿物》的石版画,在这些作品中,艾尤常常带着某种有趣乃至滑稽的疏离,去描绘那些与矿物一样对我们来说都很陌生的野生动物——它们都是这部宏大的"自然百科全书"的一部分。而至于所谓的它们的"权利",就让我们给予它们应有的尊重吧,不要让它们因被摩纳哥公主斯蒂芬妮、彼得·辛格或玛莎·努斯鲍姆这种人代理出庭而沦为笑柄。它们,值得更好的东西。

---

[1] J.-C. Bailly, *Le Versant animal*, Paris, Bayard Éditions, 2007, p. 123.
[①] 本书法文原版的封面插图《鹦鹉》,便是艾尤此类创作中的一幅。——译者注

安乐死，与死亡的常态化

并非所有的人类都是人……只有人才会撰写或阅读哲学著作。

——雨果·特里斯特朗·恩格尔哈特

（Hugo Tristram Engelhardt）

在涉及性别、动物、死亡三项议题的"社会公共"改革之中，最为人津津乐道的是支持安乐死合法化的改革。对于此项议题，法国绝大多数受访者都表达了对相关举措的支持，而这些举措也由一些经过精心挑选的戏剧化案例佐证。2013年，以积极推动安乐死议题而著称的组织——尊严死权利协会进行了一项调查，其中有一个问题："在您看来，法国的法律是否应当允许医生应绝症患者的请求，为其实施安乐死？"44%的法国受访者的回答是"绝对应该"，48%的受访者表示"在某些情况下是应该的"，也就是说，有92%的受访者倾向于给出肯定的答复。而面对这样一个极其微妙且始终以个例为根本的问题，一个自医学产生以来，医生们一直以最大的谨慎加以对待的问题，"末人"却欢欣鼓舞——他已经找到了一种简易的解决方案："服用大量的毒药，就会导致一种适意的死亡"，自此，告别死亡和痛苦。如今，死亡必须适意愉快、从容自在，而且毋庸置疑：死亡，必须是"公民化"的。

1　安乐死狂热

　　一个文明开始热衷于讨论生命终结的问题，这显然令人有些惊讶，因为"生命终结"这一表述在如今指的基本上就是临终时刻。同样令人震惊的是，由"妙不可言"的辛格撰写的、时下最常被采用的伦理学教材之一，并没有像古代伦理学那样关注"何为良善生活"的问题，而是更多地将注意力放在了解"如何去死"的问题上，或者更确切地说，放在了解"如何让别人、让身体不好的人、让不受欢迎的人去死"的问题上。书中章节的标题已经说明了一切——辛格的实践伦理学将如下问题视为讨论的重点：杀生是否不道德？我们是否可以杀死动物？我们是否可以杀死胚胎与胎儿？我们是否可以杀人？[1] 这种更多关注杀戮和杀戮伦理而非生活与生命的伦理学实属诡异。

　　可以说，这种对死亡的痴迷反映了目前西方世界深层的总体消沉，因为这个问题似乎并没有困扰那些更年轻的国家

---

[1] 这些都是辛格《实践伦理学》主要章节的标题。

或文明。对"安乐死迷恋"最绝妙的描绘来自米歇尔·维勒贝克——我们时代的活的晴雨表。在《基本粒子》中,他概括了我们的处境:"所谓老年人,就是一堆处于持续解体状态的器官,只有在机体功能充分协调,并加上'人类尊严'概念的条件下,才能真正保持继续活下去的权利。"[1]并且,他还认为,这种所谓的唯物主义观点是对涉及生命中另一端(即开端)的那种唯物主义观点的延续:"人一生的两头极端年龄所抛出的伦理问题(堕胎以及几十年后的安乐死),从此将构成两种世界观之间、两种从根本上彻底对立的人类学之间不可逾越的对立因素。"[2]书中的主人公记述了"唯物主义人类学那虚伪的、渐进的,甚至有点阴险的胜利"。[3]然而,这种对生命的去神圣化不过是让人们进一步消沉:"人类生命的价值问题尽管从未被公开提及,却还是深入人们的头脑。毫无疑问的是,在西方文明最近几十年的进程中,这些问题在一定程度上导致了某种总体消沉乃至受虐氛围的形成。"[4]在该书稍后的一部分中,维勒贝克写道,我们所面对的,是一种"厌倦的、疲惫的、对自己和自己的历史抱有怀疑的人类"。[5]

然而,在维勒贝克的另一部作品《地图与疆域》中,主人公杰德·马丁却以一种相当激烈的方式反对这种观点。他前往位于瑞士苏黎世的尊严生死协会(一个由安乐死倡导者组成的团体)①总部。这个机构生意兴隆,曾协助他的父亲安乐死,其

1,2,3,4　M. Houellebecq, *Les Particules élémentaires, op. cit.*, p. 90.
5　Ibid., p. 367.
①　这一组织在现实中是真实存在的。——译者注

实当时老人家身体仍然硬朗。他向工作人员询问了他父亲的事情，一名工作人员对他如此在意这件事感到惊讶，向他证实了他的父亲确实接受了安乐死，并在随后被火化。她递给他一张正反两面都写了字的纸，上面记录的貌似是医学检查的内容。"根据杰德在报告中读到的内容，医学检查被简化为一次血压测量、几个模糊的问题、一场关于动机的对话，而所有人都能通过前两项检查。"[1] 随后这名工作人员向他确认他们的所作所为"完全符合瑞士的法律"，并起身收回卷宗，认定谈话已经结束。

杰德也跟着站起来，走近她，狠狠给了她一巴掌。她发出一种很有些压抑的呻吟，但根本没时间考虑如何回应。他又给她的下巴来了狠狠一记上勾拳，紧接着便是一连串组合拳。当她原地摇晃了一阵，试图缓过气来时，他后退了一步，再向前一冲，使出全身力量，朝她的腹腔丛踢了一脚。这一次，她终于呼的倒下，倒地之前，重重地砸在办公桌的一个金属角上，只听咔嚓一声脆响。肯定是脊椎骨挨了一下，杰德心里说。他朝她俯身下去：她已经昏迷了，气息微弱，但总算还在呼吸。[2]

随后，杰德逃出来，并回到了他的酒店：

---

[1] M. Houellebecq, *La Carte et le territoire*, Paris, Michel Houellebecq et Flammarion, 2010, p. 374.
[2] Ibid., p. 375.

回到酒店后，他意识到那个暴力场面让他恢复了元气。这是他生命中第一次对别人动粗；这让他感到饥饿。他津津有味地吃了晚饭，吃的是一份奶酪板烧配格劳宾登牛肉香肠切片加山里的火腿，喝了点瓦莱产区的优质红酒。[1]

这是杀害一个完全健康的父亲的人应得的报应。

在发现这个组织似乎并没有因他的行为而对他提起诉讼之后，杰德·马丁自己得出了结论，关于尊严生死协会领导层从安乐死业务中牟取利益的传闻可能是真的：

> 注册安乐死的平均费用是五千欧元，而戊巴比妥钠致命剂量的价格只有二十欧元，一次低规格的火葬无疑也不会贵到哪里去。在一个几乎被瑞士独家垄断的极端扩张的市场上，他们确实会赚得盆满钵满。[2]

一种"有尊严的"死亡？

当代这种对全能国家治下的死亡的热衷，甚至能招募医生为之服务，着实令人触目惊心。我们生命的最后时刻（尽管尚未完全社会化），从今往后都要交给由赋闲哲学家或退休医生组成的一个什么"伦理委员会"负责，让它来决定我们中的谁应该活下去，或者谁应该去死。如今，死亡不再是一个具有

1, 2 M. Houellebecq, *La Carte et le territoire*, Paris, Michel Houellebecq et Flammarion, 2010, p. 376.

任何神圣性的问题，而不过是个技术性问题，一个任何什么专家委员会都可以说上两句的问题。安乐死，意味着彻底抹去生命中具有悲剧性的方面，而神经外科医生安娜-洛尔·博赫（Anne-Laure Boch）就非常犀利地将此定性为"虚无主义"，认为"安乐死及其所包含的一切要素，都蕴含面对生活的懦弱、对某种以贬低现实为主要特征的乌托邦的顺从，以及对'无限能力'的空想"。在她看来，这正是"尼采教导我们要去唾弃的那种虚无主义的极致"。她又补充道，这种"激进的虚无主义"对"投身于治疗、照料病患而非终结他们生命的人而言更显可憎"。[1] 这恰好也说明了为什么医生一般不热衷安乐死。

当然，我们这里要说的不是那种决意了结自己生命的决定——无论出于何种原因，这类决定都应该完全被尊重。当得知自己确诊阿尔茨海默病之后，曾经的完美"花花公子"甘特·萨克斯（Gunter Sachs）回到家中，用自己的步枪结束了自己的生命。问题以这样的方式得到了处理，而他也以自己眼中"最有尊严的"方式离开了这个世界。而与此不同，安乐死被视作一项亟待确立的"权利"：如此，似乎又使得"社会"可以对这个问题指手画脚，实际上这仅仅应该由我们每个个体单独去面对和处理。我们生命中这仅存的、尚未被国家机器的全能之手完全掌控的时刻，如今可能也要被社会化了：那杯具

---

[1] A.-L. Boch, *Médecine technique, médecine tragique. Le tragique, sens et destin de la médecine moderne*, Paris, Seli Arslan, 2009, p. 200. 安娜-洛尔·博赫哀叹如今安乐死的理想为"我们大多数当代人所接受，认为所谓好的死亡应该是那种突如其来的、出乎意料的、悄无声息的、在睡梦之中令一个此前完全健康的人突然离世的死亡"（Ibid., p. 199）。

有溶酶作用的鸡尾酒自然应该由社保体系报销。

如今被认为亟待提出并急需立法的问题在于,是否应当缩短重症患者的生命——他们之前曾表达过不愿以不体面的方式离世的意愿,而当下又处于无力自行决定本人的死亡或自杀的状态。包括尊严死权利协会,鼓吹"死亡社会化"的当代先知、号称"死亡医生"的杰克·凯沃尔基恩(Jack Kevorkian)以及像彼得·辛格这样的哲学家,都坚决主张医生应该被允许提供这种"舒适"、体面而安详的死亡。只不过,事情并不那么简单,并且像"末人"那样死去是否真的值得期待,此事尚难下定论。

"值得活下去"的生命,与其他

选择安乐死不仅出于某种本能的同情,而是众多"生命伦理学家"艰苦论证的结果——他们一直致力于论证安乐死非罪化的重要性。在这一点上,如同前文在涉及动物以及"边缘案例"时一样,我们还会与亲爱的辛格大教授重逢。咱们的辛格教授不仅为安乐死做辩护,还借机赞美了杀婴行为,并为从大脑新皮质[①]已停止工作但在技术角度尚未死亡的人身上摘取器官的行为辩护。辛格热衷于研究和论证所有能让人类死得更多的手法。在他那本颇具影响力的伦理学专著——《实践伦理学》中,有接近一半的篇幅都用于探讨"我们是否可以杀死"

---

① 新皮质是人体大脑的一部分,与人的知觉、运动、意识、语言等能力有密切关系。——译者注

胎儿、儿童、老人之类的问题。而如果我们没有记错的话，伦理学的传统职责似乎一直是思考、探讨何为良善与正义的生活，以及如何过上这样的生活，而如今，伦理学的要点却变成了思考如何杀死残障人士、老人及孩子。

我们也许会将辛格视为一名类似约翰·莫尼的疯狂学者，进而对这么一位学者竟被普林斯顿大学任命为伦理学教授这件事目瞪口呆，要知道，他的观点足以同纳粹医生相提并论。不过实际上，我们或许应该花点时间回顾一下他的作品，因为正是在这些作品中，辛格泰然自若地将生命伦理学或应用伦理学的论证推向极端。同时，就这些学科的创立而言，辛格本人也出力不小。斯拉沃热·齐泽克花时间对辛格作品进行思考、探讨，并指出其中一部作品具有"揭示性"特点而不应仅被视为"可怕的夸张"，这样的人可没几个。实际上，辛格的那些夸张"直接让'后现代伦理'的真相暴露无遗"——它无非是一种极其达尔文主义的"生存斗争"。[1] 辛格"之所以制造了争议，并非因为他采纳了什么夸张的公理，而是因为他从被普遍接受的公理中得出了极端的推论"。[2] 随着辛格的"动物解放"理论诞生，我们将不可避免地进入一个"人权最终将如动物权利般运作的世界。这就是辛格的终极真相：我们的人权世界就是动物权利的世界"。[3] 正是在这个意义上，齐泽克将辛格比作萨德："或许彼得·辛格，这位澳大利亚人，这位作品销量高达

1　S. Žižek, *La Seconde Mort de l'opéra*, Circé, 2006, p. 74.
2　Ibid., p. 71.
3　Ibid., p. 75.

几十万册的畅销作者，这位目前在哈佛任教并且需要贴身保镖保护的明星教授，正是萨德的当代化身"。[1] 不过，鉴于辛格的理论妄想比萨德的幻想更广泛地渗透了社会的整体风尚，因而我们认为，或许将他比作希特勒更为贴切：我们完全有理由说，他的《重思生死》就是"安乐死运动版的《我的奋斗》"。[2] 然而，对他这些"论点"提出怀疑的批判性研究寥寥无几，尤其是在法国。

安乐死的支持者（尤其是辛格）对此给出的基础论证是，有些生命值得活下去，而另一些则根本不能算"真正的生命"，真正的生命是体面、幸福以及具备一定水平的反思和理性思考能力的生命。一种不再具有任何意义、不能带来任何满足的生命就不再是值得活下去的。在这种情况下，终结这样的生命就应该被视为合法的。当然，这里涉及的不只是自杀问题——这个问题本身不会引起太多争议，辛格提出的问题是，在患者希望死亡但无力自杀的情况下，医生是否可以合法地协助患者实现死亡的愿望。在此意义上，我们称之为"自愿安乐死"。然而除此之外，还有相当多的安乐死支持者主张，即便主要当事人已没有能力申请安乐死，我们也应该允许结束那些不配继续活下去的生命——他们称这种情况为"非自愿安乐死"。在这种情况下，应该遵循这些患者在此前给出的指示；此前如果没有此

---

[1] S. Žižek, *La Seconde Mort de l'opéra*, Circé, 2006, p. 71.（原文如此，辛格从未任教于哈佛大学，疑为齐泽克的笔误。——编者注）

[2] W. Smith, *Forced Exit : The Slippery Slope from Assisted Suicide to Legalized Murder*, New York, Times Books, 1997, p. 21.

类指示，则征询患者家属的意见；而如果患者没有家属，则应由伦理学家决定其生命是否值得延续；而当事人"不能理解生与死的选择"时，就会被放在"无选择安乐死"的框架内加以考量，而这种安乐死在很多情况下也会被允许实施。[1]

如此说来，一个生命究竟是不是"值得活下去"这个问题归根结底要经过由各种"专家"组成的伦理委员会来最终裁定。根据辛格及其信徒们的说法，终结某些病人的生命，不仅是合法的，而且是人道的做法。"如果在杀死病人与允许自行死亡之间没有内在的道德区别，那在某些情况下，也应该把积极安乐死视作人道而恰当的行为来接受。"[2] 而这正是德国的安乐死支持者在希特勒掌权之前就已经在使用的论证——在他们看来，在这些情况下让人死亡是在施与某种"解脱"。

"人"和"非人"

实际上，上述问题指向了另一个更为广泛的问题：在日常生活中，让我们的生命变得"不值得"活下去的因素往往与衰老或疾病相关；而对辛格以及其他一些生命伦理学家而言，除此之外，还存在一些本身无论如何都不值得活下去的生命——并非所有生命都具有同等的价值。在辛格看来，有必要在整个人类群体中区分"命主"和"非命主"。

---

[1] P. Singer, *Questions d'éthique pratique, op. cit.*, p. 175.（中文版参见［澳］彼得·辛格，《实践伦理学》，第179页。——译者注）

[2] Ibid., p. 199.（中文版参见同上书，第210页。——译者注）

辛格对命主给出的"专门"定义是这样的:"我提议用'命主'来表示有理性和自我意识的存在者。"[1] 此外,在书的其他地方,辛格还说,一个生命究竟算不算是命主,"重要看理性、自主、自我意识这类特征"。[2] 他指出,这个术语不能与"人类"混为一谈,因为"我们物种中有些成员也可能不是'命主'"。[3] "非命主"人类,指的是在生物学和基因角度属于我们这个物种但无法进行有意识的、严格来说具有人类特征的活动的个体,而这种活动对于"命主-人类"来说是可以做到的。

辛格并非唯一一个区分人和非人(或者说命主与非命主)的学者,实际上,他引用了一系列在他之前的作者——这些人都是生命伦理学这门新兴学科的奠基者。他们都提出,人与非人之间存在根本区别:只有人才有权活着,而那些非人是否应当活下去则取决于我们的善心。为此,辛格还引用了曾经的圣公会牧师、被称为"生命伦理学长老"[4] 的约瑟夫·弗莱彻(Joseph Fletcher)的言论,后者在其书《人性》(*Humanité*)中,列出了一份"人性指标"清单:"自我意识、自我控制、未来感、过去感、与他人相处的能力、关心他人的能力、交流

---

1 P. Singer, *Questions d'éthique pratique, op. cit.*, p. 93.(中文版参见[澳]彼得·辛格,《实践伦理学》,第 87 页。——译者注)
2 Ibid., p. 177.
3 Ibid., p. 93.(中文版参见同上书,第 87 页。——译者注)
4 该称呼源自生命伦理学史学家阿尔伯特·琼森(Albert Jonsen),«O Brave New World: Rationality in Reproduction», in D. C. Thomasma, T. Kushner (eds.), *Birth to Death: Science and Bioethics*, Cambridge, Cambridge University Press, 1996, p. 50。

能力、好奇心。"¹ 在弗莱彻看来，只有拥有这些"人性指标"的个体才配活着，否则我们就可以终结这个非命主的生命，因为这已经不再是一个真正意义上的人类的生命了。不过，要说具有关心他人的能力以及好奇心被视作"值得活下去的人"的必要指标的话，那么我们或许还真该问问要如何处置辛格及其同伙的生命了。

此外，生命伦理学的主要代表人物、（尽管是）东正教徒①雨果·特里斯特朗·恩格尔哈特在《生命伦理学基础》这本堪称"生命伦理学的《圣经》"的书中表达了几乎相同的观点。在他看来，严格意义上的"人"指的是"有自我意识的、理性的、可以自由选择和具有道德关怀感的实体"。² 而只有具有理性和自主性的"严格意义上的人"，才能"和其他人一道参

1　*Questions d'éthique pratique, op. cit.*, p. 92. 然而这些也只是弗莱彻列出的人性指标中的一部分，实际上，他列出被视为真正的人类的15个必要条件：最低限度的智力、自我意识、自我控制、时间感、未来感、过去感、与他人相处的能力、关心他人的能力、交流能力、掌控自身存在的能力、好奇心、做出改变的能力、理性与感性之间的平衡、个性以及大脑新皮质功能的完整性（J. Fletcher, *Humanhood. Essays in Biomedical Ethics*, Amherst NY, Prometheus Books, 1979, p. 12-16）。在弗莱彻眼中，幸福并不足以注解人性。这位非常不符合基督教教义的牧师还批评了一位照料智商接近于零的智力障碍人士的女医生，因为这位女医生认为这些人是快乐的，而在弗莱彻看来，这违背了"欧洲的犹太-基督教世界观。在这种世界观中，人们始终认为成就人性的是理性"（*Humanhood*, p. 21）。

① 西方通常认为，东正教在一些社会议题上的看法比其他基督教教派更保守和谨慎。——译者注

2　H. T. Engelhardt, *Les Fondements de la bioéthique*, Paris, Les Belles Lettres, 2015, p. 188.

与和平的（道德）共同体"。¹ 恩格尔哈特还解释道，不应该混淆人类和人的概念："把人区分出来的是有自我意识、有理性和能重视自己受称赞或责备的品质……并非所有人类都是人。并非所有人类都有自我意识、有理性，并有能力构想自己被责备和称赞的可能性。胎儿、婴儿、严重智力障碍者和没有希望恢复的昏迷者提供了'不是人的人类'的例证。这些实体都是人类的成员。但他们本身在俗世的道德共同体中没有位置。"² 要被视为"人"，个体必须能参与"最低限度的社会互动"。为了更清楚地解释这一点，恩格尔哈特举了个例子："只有人才会撰写或阅读哲学著作。"³ 无疑，这句话是写来让哲学家安心的。同时，辛格也在自己的书中用到了哲学教授这个他相当中意的例子：一个人（或者用辛格的话来说"一个命主"）"要有能力形成面向未来的愿望。例如，一位哲学教授想要撰写一本旨在证明伦理有其客观性质的著作"。⁴ 说实话，在我们看来，以上这些说法对哲学教授这个群体来说，恐怕不是什么好事。

与之相对的，胚胎、胎儿、智力障碍儿童和阿尔茨海默病患者"在道德共同体中不扮演任何角色"，因为他们不具备意识和自主性。对于这些非人而言，唯一重要的是行善原则，因

1　H. T. Engelhardt, *Les Fondements de la bioéthique*, Paris, Les Belles Lettres, 2015, p. 189.

2　Ibid., p. 192.（中文版参见［美］H. T. 恩格尔哈特著，范瑞平译，《生命伦理学基础》，北京：北京大学出版社，2006 年，第 140-141 页。——译者注）

3　Ibid., p. 188.（中文版参见同上书，第 137 页。——译者注）这段文字或许真的太过荒谬，导致其在一部最早向法语读者介绍该书的作品中被删掉了。（G. Hottois, *Qu'est-ce que la bioéthique?*, Paris, Vrin, 2004）.

4　P. Singer, *Questions d'éthique pratique, op. cit.*, p. 95.

而，必须由"严格意义上的人"来"代表他们做决定"。[1] 由此，恩格尔哈特建立起了一套极度令人反感的人类分级体系。他更明目张胆地宣称："并非所有人类成员都是平等的。"[2] 在这个体系顶端的，是作为"真正的道德主体"的"严格意义上的人"；接着是各种可以被赋予社会意义上的"人"的地位的人类个体，比如幼儿；在这之后是新生儿；再往下是不再具备最低限度互动能力的人（例如阿尔茨海默病患者）。体系的最底层是依靠"严格意义上的人"所做的决定才能够活命的重度智力障碍人士。在这个体系中，"严格意义上的人"可以支配非人的生命，甚至将其用于医学实验。事实上，这种针对非人与人的区分，其导致的后果是，前者的生命将取决于后者的仁慈，并且完全被后者支配。在辛格看来，"违背一个命主（人）的意愿而杀害他，是比杀害一个非命主（非人）要恶劣得多的行为。如果我们要用权利的语言来表达这个主张，那么，我们有理由说，只有命主（人）才有生命权"。[3] 只有人才有生命权！因而，可以进一步推断，非人（非命主）的生命是可以被剥夺的，因为他们本身不配拥有生命。这种处理同样适用于大脑在事故中受到不可逆损伤的病患，或者处于长期植物人状态的人，因为他们"既不具备自我意识，又不具备理性和自主性"。在表达这些主张时，辛格冷酷得就像一名在纳粹集中营"卸货坡道"挑选犹太囚犯

1　H. T. Engelhardt, *Les Fondements de la bioéthique, op. cit.*, p. 196.

2　Ibid., p. 187.（中文版参见［美］H. T. 恩格尔哈特，《生命伦理学基础》，第137页。——译者注）

3　P. Singer, *Rethinking Life and Death. The Collapse of Our Traditional Ethics*, New York, St. Martin's Griffin, 1994, p. 198.

进毒气室的军官:"对生命权和尊重自主的考虑不适用于他们。如果他们没有,也不可能再有任何经验,那他们的生命就没有内在价值。他们生命的航程已经终结。他们在生物学意义上还活着,但在传记意义上已经死去。"[1]——给他们的生命画上句号吧。此处,我们显然回到了某种冷酷无情且肆无忌惮的优生学框架内。有人可能会说,这里的优生学在某种意义上是"私人化"的,因而较之于历史上的国家优生学,问题并没有那么严重。然而实际上,并不能这么看,相反,它甚至更为可怕:这相当于在鼓励每个人在家庭内部就将被视为累赘的孩子和老人解决掉,如此一来,优生学的非人道将会渗透作为社会基本单位的每一个家庭,届时,甚至连反抗来自"外部"的残忍暴行的可能性都将不复存在。以上这些言论本身已经相当令人愤慨,再想到它们竟然还出自一些伦理学教授之口,就更令人毛骨悚然了。我们不禁想问:如今的伦理学究竟变成了什么样子,才会有这样的教授?"不配活下去的生命",难道不更应该指的是这些教授吗?我们的社会究竟怎么了,怎么会有这样的教授?

拓展资料　辛格教授与他罹患阿尔茨海默病的老母亲

如果我们接受了彼得·辛格的原则,我们自然就会认为应该终结一个不再具有自我意识的人的生命,因为对此人而言,其剩余的生命显然是苦多于乐,且毫无盼头。对辛格这样的功利主义者而言,阿尔茨海默病患者的情况似乎可以被

---

[1] P. Singer, *Questions d'éthique pratique, op. cit.*, p. 185.(中文版参见[澳]彼得·辛格,《实践伦理学》,第192页。——译者注)

视作典型，缩短此类患者的生命似乎理所当然，因为他们已不再有意识。彼得·辛格非常明确地支持这一主张。当被问及是否应该杀死罹患阿尔茨海默病的老人时，他答道："一个人曾经有过对未来的感知，而现在已经丧失了，这时我们应该以他/她在这种情况下可能希望做出的选择为准。如果一个人不希望在失去对未来的意识之后继续生活，那么我们终结其生命便是正当的；而如果他/她并不希望在这种情况下被杀死，那么这本身便足以成为一个我们不这样做的重要理由。"[1]

然而问题是，就在1999年，机智的《纽约客》杂志记者迈克尔·斯派克特（Michael Specter）在对辛格教授做了一番调查后发现，辛格花大钱赡养其罹患阿尔茨海默病的母亲——根据辛格本人的理论，这笔钱本能以更好的方式被使用，即减少全球贫困。这位记者指出，辛格的母亲"已经丧失了推理、记忆以及辨认他人的能力"。[2] 因此，在她儿子对于人（命主）这个术语所赋予的专门意义上，她已经不再是人了，因而，应终结其生命——尤其是，辛格本人后来还承认，其母在患病前也曾表示赞成在这种情况下实施安乐死。就这篇报道，保守派学者彼得·伯科维茨（Peter Berkwitz）曾以《他人的母亲》这一醒目的标题做出评论：在辛格眼中，对他人的母亲来说，安乐死总归是好的，而轮到他自己的母亲，情况可就不同了。而

---

[1] Réponse à une FAQ consultable sur le site officiel de Peter Singer : http://www.petersinger.info/faq/.

[2] M. Specter, «The Dangerous Philosopher», *The New Yorker*, 6 septembre 1999, p. 55.

当上述事实被公之于众后，辛格的回应不仅相当可悲，而且十分敷衍："这不关我的事，这是我姐姐做的"——是他姐姐迫使他做出这种在他自己的理论看来"不道德的"行为的。不过，他也极力试图从功利主义角度为自己辩解，说照顾他的母亲为"一些人提供了就业机会"。[1] 辛格甚至还承认，自己可能没有勇气终结母亲的生命：他不愿"冒着锒铛入狱的风险"[2] 来保持言行一致。真是勇气可嘉。最终，辛格不无懊丧地总结道："我想，这件事让我意识到，此类问题所引发的挑战确实非常困难。或许比我之前认为的还要困难一些，因为当事情发生在自己母亲身上的时候，情况就不一样了。"[3] 啊，那可不！他竟然还知道杀掉自己的母亲很难……不过我们同时也发现了奇怪的一点，那就是辛格本人一直在说，从功利主义的角度出发，当涉及将偏好最大化的情形时，他的理论不会区分亲疏。不过，现实总归要比辛格设计的那些过于简单化的思想实验复杂得多。对应用伦理学，彼得·伯科维茨做出了恰当的总结与辛辣的讽刺："很难想象还有比这更令人目瞪口呆的、对应用伦理学的反驳了。这门学科目前资源丰富且稳固成熟：位于该学科之巅的这位最有争议、最杰出的明星，曾在牛津接受教育，并在大

---

[1] M. Specter, «The Dangerous Philosopher», *The New Yorker*, 6 septembre 1999, p. 55.

[2] P. Singer, «Playing God», interview by Marianne Macdonald, *Herald Sun*, Melbourne, 29 juillet 2001, *Sunday Magazine*, p. 18.

[3] P. Berkowitz, «Other People's Mothers», *The New Republic*, 10 janvier 2000, p. 36. 这些出自斯派克特和伯科维茨的精彩文章虽然在互联网上触手可及，却没有在辛格的法国门徒那里引起任何反响——他们要么视而不见，要么装作一无所见。

学执教 25 年之久，发表过数千页有关生死问题的明确标准的作品，却在一名记者的追问下才被迫承认，直到面对自己被病痛折磨的老母亲，才发现道德生活其实是复杂的。"[1] 辛格这种严重的言行不一实际上已经完全推翻了他自己的理论，但纵然如此，他也未曾腾出哪怕短短五分钟，来反思一下他荒谬且堪称罪恶的理论。

"生命的质量"对决"生命的神圣"

区分值得活下去的与不配活下去的生命的理论构成了一种新的道德观的基础。辛格在被其视为代表作的《重思生死》中着重阐述了这一点。在书的开篇，他开宗明义，极为谦逊地宣称要掀起一场道德领域的"哥白尼革命"；而在书的结尾，他又发布了一系列新的戒律，意在取代过时的摩西十诫。哥白尼和摩西居然就这样被辛格取而代之了。据辛格说，我们应该用一种围绕"生命质量"的新理论来取代基督教以"生命神圣"为核心的旧教义。实际上，辛格总是把自己当作对抗宗教蒙昧主义的世俗革命者：在他眼里，"神圣"这个词几乎就是骂人的话。他不断努力地将"生命去神圣化"——这也是其合作者赫尔加·库塞（Helga Kuhse）所出版的一部文集的标题。[3] 在

---

[1] P. Berkowitz, «Other People's Mothers», *The New Republic*, 10 janvier 2000, p. 36.

[2] 这本书尚未被译为法语绝对是个遗憾，因为它无疑是辛格最为荒谬的作品之一，字里行间充斥着他的自负与自我满足。

[3] Cf. H. Kuhse (ed.), *Unsanctifying Human Life: Essays on Ethics*, Oxford, Blackwell Publishers, 2002.

辛格看来，没有什么人的生命应该被视为神圣的，视生命为神圣的观点是宗教观点，应该很快就会烟消云散。对此，辛格甚至还提出了一个时间点："2040年似乎是完成这一转变的比较合理的日期。"[1] 所以说，别着急，日子转眼就要到了。

在辛格看来，人类的生命本身并无价值。而为了让生命有价值，拥有生命的个体必须对活着有兴趣——仅仅活着是不够的。生命必须具备某些品质（比如快乐或意识），还要追寻某些目标。而并非所有生命都拥有同样的品质，因此，终结不再是真正生命的人类个体（比如，不再具备意识、目标等品质）的生命就是正当的。这实际上是在对人类这种"产品"进行一种名副其实的"质量控制"。在辛格看来，尤其应该在人类出生时就实施这种质量控制：如果质检结果为负，法律就应该允许杀死有缺陷的孩子。在《重思生死》一书中，"对生命的质量进行评判"这一章开头引用了美国前总统罗纳德·里根这位所有英美自由派学者眼中的"敌基督者"的话，意在抨击生命神圣学说的支持者。然而实际上，这段引用所发挥的效果可能完全相反：当读到里根这段话的时候，人们显然会觉得这段文字比辛格那些自诩理性的疯话要有人味得多。里根是这样写的："每一位立法者、每一位医生以及每一位公民都必须认识到，真正的问题在于，我们是要肯定并保护每一个人类个体生命的神圣性，还是要采用某种社会伦理，将某些人类个体的生命视为有价值的，而将剩下那些人的生命视为没有价值的。作

---

1 P. Singer, «The Sanctity of Life», *Foreign Policy*, sept.-oct. 2005.

为一个国家，我们必须在'生命神圣'的伦理与'生命质量'的伦理之间做出抉择。"[1]里根以不点名的方式反对了诺贝尔生理学或医学奖得主弗朗西斯·克里克（Francis Crick）的主张：新生儿在其出生的前三天之内都不应被宣布为完全的人类，这样在孩子存在残障的情况下，父母就有时间考虑是否留下这个孩子。对此，罗纳德·里根明确表示，绝不能接受这种"判断新生儿是否有缺陷的质量控制"。[2]在里根看来，人类不是按照某种质量标准被制造出来的产品。这些生命伦理学家究竟是什么人，有什么资格来判定我们是否满足那些所谓的人性指标？在人性以及人类的问题上，是否真的存在所谓的专业知识？这些专家自己又是依照何种标准选拔出来的呢？所谓"围绕道德的专业知识"这一观念本身就为最恶劣的偏差开辟了道路，而且我们可以在所有安乐死的支持者那里找到这一观念——无论是19世纪的种族主义科学家、20世纪的纳粹优生学家，还是如今的生命伦理学家。

反对安乐死的医生

在媒体上，我们常常看到人们惊讶于医生并不热衷为患者实施安乐死，并进而将之视为这个群体缺乏人情味的证据。然而，人们似乎不愿记得，"安乐死"的观念本身就与医学行业

---

[1] R. Reagan, cité par P. Singer, *Rethinking Life and Death*, *op. cit.*, p. 106. 辛格提到的这本里根的书出版于1983年，其时，里根仍在其美国总统的任期内。

[2] R. Reagan, *Abortion and the Conscience of the Nation* (1983), New York, New York Publications, 2001, p. 47.

的定义相对。正如美国医生莱昂·卡斯（Leon Kass）所指出的那样："安乐死冲击了医学的灵魂。"[1] 医学的目标，是帮助患者与病魔和死亡斗争，而不是听任死神将患者夺走。生命，从本质上来说，就是一场与死亡的斗争——正如医生比沙（Marie Bichat）所言：生命是"抵抗死亡的所有功能的总和"，因此人类当然会在医学所能保证的范围内与死亡对抗到底。如此看来，作为人类最古老的伦理守则之一，希波克拉底誓言中会包含如下内容也绝非偶然："我不得将毒药给予他人，并不做该项之指导，虽有人请求亦必不与之。尤不为妇人施堕胎手术。"[2]

为什么决定最终谁该死、谁该活的任务落在了医生的身上？这难道不奇怪吗？如果在病人发出第一声哀号"我受不了了，我不想活了"（这通常应该被视作求助）的时候，医生就给其注射致命药物，那么在医患之间至关重要的信任关系就将彻底崩坏。一名反思纳粹医学的医生曾回忆，他还是一名年轻医生时，准备跟同事们一起结束一名衰弱不堪的患者的生命，一名经验丰富的前辈医生对他说道："医生不杀病人。这不是我们该做的事。"[3] 自那以后，他从未忘记这句话。这寥寥数语清楚地解释了为什么鲜有医生支持安乐死，因为对一名医生而言，这种事本就不应该做。数个世纪以来，医生实际上一直要面对停止治疗的艰难决定，但就算要做出这一决定，通常也都

---

[1] W. Gaylin, L. Kass, E. Pellegrin, K. Siegler, «Doctors Must Not Kill», *Journal of the American Medical Association*, 1988/259 (14), p. 2139.

[2] Hippocrate, *Serment*, in *De l'art médical*, Paris, Livre de poche, 1994, p. 83.

[3] S. Rubenfeld (ed.), *Medicine After the Holocaust. From the Master Race to the Human Genome and Beyond*, New York, Palgrave-Macmillan, 2010, p. 2.

需要与患者亲属协商一致，而不会由医生主动提议。显然，这种决定并不适合受法律框架的约束，因为法律的普遍约束力与此类决定始终都要面对的情境的具体性是很难相容的。也正因如此，像乔治·康吉莱姆（Georges Canguilhem）这样既是哲学家又是医生的人，才会在谈论安乐死问题时表示，"将职业道德编入法律是不合适的"："每位医生都会在其职业生涯的某个时刻遇到一个悲惨的病例。这时，他会依照自己的个性来处理所面对的问题……具体应该如何应对，不应由抽象的命题表达，而应援引具体的事例。"[1] 从希波克拉底开始，医生就比其他任何人都清楚，现实是"起伏而多样的"，世上没有两个完全相同的病例，而具体到死亡的问题上，任何事情都不能也不应被规划：除了已然遗忘了生命所具有的悲剧意义的"末人"，对剩下的每个人而言，无论其具有何种宗教信仰，死亡所具有的神圣性都不能被忽视。

为什么要像《卡亚韦法案》中提到的那个著名的预先指示概念所规定的那样，让年轻且健康的人为未来年老患病的自己做决定？① 难道不是有可能（甚至是很有可能）出现这样的情景吗：在自己身体完全健康、完全掌控自我的时候，我们认为自己不愿经受漫长而痛苦的临终时光，然而在真的临近死亡之时，我们却改变了主意，尽全力抓住哪怕最微小的快乐与

---

[1] G. Canguilhem, «Qualité de la vie, dignité de la mort», in C. Galpérine (éd.), *Actes du colloque mondial Biologie et devenir de l'homme*, Paris, Université de Paris, 1976, p. 530.

① 法国在1976年颁布的《卡亚韦法案》确立了器官捐赠的推定同意原则，即任何人在生前未明确表示反对则被视为潜在的器官捐献者。——译者注

最简单的活下去的机会？[1] 正如精神病学家吕西安·以斯拉尔（Lucien Israël）教授所说的那样，即使是重症患者，只要不因疾病而遭受痛苦（而这在如今是可能的），患者就不会要求实施安乐死。在他科室的患者中，没有人会抱怨安乐死尚未被合法化："相比于确定性，患者们更需要的是希望。如果他们抱有希望，就不会追求死亡。"[2] 而我们经常看到的支持安乐死的干将，他们自己则往往处在身体完全健康的状态下。

拓展资料　启发纳粹安乐死计划的大学学者

辛格主张有些生命值得活下去而有些不配活下去的观点，实际上是纳粹说法"不配活下去的生命"（*unlebenswürdige Leben*）的翻版。纵然如此，人们却很少反对辛格的这一主张，这很令人惊讶。这一术语曾一度因臭名昭著的、对智力障碍人士实施安乐死的"T-4 行动"而在德国广为流行。而针对此类批评，辛格的回应则是，他的主张与纳粹主义毫不相干："因此，把纳粹与未犯下大屠杀罪的普通民众区分开来的，并不是某些生命不值得活下去这个观点本身。"[3] 在他看来，问题的关键在于我们为什么而杀。他声称，自己提出那样的主张，更多

1　哈维·麦克斯·乔奇诺夫（Harvey Max Chochinov）曾进行一项研究，调查了 200 名癌症晚期患者。结果显示，一些患者求死的意愿随时间有很大的波动。其中仅有 8.5% 的受访者表达了真正决绝的求死意愿，其他大多数患者则被诊断出只是因病情而患有抑郁症，而这种抑郁症是可被治疗的。(H. M. Chochinov et al., «Desire for Death in the Terminally Ill», *American Journal of Psychiatry*, 152 (1995), p. 1185-1191.)

2　L. Israël, *Les Dangers de l'euthanasie*, Paris, Éditions des Syrtes, 2002, p. 44.

3　P. Singer, *Questions d'éthique pratique, op. cit.*, p. 203 et 204.

是出于某种同情心，而绝非意在对某些人实施强迫性的措施："事实上，就'安乐死'的本来意义而论，纳粹并未实施过安乐死计划。他们的安乐死计划，也并非出于对安乐死实施对象所受痛苦的关切。"[1] 不能因为纳粹使用过安乐死这一手段就对安乐死予以谴责，应该谴责的是纳粹当年借由安乐死所追求的目标，即构建一个"纯正种族"。实际上，辛格在其书初版中更激进，为此他还引用了"纳粹主义遗留的个别正面资产"（尤其像是当时修建的德国高速公路体系）这样令人无法容忍的谬论，他写道："纳粹确实犯下了滔天的罪行，但这并不意味着纳粹所做的一切都是糟糕的。我们不能仅仅因为纳粹实施过安乐死，就谴责安乐死本身，正如我们不能因为德国当时的高速公路体系是纳粹建立的，就谴责这些公路的修建工作。"[2] 在这本书的后续版本中，这段文字已被删除。

医生利奥·亚历山大（Leo Alexander）曾在纽伦堡审判中担任控方成员，辛格反驳他，安乐死并非"沿着斜坡向下滑的第一步"。[3] 在区分有价值的生命和其他生命时，辛格认为自己不过是在陈述一个简单的事实："这种判断有时显然是正确的。遭受肉体痛苦、没有快乐并且自我意识水平低下的生命，就没

---

[1] P. Singer, *Questions d'éthique pratique, op. cit.*, p. 204.

[2] «We cannot condemn euthanasia just because the Nazis did it, any more than we can condemn the building of new roads fir this reason», P. Singer, *Practical Ethics*, Cambridge, Cambridge University Press, 1979, p. 154.

[3] P. Singer, *Questions d'éthique pratique, op. cit.*, p. 202.（中文版参见［澳］彼得·辛格，《实践伦理学》，第214页。——译者注）

有存活的价值。"¹ 在这一点上，辛格援引了"针对人们在某种特定健康状况下对自己生命价值的评估……并发现他们宁愿在某些状况下死去而不是活着"²的卫生保健经济学家的研究成果。然而很明显的是，其中鲜有对处于病症晚期却仍努力活下去的病人的调查。

对将他比作纳粹的批评，辛格的回应明显暴露了他在历史方面的无知。事实上，最早提出要清除这些"无用生命"（指残障人士的生命）的，并非纳粹，而是在大学工作的两位"亲爱同人"。与辛格一样，这二人的出发点都是减轻残障人士及其家庭的痛苦。他们分别是弗莱堡大学的精神病学教授阿尔弗雷德·霍赫（Alfred Hoche）和莱比锡大学的法学教授卡尔·宾丁（Karl Binding）。早在1920年，也就是希特勒掌权之前，他们就合著了《放开对不值得活下去的生命进行销毁的限制》一文，³以论证其正当性。对他们而言，这是为了减轻家庭的痛苦，消除"累赘生命""人类空壳""精神性死者"——这类人的存在对社会来说是负担。霍赫和宾丁提出了一整套论据，意在从医学角度论证杀害智力障碍人士的合理性，其中不少论点都与辛格的观点不谋而合，比如这类人不能真正算"人"，他们是"比牲畜还低级的存在"，因为他们"既无生的

1，2 P. Singer, *Questions d'éthique pratique, op. cit.*, p. 203.（中文版参见同上书，第215页。——译者注）

3 K. Binding, A. Hoche, *La Libération de la destruction d'une vie qui ne vaut pas d'être vécue*, in C. Schank, M. Schooyans, *Euthanasie. Le dossier Binding et Hoche*, Paris, Éditions du Sarment, 2002.

意志，又无死的愿望"，[1] 他们"在精神上已经死了"，是"人类社会结构中的异物"。[2] 因而，"放开对这些正常人类形象的可怖反面的杀戮限制"是完全正当的，"这些人会让所有见到他们的人感到恐惧"。[3] 同样，人们也有必要终结绝症病人的生命，因为他们给社会带来了过重的负担。

在他们眼中，终结这些人的生命"只不过是健康管理"，而且也是避免浪费金钱的附带手段。根据他们的说法，处于绝症晚期的患者、智力障碍人士以及"毫无意义和价值的、无法被治愈的白痴"不能主张享有生命权，因为他们根本就不能算是"人"。按宾丁的说法，对这些"无价值之人"的淘汰应该被合法化。而后来被纳粹使用的"无价值的生命""无价值的人类""不配活下去的生命"等概念，也正是在他们的这本书中首次出现的。与其后的辛格一样，霍赫和宾丁都不以构建某种"纯正种族"为目的，而是声称自己受到了某种人道情感的感召。他们认为，对残障人士以及晚期病症患者来说，死是一种解脱："毫无疑问，对某些生理上仍然活着的人类来说，死亡是一种解脱；同样，对社会和国家来说，他们的死也是解脱——让社会和国家得以摆脱无用的负担。"[4]

这就是纳粹"慈悲死亡"的起源。人们已忘记了，这种做

---

1 K. Binding, A. Hoche, *La Libération de la destruction d'une vie qui ne vaut pas d'être vécue*, in C. Schank, M. Schooyans, *Euthanasie. Le dossier Binding et Hoche*, Paris, Éditions du Sarment, 2002. p. 86.
2 Ibid., p. 109.
3 Ibid., p. 86.
4 Ibid., p. 82.

法最初是为了回应某些父母的请求，这些父母希望摆脱因严重残障而成为家庭负担的孩子。1938年，克瑙尔夫人诞下一个明显患有智力缺陷的孩子，这个孩子还缺少一条腿和一只手臂的一部分。由于克瑙尔夫妇的医生拒绝对孩子实施安乐死，这对夫妇遂向希特勒求助，请求授权。元首后来批准了这项给予他们的孩子"慈悲死亡"的请求。孩子最终在莱比锡的一家诊所中被实施安乐死。在这一事件之后，希特勒于1939年9月1日签署了一项法令，规定在某些条件下可由医生负责对病人实施安乐死："'帝国领导人'布勒和医学博士勃兰特受命负责，扩大某些指定医生的职权，使这些医生可以在尽可能严格的评估之后，给予被认定患有绝症的患者以'慈悲死亡'。"[1] 这便是纳粹残障人士灭绝计划，即"T-4行动"的由来。所谓"T-4行动"，其名称源自负责该行动的组织的所在地——蒂尔加滕街4号（Tiergarten 4）——这个造成了数十万残障或智力障碍人士死亡的地方。

这段历史的开端可以追溯到"亲爱同人"所提出的主张，即减轻"非命主人类"的痛苦——这些"同人"是辛格及其生命伦理学同伙的先驱。正如利奥·亚历山大在纽伦堡审判中所提供的证词所言，纳粹安乐死计划起于微末："起初仅仅是医生们基本态度的一个微妙变化。这都是从接受安乐死运动的基

---

1 Cité dans E. Kogon, H. Langbein, A. Rückerl, *Les Chambres à gaz, secret d'État*, Paris, Éditions de Minuit, 1984, p. 28. 有关纳粹安乐死的历史，参见 M. Burleigh, *Death and Deliverance. Euthanasia in Germany, C. 1900-1945*, Cambridge, Cambridge University Press, 1995。

本立场开始的,即认为存在某种'不配活下去的生命'。"[1]

1989年,当辛格受邀参加在马堡举办的一次研讨会时,一群德国学生发出了示威警告,并在最后成功迫使该研讨会取消——这些学生敏锐地察觉到了问题。我们非常理解,他们是想阻止辛格报告,尤其还是在一次有关"生物工程、伦理与智力迟钝"的研讨会上——仅凭这些,便足以想见辛格将会发表何等骇人的言论。[2] 而对于这些示威,辛格则在后来进行了极不体面的反驳。他说,自己不能被指控为纳粹分子,因为他的三位祖父母辈亲人都作为奥地利裔犹太人在纳粹集中营内罹难,而他的奥地利籍双亲也被迫远走澳大利亚以躲避迫害。然而,受迫害家庭的出身背景,绝不是一张授权自己成为刽子手的资格证。

---

[1] L. Alexander, «Medical Science Under Dictatorship», *New England Journal of Medicine*, vol. 241, n° 2, 14 juillet 1949, p. 44.

[2] 关于这次"辛格事件",参见 B. Schöne-Seifert, K.-P. Rippe, «Silencing the Singer. Antibioethics in Germany», *Hastings Center Report*, vol. 21, n° 6 (nov.-déc. 1991), p. 20-27。两位作者为学术上的言论自由进行辩护,这固然有其道理,然而他们没有想到,针对这些可能招致罪恶后果的观点的抗议同样具有正当性。

2　鼓吹杀婴

将生命分为值得活下去的和不配活下去的、将人类划分为人（命主）和非人（非命主），这种划分的后果无疑是毁灭性的；这种毁灭性不仅体现在生命的末端，也体现在生命的开端。辛格及其同伙将注意力更多地放在了生命的开端而非末端，这是令人意想不到的。这或许是因为在他们眼中，对晚期病患实施安乐死已然是一个被广泛接受的共识。因而不得不说，伟大的托马斯·萨斯，这位真正的自由思想家的点评可谓鞭辟入里：为了"标新立异"，辛格不惜为最不应得到辩护的杀婴行为做辩护。[1] 这是辛格的一个主要主张——在这一点上，他不惜反复论述，并一直固守自己的极端立场而未做丝毫让步。

不过，为杀婴所做的辩护并非辛格独有。在他前后都有

---

[1] 托马斯·萨斯对辛格作品的总结与评价可谓入木三分："辛格的作品就是一团混合了史怀哲博士的那种动人的'敬畏生命'原则、纳粹般的残酷优生学以及医疗上的国家干涉主义的大杂烩，披上一层优美的修辞。而这一切的唯一目的，不过是标新立异、吸引眼球。"（*The Medicalization of Everyday Life*, Syracuse, Syracuse University Press, 2007, p. 135.）

相当多的学者全力推动这一主张。在这一点上,辛格本人尤其受到了前牧师(?)约瑟夫·弗莱彻的影响——后者一直希望杀婴行为得到准许,并且也是最早将"杀婴"婉称为"产后堕胎"[1]的人之一。在他眼中,杀婴禁令不过是单纯的禁忌而已。作为一名标准的功利主义者,弗莱彻唯一关心的问题是,杀死一名婴儿是否可以提高快乐总量、降低痛苦总量:"这一视角将价值赋予人类的生命,而非将价值赋予'活着'这个单纯的事实,并主张在某些情况下,对某些个体而言,与其遭受过多的痛苦或经受过多的人类功能的缺失,还不如死去。"[2] 同样,美国分析哲学家迈克尔·图利(Michael Tooley)也以辩护和阐明杀婴见长,还为此撰写了多篇文章和一本专著,深得辛格青睐。根据辛格的引用,在图利看来,杀婴问题之所以尤其值得我们对其进行理性思考,是因为它激起了"当下人们在面对乱伦或食人的情形时会做出的反应,或者说,过去面对手淫或口交时会做出的反应。在这些情形下,第一反应都是下意识的……因而,我们有理由猜想,其中更多的是某种本能性的,而非经过理性思考的禁令"[3]。因而,图利明确主张,就像他列举过的那些早先禁忌一样,人类也不应被杀婴禁忌阻止。他的结论很简单:杀婴甚至还不如口交严重。同样,英国著名"伦理学家"乔纳森·格洛弗(Jonathan Glover)也在安乐死和杀婴等问题上大放

---

1 J. Fletcher, *Humanhood, op. cit.*, p. 144.
2 Ibid., p. 146.
3 M. Tooley, «Abortion and Infanticide», *Philosophy & Public Affairs*, vol. 2, n° 1 (Automne 1972), p. 39.

厌词。他也认为，杀死新生儿是正当的，因为他们并不是命主（人）——在他看来，"成为一个命主（人）必须满足以下条件：最低限度的自我意识、对自身与外部世界之间边界的意识，以及对自己作为一个在时间中持续存在的生命的意识"[1]。而杀死新生儿并不违背他们的偏好：因为新生儿"甚至对死亡都没有概念"，他们"并不具备'生优于死'的偏好"。[2] 因而，在他看来，新生儿是可被替代的："单纯杀死一名有机会过上'值得活下去的生活'的婴儿是不道德的，而……如果替这名婴儿活下去的是另一个有同等机会过上至少有同等价值生活的人，那么，杀死这名婴儿就并非不道德。"[3]

而在辛格那里，他也用了相当多的篇幅来为杀婴辩护，其中尤以《实践伦理学》中三个假模假式的章节标题为代表："杀生是否不道德""是否可以杀死胚胎与胎儿""是否可以杀人"。对这些问题，他的回答分别是："视情况而定""当然可以""在某些条件下可以"。此外，辛格还与赫尔加·库塞合著了一本书来专门探讨这个问题：《婴儿该活吗？》(*Should the Boby Live?*)，其副标题更是直白：残障儿童带来的问题。[4] 在

---

[1] J. Glover, «Matters of Life and Death», *New York Review of Books*, 30 mai 1985.

[2] J. Glover, *Causing Death and Saving Lives*, Londres, Penguin, 1977, p. 156.

[3] Ibid., p. 159.

[4] 此书开篇的几行文字也同样直白："本书包含一些可能会引起部分读者不适的结论。我们认为，一些严重残障的儿童应该被杀死。该建议可能尤其会冒犯生来便残障的读者，以及我们在书中讨论的群体。"(H. Kuhse, P. Singer, *Should the Baby Live ? The Problem of Handicapped Infants*, Oxford, Oxford University Press, 1985, p. V.) 然而，辛格和库塞似乎没有想过，如果残障人士真能读得下像这本书一样枯燥乏味的作品，那反而说明他们的生命力相当旺盛。

一段被吊诡地首发于一份儿科杂志、后来经常被引用的文字中，辛格表示，以所谓"命主指标"的标准来看，杀死一只狗或一头猪比杀死一名残障儿童更为恶劣："如果我们比较一名严重残障的人类儿童与一只非人类动物的话，我们往往会发现，无论是以实际行为还是以潜在能力论，在理性、自我意识、交流能力以及其他所有可被合理视为具有道德意义的要素方面，非人类动物都优于严重残障的人类儿童。"[1]不得不说，对于儿科医生来说，辛格教授的这个指导建议可真"好"啊。

在另一段骇人听闻又常被引用的文字中，辛格提出，杀死一名年幼的孩子与杀死一只蜗牛没什么两样。未经同意就剥夺命主的生命的确是不可接受的，因为这会"阻碍他们未来愿望的实现"。而"杀死一只蜗牛或新生儿则不会阻碍这类愿望"，因为蜗牛和新生儿根本就没有这种产生愿望的能力。[2]在人类与动物之间，我们之所以优先保护前者，只不过是因为人类拥有更多的偏好："在偏好功利主义者看来，一般而言，剥夺命主的生命要恶于剥夺其他生物的生命，因为命主的偏好与未来有高度的相关性。"[3]

而当后来被再次问及自己是否仍坚持上述表态的时候，辛格仍不松口："这么一个令人不适的主张不单单是正确的，而且是毫无疑问地正确的。"[4]近来，在发表于《批判》杂志上的

---

[1] P. Singer, «Sanctity of Life or Quality of Life», *Pediatrics*, 1983, vol. 27, p. 128 et 129.
[2] P. Singer, *Question d'éthique pratique, op. cit.*, p. 95.
[3] Ibid., p. 99.
[4] Ibid., p. 201.

一次对谈中，辛格重申了自己的主张：

> 我依然认为，我们应该将一个个体能够体验到的生命质量作为衡量其生命价值的准绳，而不应考虑该个体究竟属于哪个物种。这也就意味着，在某些情况下，我们可以认为，某个智力严重受损的人类，虽然与我们同属一个物种，但其生命的价值本质上不如一只非人类动物。这一点，在我们对比一个不可逆转的植物人的生命与一只狗的生命时，就一目了然。[1]

辛格至多只是承认，不应该由他来评定残障新生儿的生命价值，而应该由他们的父母"在经过与医生之间可能的协商之后"，再决定"何种生活是令人满意的，而何种不是"。[2] 在其个人网站上，他对自己的这一主张颇为得意，并且在常见问题与解答栏中提到了另一个自己经常被问到的问题："您曾说，从道德上来看，杀死一名有缺陷的孩子并不等于杀死一个命主（人）。这真的是您说的吗？"对此，辛格给出了明确的回答："确实如此。不过，如果未能真正理解命主这个术语，我们便可能产生一些误解。我使用命主这个词用来指代有能力预见未来、拥有对未来的愿望和欲望的生命体……在我看来，杀死这

---

[1] F. Balibar, T. Hoquet, «Entretien avec Peter Singer», *Critique*, 2009/8, n° 747-n° 748, p. 660.

[2] S. Ruphy, «Entretien avec Peter Singer. L'éthique revisitée», *La Recherche*, 335, oct. 2000, p. 311.

样一个命主,与杀死一个对自身在时间中的存在没有意识的生命相比,前一种行为是更大的罪恶。人类的新生儿对于自身在时间中的存在没有任何意识。因而,'杀死一名新生儿'永远都不等同于'杀死一个命主'——后者是一个拥有活下去的愿望的生命。"[1]

在杀婴的问题上,辛格一直想将自己塑造为一个旧传统的颠覆者、一个思想自由开放的人。他反对在我们的社会中将杀婴视为禁忌,认为这阻碍了我们以冷静的态度权衡利弊。在他看来,我们之所以废弃了曾经普遍存在的杀婴习俗,要归咎于基督教:他在《婴儿该活吗?》一书中,专辟一章列举将杀婴视为正当的文化。辛格谴责基督教的"极权主义"教义,认为其"开创了一种不同于其他所有文化的对杀婴行为的敌视"[2]。"不杀死残障或病重的婴儿经常被视为一种错误,杀婴很可能也是人口控制的首要甚或唯一形式。"[3]

为了给杀婴辩护,辛格不惜在其书的另一处拙劣地"打趣",认为人们不应该被婴儿"有时很可爱"的外表打动:

> 在思考这个问题时,我们应该把因婴儿的弱小无助甚至有时很可爱的外表引起的情感放在一边。仅仅因为婴儿娇小可爱就认为其生命具有特殊价值,那就无异于认为,海豹幼崽因其白色皮毛和又圆又大的眼睛,就应该比不具

---

[1] 可在彼得·辛格的个人官方网站上查阅该回答:http://www.petersinger.info/faq/.
[2] H. Kuhse, P. Singer, *Should the Baby Live ?*, *op. cit.*, p. 117.
[3] P. Singer, *Questions d'éthique pratique*, *op. cit.*, p. 169.

有这些特征的大猩猩幼崽更有资格受到保护。[1]

杀婴与堕胎

辛格为杀婴行为的辩护相当简单。他在《实践伦理学》的"是否可以杀死胚胎与胎儿"一章中集中阐述了这个问题,并将杀婴与堕胎放在同一层面审视。辛格承认了自由派立场在试图在胚胎与新生儿之间划出"有道德意义的界限时"[2]所呈现的弱点。这些自由派人士"通常认为,可以杀死胚胎或胎儿,却不能杀死婴儿"[3]。然而,辛格却不接受这种将出生作为分界线的观点,他认为这种划分太武断。因而,"如果这条分界线并不能标示胎儿地位的突然变化,那么对我们来说就仅剩两种可能:反对堕胎,或允许杀婴"[4]。辛格完全不反对堕胎,因为对他来说,胎儿根本就不算命主,"不是需要像保护一个命主的生命一样去保护其生命的存在"[5]。因而,辛格心平气和地指出,那就应该同样支持杀婴。在他看来,新生儿与胎儿适用于同一套论证:"一周大的婴儿既没有理性也没有自我意识……要是胎儿不拥有命主所具有的生命权,那新生婴儿看来也不拥有。"[6]对辛格而言,堕胎是正当的,因为胚胎和胎儿并

---

[1] P. Singer, *Questions d'éthique pratique, op. cit.*, p. 167.

[2,3] Ibid., p. 166.(中文版参见[澳]彼得·辛格,《实践伦理学》,第170页。——译者注)

[4,5] P. Singer, *Rethinking Life and Death, op. cit.*, p. 210.

[6] P. Singer, *Questions d'éthique pratique, op. cit.*, p. 166.(中文版参见[澳]彼得·辛格,《实践伦理学》,第170页。——译者注)

非命主。而由于新生儿也同样不是命主,所以依照父母的偏好杀死新生儿同样是正当的。在这一点上,人们不应被杀婴行为"触动情感",被"严格来讲与之无直接关联的因素",以及"'新生婴儿的生命与成年人的生命一样神圣不可侵犯'这种实际上未经审视"[1]的观点所蒙蔽。同样,人们更不必担心杀婴行为会在社会之中引发焦虑,因为一方面,直接受其影响的孩童本身并不能理解这一政策;另一方面,对成年人来说,由于他们已经是成年人了,他们也不会受到该做法的威胁。这套论证简直古怪至极:因为它显然只会为反对"自愿终止妊娠"的人提供论据,因为他们可以借此说,正是人工流产的普及才导致辛格可以如此理直气壮地提出这些暴论。就连辛格本人也承认,自己的主张可能会让人以为,"一旦接受了堕胎,对安乐死的接受就潜伏在下一个角落"[2]。

因而,完全应该容许父母在残障孩子出生之后将其处理掉。而问题在于,哪些"有缺陷的"孩子是可以被杀死的?或许有人认为,这应仅限于严重残障的孩子——辛格认为,在这种情况下,所有人都应该同意。而剩下的问题仅在于,是应该任由这些孩子自己死亡,还是主动杀死他们:"实际上每个人都承认,在最严重的情况下,允许婴孩死去是唯一人道的、伦理上可接受的做法。问题在于如果允许这些婴儿死去是正确的,那

---

[1] P. Singer, *Questions d'éthique pratique, op. cit.*, p. 167.
[2] Ibid., p. 171.(中文版参见〔澳〕彼得·辛格,《实践伦理学》,第175页。——译者注)

为何杀死这些婴儿就是错误的？"¹ 辛格在书中用大量笔墨阐述了患有无脑畸形或脊柱裂的新生儿的情况。其中的脊柱裂是一种非常严重的脊柱畸形，以辛格这些书的写作年代的医学和手术水平而论，此种畸形在最严重的情况下会致命。

不过除此之外，辛格还讨论了残障程度较轻、无生命危险的孩子们的情形。在他看来，患有血友病或唐氏综合征（即21三体综合征）的孩子同样可以被杀掉。因为在辛格眼中，这样的生命没有活下去的价值，他们带来的痛苦多于快乐。他主张，人们不应该让一个生命带着这样的前景开始："抚养一名患有唐氏综合征的孩子与抚养一名正常的孩子，这两种体验的差别实在是太大了……我们不希望孩子在人生这趟充满不确定性的旅途的一开始就背负如此暗淡的前景。"² 因而，"如果我们能在一开始就知道这些问题，那么我们最好还是选择重新开始"³。人生的旅途应该是完满而没有阴影的。

带着一种骇人的冷酷无情，辛格解释道，最好还是杀死有缺陷的孩子，以便其父母将资源和精力倾注于生育一个健康的孩子：如果他们能专注于抚养一名健康的孩子，那么相比于他们被拖累去照顾一名残障孩子，那名健康的孩子将会拥有更为幸福的人生。"第二个婴儿将获得的生活快乐会超过第一个婴儿丧失的快乐。因此，从总体功利主义的角度来看，如果杀死血友病婴儿对他人没有负面影响，那么这种杀生就是正

---

1 P. Singer, *Questions d'éthique pratique*, *op. cit.*, p. 196.
2 P. Singer, *Rethinking Life and Death*, *op. cit.*, p. 213.
3 Ibid., p. 213 et 214.

当的。"¹ 辛格继而得出结论，不带半分羞愧："从总体功利主义的角度来看，孩子是可替代的，就像那些没有自我意识的动物。"² 孩子竟然是可替代的！如此荒谬无耻的言论，竟出自一名有两个女儿的父亲之口，这很难不让人目瞪口呆——他似乎甚至没意识到自己发表的究竟是怎样的一番暴论。

不过也必须说，辛格可并不是唯一一个认为孩子可被替代的学者。根据生命伦理学奠基人雨果·特里斯特朗·恩格尔哈特的说法，应该允许有相关意愿的父母对自己的孩子"停止治疗"（他自己不敢明说"杀婴"），"总的说来，就几乎所有的道德理解而言，都会存在这样的情形：允许一个婴儿死亡是适当的，父母可以尝试再'制造'一个可以长大成人而不存在严重残障问题的孩子"³。其实在当年，辛格的老师、功利主义哲学家理查德·黑尔（Richard Hare）就已经提出过这样的观点：如果一对夫妇只有能力抚养一名孩子的话，那么他们选择"堕掉一名不幸在发育过程中存在残障问题的胎儿（比如，孩子的母亲在孕期感染风疹而可能导致胎儿发育畸形）"，并将之替换为"下一个完全正常且与大多数人同样幸福的孩子"，⁴这样做是完全正常合理的。从这个角度出发，人们自然可以进一步拓展，认为可以被替代的可不只是残障孩子，事实上，没有自

1, 2   P. Singer, *Questions d'éthique pratique*, p. 180.

3   H. T. Engelhardt, *Les Fondements de la bioéthique*, p. 371. 译文还是太过委婉了：其英文原文说的是"生产制造"一个孩子。（中文版参见［美］H. T. 恩格尔哈特，《生命伦理学基础》，第 265 页。——译者注）

4   R. M. Hare, «Abortion and the Golden Rule», *Philosophy and Public Affairs*, vol. 4, n° 3, printemps 1975, p. 212.

我意识的任何孩子都可以被替代——就像辛格所说："（人们）有可能认为缺乏自我意识的动物可以相互替代，而对有自我意识的动物却并非如此。"[1] 因而，只要杀婴对父母有利，就应该适用于所有孩子。此后，辛格就此话题又做了进一步思考。当一名记者询问他如何看待"如果一对父母孕育并生下一名孩子，却只是为了将其杀死、摘取器官并将之移植给他们患病的、更为年长的孩子"时，辛格答道："很难赞赏能以如此冷漠态度行事的父母，但就他们所做的事情本身而言，也谈不上有什么错误。"随后，记者追问道："如果一个社会大规模将孩子培养成'备用零件'的供体，这种情况是否有问题？"对此，他的回答简单而直接："没有。"[2]

另外，辛格的两名信徒阿尔贝托·朱比利尼（Alberto Giubilini）和弗兰切斯卡·密涅尔瓦（Francesca Minerva）在《医学伦理学期刊》（都到了这种地步，我们在这方面还有什么真正的医学伦理可谈）上发表了他们经逻辑推导得出的非常"严肃的"结论："在所有允许堕胎的情形中，杀婴也应该被允许，即使孩子并非残障者"，因为胎儿和新生儿"并不具备与真正的命主一样的道德地位"。[3] 此外，他们还主张，职业义务、生活选择、家庭状况以及其他可以作为堕胎正当理由的情况，也

---

[1] P. Singer, *Questions d'éthique pratique*, *op. cit.*, p. 133 et 134.（中文版参见[澳]彼得·辛格，《实践伦理学》，第134页。——译者注）

[2] Cité par M. Olasky, «Blue state philosopher», *World Magazine*, 27 novembre 2004. Consultable sur https://world.wng.org/2004/11/blue_state_philosopher.

[3] A. Giubilini, F. Minerva, «After-birth abortion: why should the baby live?», *Journal of Medical Ethics*, 2013, 39, p. 262.

都同样应该是正当的。实际上，在他们看来，即使新生儿是健康的，其到来仍有可能使"已有的个人、父母、家庭、社会"的福祉遭受损害，因为，抚养孩子"所需要的精力、金钱以及照料并非所有家庭都能充分提供"[1]。遗弃孩子并不是可被考虑的选项，因为"孩子的母亲可能会因为她必须遗弃自己的孩子这件事而经受悲痛"[2]；而很明显，如果她将孩子杀掉，一切无疑会好很多。朱比利尼和密涅尔瓦主张用"产后堕胎"而非"杀婴"来称呼这种行为，以强调被杀害的新生儿在道德地位上更接近胚胎而非儿童。这些主张在上述医学伦理学期刊上引发了一场小小的风波，紧接着便销声匿迹，迅速被人遗忘。

生命伦理学"讨论"的后果

无疑，我们想得出的结论并不是要禁止"自愿终止妊娠"（堕胎），而是想指出，如果把堕胎视为一种"没什么大不了"的行为，这实际上将会打开一个囊括各种后续失控现象的潘多拉魔盒。在辛格那里，杀婴与堕胎密不可分，正如在同一位辛格那里，恋兽癖是动物解放观念和物种主义批判的一个逻辑后果。辛格的"论证"毫无疑问是荒谬可笑的。如果按他所说，人只有在对自我及未来有意识的情况下才应被视作命主的话，那所有熟睡中的人就都是可以被杀死的了；而如果我们认为，只有在一位命主具有意识并真正懂得何为生死的前提下，其生

[1, 2] A. Giubilini, F. Minerva, «After-birth abortion: why should the baby live?», *Journal of Medical Ethics*, 2013, 39, p. 264.

命才可以得到保护，那依照这种伦理原则，辛格及其同党无疑应被立即处死。此类荒谬后果在这些生命伦理学"讨论"之中比比皆是。而尝试用理性来驳斥这些谬论本身就是一种错误乃至过失。无须在人作为人这个简单事实上再添加任何诸如理性、意识、自主性之类的所谓特性，这个事实本身便足以让每个人都得到充分的尊重。面对自诩为"旧传统颠覆者"的辛格，英国哲学家安妮·麦克莱恩（Anne Maclean）对其问题"为什么不应该杀死婴儿"的回答精彩绝伦："我们会以这样而不是那样的方式对待婴儿，比如，我们不会将婴儿的生命视为可被我们随意支配的东西。这时候，生命伦理学家就会问，我们这样做究竟是出于何种理由？但这实际上不需要任何理由。或者，如果一定要把这件事换种说法的话，我们会说，'他们是婴儿'这个事实本身就是理由，唯一且充分的理由。"[1] 谋杀这个概念的定义是不能被随便更改的，更何况还涉及婴儿："'谋杀'这个概念不是什么公共财产，而是我们的道德词汇中不可或缺的一部分。因而，这个概念应该或不该使用，不应由哲学家规定。"[2] 不论像辛格或"生存彩票"提出者约翰·哈里斯（John Harris）这样的"专家"怎么说，都不应该杀死婴儿，不行就是不行。

必须在个体层面让每个人重新把握伦理——这一主张与反对将"伦理托付给专家"的想法相辅相成。我们甚至可以进一

---

[1] A. Maclean, *The Elimination of Morality. Reflections on Utlitarianism and Bioethics*, *op. cit.*, p. 30.

[2] Ibid., p. 108.

步说，有关道德专业知识的观点，不仅"与谦逊、谦卑的美德"[1]毫不相容，更与最基本的民主观念格格不入。这群为生命伦理反思提供服务的"专家"大多是哲学家，而他们是否适合提供此类咨询，这真的要画个问号。在其令人耳目一新的作品中，安妮·麦克莱恩指出，生命伦理学理论，尤其是其中的功利主义理论，实际上造成了道德的消解。这些奥古斯特·孔德所说的因演绎逻辑的滥用而导出的推论诚然很有原创性，但完全违背道德。就比如赫尔加·库塞与彼得·辛格主编的那部生命伦理学论文集，书中的文章就试图为一系列在一般道德观看来完全不道德的推论做辩护：比如杀婴、废除医疗保密义务、终止知情同意原则、非自愿安乐死合法化等。[2]实际上，哪怕只是想要去反驳这些可怖的观点就已经构成一种过失了，因为参与这种讨论本身就是违背道德的。而最令人担忧的是，杀婴问题如今已俨然成为道德哲学讨论中的经典话题——很难想象，这一问题当年更多的还只是纳粹党卫军军官们的专属议题。围绕这类"思想实验"的讨论层出不穷，我们有理由担心，公共心态以及奥威尔口中的"基本体面"可能会因此遭到侵蚀。研读过生命伦理学的学生很可能会冒险将杀婴视为可被考虑的解决方案，而对普罗大众而言，显然并非如此。

而这正是细腻且敏锐的澳大利亚哲学家雷蒙德·盖塔（Raimond Gaita）以极其犀利的笔触所指出的——很遗憾，这

---

1 A. L. Caplan, «Moral Experts and Moral Expertise», in B. Hoffmaster, B. Freedman, G. Fraser (eds.), *Clinical Ethics: Theory and Practice*, Clifton, 1989, p. 67.

2 Cf. H. Kuhse, P. Singer, *Bioethics. An Anthology*, Oxford-Malden, Blackwell, 1999.

位哲学家的知名度不及辛格。对辛格这种"站在'放宽杀人条件'这一运动前沿,并自创了实践伦理学理论"¹的学者,盖塔持批判态度。他惊讶于辛格及其信徒竟会主张"我们可以随意杀死一名三周大的孩子",理由可以是"接受一份工作"或者"去托斯卡纳旅游","而这么做完全没有错"。² 在他看来,辛格越过这条界限而竟然没遇到太多反对,这件事本身就是相当令人担忧的,这表明"在某种程度上定义了我们文化的道德边界发生了滑坡"³。因而可以说,辛格不单单腐蚀了高等教育界的道德感,更在后来将这种腐蚀蔓延到了整个社会。早在1991年,盖塔就已经指出:

> 仅在二十年前,人们仍认为,一旦在理论中得出了"可以杀婴"这种结论,便足以推翻之前的所有论证——这在当年是毋庸置疑的。尤其是,人们当年普遍承认,如果堕胎在道德上被证明与杀婴无异,那么堕胎将被视作一种完全不可接受的行为。然而如今,已经有一些哲学家认为,如果放在与堕胎基本相同的前提下,杀婴是可被接受的;并且,对于在西方世界哲学系修读实践伦理学课程的学生们而言,这至少是一个可被支持的主张。此外,在哲学界,人们可以认为杀婴是一种恶,而紧接着又会补

1　R. Gaita, *Good and Evil. An Absolute Conception*, Londres, MacMillan, 1991, p. 321.

2, 3　R. Gaita, *A Common Humanity. Thinking about Love and Truth and Justice*, Londres, Routledge, 2000, p. 182.

充道"但是……"——这种看法在如今的哲学界是完全无可指摘的。而相反，如果有哲学家表示，引导学生们去认真思考"是否可以出于与堕胎相似的理由而杀死六周大的婴儿"这样的问题，有可能会腐蚀学生的道德观，那么这位哲学家的大多数同事都会认为他不是一名"真正的哲学家"或"思想家"。[1]

因而，"现在已经有一整代哲学专业的学生在经过学习后认为，我们可以去讨论'在与堕胎相同的条件下，是否可以杀婴'这个问题"[2]。在大学校园内推动这种"异想天开"的思想实验，不但不能收获预期的教育效果，还会产生极其可怕的后果。这种教学方针不但没有向人们敞开哲学的大门，反而将学术思维模式中最狭隘、最不堪的部分散播到了人群之中：

> 他们并没有让学院哲学变得更平易近人。而恰恰相反，他们将高等教育职业精神中最糟糕的傲慢和自我陶醉扩散到了象牙塔之外。通常，他们对于自己所承担的责任毫无敬畏，甚至无一丝焦虑；对于自己所提出的问题，他们也没有一丝担忧；而对于自己以居高临下之姿所排斥的那些传统，他们也没有表现出一丝一毫的谦卑。他们盛气凌人、不可一世，对于神秘的事物完全没有任何感知力，甚至不曾怀疑有事物可以深奥到超越他们狭隘的专业能力。他们

---

[1] R. Gaita, *Good and Evil, op. cit.*, p. 315 et 316.
[2] Ibid., p. 316.

误把这些缺点当作美德，认为这都是自己彻底、勇敢地思考，并与蒙昧主义势不两立的表现。[1]

关于辛格这类伦理学家的愚蠢和残忍，恐怕找不到比这段文字更为贴切的描述了。

拓展资料　孩子在多大之前可以被杀掉

所以，对于辛格及其大部分的伦理学家同事而言，杀婴是合法的，因为孩子不是命主（人）。因而，剩下唯一需要考虑的问题不过是"孩子在多大之前可以被杀掉"。这是个困难的问题，对他们来说也很难下定论：我们在什么年龄可以真正成为一名命主，一名符合命主这个术语所具备的专门定义的个体，换言之，何时成为一个"在时间中持续存在的精神主体"，拥有"继续活下去的欲望"，并且是一个"能够做出选择的自主个体"？

在支持杀婴的作者中，我们经常会发现一个经典论据，即诺贝尔生理学或医学奖得主詹姆斯·沃森（James Watson）和弗朗西斯·克里克的主张——二人认为孩子不应一出生就得到作为一名孩子应受到的保护。1973年，在罗诉韦德案①过后，

---

[1] R. Gaita, *Good and Evil, op. cit.*, p. 326.

① 罗诉韦德案，是美国联邦最高法院的一起案例。1793年，美国联邦最高法院以7∶2的表决结果通过判决，认定女性的堕胎权受到宪法所规定的隐私权的保护。该案是美国乃至西方社会涉及堕胎权的一个经典判例，多年来也备受争议。2022年，美国联邦最高法院在另一起相关案件的判决中，以5∶4的表决正式推翻了罗诉韦德案的判例。——译者注

沃森引用弗朗西斯·克里克的说法，主张应给予父母三天的时间来确定孩子是不是"可被人类社会接受的成员"，从而在充分了解情况的前提下决定是留下孩子还是将之杀死：

> 我们需要重新思考我们关于生命意义的基本观念。或许，正如我的前同事弗朗西斯·克里克所说，在出生后三天之内，没人应该被视作活人。如果一名孩子在实际出生后三天之内可以不被法律视为出生，那么其父母就可以获得一些我们当前体制很少赋予人们的选择空间。这样，医生就可以在父母的决定下让孩子离世，从而避免很多不幸和痛苦。[1]

弗朗西斯·克里克自己也曾表示："任何新生儿在通过有关其基因潜力的测试之前，都不应该被宣布为人类，而如果其未通过这些测试，那么他将丧失活着的权利。"[2] 此外，早在1977年，高等教育界的杀婴鼓吹者迈克尔·图利就借由一段极为冗长的推理来说明"人类新生儿并不是命主（人），因为一个生物只有在具有'将自己视为经验和其他精神状态的持续主体'的概念时，才拥有真真正正的生命权"，并且，"只有在真的将自己视为这样一个持续存在的实体的前提下（他才拥有生

---

[1] J. Watson, «Children From the Laboratory. Interview with J. Watson», *Prism Magazine*, vol. 1, n°2, mai 1973, p. 13.

[2] Francis Crick, cité par P. Thuillier, «La tentation de l'eugénisme», *La Recherche*, n° 155, mai 1984, p. 744.

命权）"。[1]由于人类新生儿并不具备上述能力，所以他们既不是命主，也不是准命主，杀死他们也就无可非议。只有在儿童"获得'在道德上具有意义的特性'"[2]后，杀死他们才是不可接受的。而至于他们在什么年龄可以获得这些能力，仍有待研究和探讨……图利有时候说是在出生后三个月内，有时候又说是在孩子可以"使用语言表达"并因而具有对自身存在的意识之后——这显然要比三个月晚一些。根据他的这个思路，一个个体若想拥有生存权，则其必须能以某种方式声明自己的权利："我声明，我有生命权。"不过无论如何，在图利看来，这都不能算是一个真正的问题，因为"在绝大多数人们需要杀婴的情况下，杀婴的合理性一般都会在孩子出生后不久就显现出来"。由于基本可以确定在这一生长阶段的孩子并不具备"持续性自我"的概念，因此，人们"有充分的理由相信，在大多数需要杀婴的情形下，这种行为在道德上是被允许的"[3]。总之，杀婴不过是个细节问题，一个可以在心理科学的进步中得到解决的实践问题："这个实践性道德问题可以通过选取一个时间段而获得令人满意的解决，比如将'出生后一周'作为可以合法杀婴的时间段。而只要心理学家研究出了在生命的哪个时刻，人类个体开始将自己视为经验和其他精神状态的持续主体，我们就可以进一步将这个杀婴的合法时间段精确化。"[4]

1，2，3　M. Tooley, «Abortion and Infanticide», *Philosophy & Public Affairs*, vol. 2, n° 1 (Automne 1972), p. 64.

4　M. Tooley, «Abortion and Infanticide», *Philosophy & Public Affairs*, vol. 2, n° 1 (Automne 1972), p. 64.

而到了名气同样不低的英国哲学家乔纳森·格洛弗这里，他则在自己的作品《致命救人》(Causing Death and Saving Lives)中用一整章的篇幅来讨论"我们是在什么时候成为一个命主（人）的"。在结论中，他提及，对这个时间段做出明确划分是不可能的，一切都是程度的问题，并且"在某些不易被当即察觉的异常情况下，还有调整界限的可能"[1]。而格洛弗自己也知道，一旦出生后被视为命主的"明确时间界限"被抹除，人们就可能出现要求扩大合法杀婴时间段的诉求压力。不过，这似乎并未对他造成什么困扰。

而到了辛格那里，这个问题似乎更为复杂。在他看来，"显然并不容易讲清孩子究竟在什么时候才把自己视为时间中的独特存在者"[2]。他不无遗憾地说："甚至当我们与两三岁的儿童谈话时，也常常发觉，他们对于死亡很难形成融贯一致的观念，也很难理解他人有可能不复存在的可能性（更不要说是他们自己了）。"[3] 在何时拥有这种理解因人而异，并非所有孩子都会在同一年龄段理解这些事情。因此，在他看来，"完全意义上的法定生命权不应该开始于出生之时，而应该在出生一小段时间（也许是一个月）后。这将提供如上面所说的足够安全

---

1 J. Glover, *Causing Death and Saving Lives* (1977), New York, Penguin, 1990, p. 168.

2 P. Singer, *Questions d'éthique pratique*, *op. cit.*, p. 168.

3 Ibid.（中文版参见［澳］彼得·辛格，《实践伦理学》，第 17 页。——译者注）不过，我们也可以认为，辛格本人所提出的有关死亡的观念也不是很"融贯一致"。那依照杀婴的标准，是否也应对他实施处决呢？

的边际余地"。[1] 在其他作品中，辛格对"在什么期限内父母可以将自己不想要的孩子处理掉"这个问题做了更为详细的说明。在其与赫尔加·库塞合著的《婴儿该活吗？》中，辛格提议在孩子被人类社会完全接纳之前设立一个期限："这个具体的年龄界限，其实跟投票权的年龄界限一样，在某种程度上是任意设置出来的。我们认为，出生后28天是不错的——这给父母确认孩子可能具有的大部分重大缺陷留足了时间。"[2] 对辛格而言，确定拥有选举权的年龄和确定孩子可以被杀害的年龄，这两件事没多大区别……不过，由于还得考虑父母奇怪的依恋之情，人们最好还是选个更短的期限，"比如短至7天"，尽管这或许会让父母没有足够的时间来充分了解孩子的状况。在这方面，他认为应该信任医学，并表示一切主张"都应该根据新生儿诊断技术的发展情况及时修订"[3]。显而易见，辛格的这个期限是随便给的，并且在这个期限之后才发现孩子有缺陷，父母便会有更大麻烦。不过不用灰心，辛格还给大家留了一手："从长远看，对于安乐死整体态度的转变（而不单单是其中的杀婴），或许会使得在任何年龄给人以慈善死亡成为可能——这可以由有能力理解自身状况的人自己申请，而在当事人无法理解自身状况的情形下，也可以由一个专家小组来决定

---

[1] P. Singer, *Questions d'éthique pratique, op. cit.*, p. 169.（中文版参见同上书，第173页。——译者注）

[2，3] H. Kuhse, P. Singer, *Should the Baby Live ? The Problem of Handicapped Infants, op. cit.*, p. 195.

对这个只剩痛苦的生命实施安乐死。"[1]

在学术界最近的动态中,我们注意到了之前提过的"辛格宗派"的两位澳大利亚信徒阿尔贝托·朱比利尼和弗兰切斯卡·密涅尔瓦,他们有更开阔的思路。他们并未指明在什么期限之后便不能再实施被他们美化为"产后堕胎"的操作:"事实上,我们认为医生检测胎儿的异常情况用不了几天。"不过,他们表示,对于他们所认可的"出于非医学原因而实施的产后堕胎,我们并不主张设定一个具体的时间节点,因为这取决于新生儿的神经发育状况,而这是神经科医生和心理学家应该去确认的事情"[2]。这样看来,他们的意思应该是说,一旦这种产后堕胎的操作让新生儿感到痛苦,就应立即停止实施。瞧瞧,这就是辛格信徒勾画的美好蓝图。

---

[1] H. Kuhse, P. Singer, *Should the Baby Live ? The Problem of Handicapped Infants*, *op. cit.*, p. 196.

[2] A. Giubilini, F. Minerva, «After-birth abortion : why should the baby live ?», article précité, p. 163.

3 "可疑死亡"①：对死亡的重新定义

近五十年来，西方世界浮现出一种关于死亡的新定义——脑死亡。该定义最早出现在美国，随后迅速扩散，除了在日本，这个概念的扩散在世界上大部分地区都未遇太大阻力。正如很多人曾指出的，这种对死亡的重新表述与器官移植技术的发展有直接关联。毫无疑问，这不仅带来了科学和医学层面的后果，也触发了伦理层面的争议。除了安乐死问题，最能体现我们这个时代对"尊严死"的病态迷恋的，莫过于对"死亡的界限"这个问题的讨论了。这一领域的精彩程度绝不会让我们失望：在这些以"团结"和"公民意识"为名的善意泛滥背后，某些更令人忧心的前景已慢慢浮出水面——与安乐死问题一样，这些讨论也会直接把我们送到当代恐怖电影里最为血腥的情节中。

这种观点倾向于将死亡视作一个可以通过技术手段来解决

---

① 此处作者借用了1978年上映的由美国导演、作家迈克尔·克莱顿（Michael Crichton）执导的惊悚电影《昏迷》的法语译名《可疑死亡》。电影讲述的是一家医院故意让手术患者变成植物人，以便暗中进行器官交易。——译者注

的问题。这就是尤瓦尔·赫拉利（Yuval Noah Harari）在他试图描绘人类未来的《未来简史》一书中所指出的，"就连不属于科学界的普通百姓，也已经习惯于把死亡当成一个技术问题"，而"只要是技术问题，就会有技术上的解决方案"。[1]如果说，"传统上，死亡是牧师和神学家的专属领域，现如今则由工程师们接手"[2]。某些美国加利福尼亚的超人类主义科技预言家认为，死亡将很快被征服。比如美国未来学家罗伯特·弗雷塔斯（Robert Freitas），他就主张应该终结这场"通常被我们称为自然死亡"的"针对全人类的大屠杀"。[3]我们要么可以借助基因或技术改造永久消除死亡，比如热量限制或人体冷冻技术；要么可以通过移植而来的"备用零件"（器官）来修复逐渐衰老的躯体，以暂时远离死亡。总之，死亡不应再被视为一条绝对的界限，一桩无可挽回的悲剧。正如精神分析师夏尔·梅尔曼（Charles Melman）所指出的，死亡将完全丧失其悲剧性质，而自此被归入"'意外'的范畴"。[4]

拓展资料　"生存彩票"：是否应该为救两个病人而杀死一个健康人

最著名的生命伦理学论证之一，恐怕也是该学科最具代

[1, 2]　Y. N. Harari, *Homo Deus. Une brève histoire de l'avenir*, Paris, Albin Michel, 2017, p. 34.（中文版参见［以］尤瓦尔·赫拉利著，《未来简史》，林俊宏译，中信出版社2017年版，第20页。——译者注）

[3]　R. Freitas, «Death is an Outrage», consultable sur le site : rfreitas.com

[4]　C. Melman, *L'Homme sans gravité. Jouir à tout prix*, Paris, Denoël, 2002 (Folio, 2005, p. 203).

表性的论证，非"生存彩票"莫属。这个思想实验令其作者约翰·哈里斯声名鹊起。哈里斯是彼得·辛格的同学，如今已是曼彻斯特大学的生命伦理学教授，也是英国医学科学院成员，是名副其实的生命伦理学"学阀"。[1]跟辛格一样，他也在自己的网站上表现出了自己位列"当世最重要的三位生命伦理学家"以及"英国最具影响力的五十位人物"的得意。

而这一切都要归功于他于1975年发表的一篇后来被广泛引用的文章——《生存彩票》。文中，哈里斯设计了一个思想实验——不得不承认，该实验在简洁性和残酷性方面的确堪称出众。[2]首先，他假设了一个器官移植技术已经完全成熟的世界，而该实验的具体情景如下：有两名濒临死亡的病人Y和Z，其中一个人缺少心脏，另一个缺少肺，而此时没有可以给他们移植的器官。不过，Y和Z倒没有为自己的遭际感伤，而是对医生说，想要救他们，"只需要杀死一名健康人"（我们将这名健康人命名为A），"从他的身上摘取所需器官，这样就可以把我们两个都救活"。而如果医生不这么做，那就是眼睁睁地看着Y和Z死去，这与杀死他们没什么两样——杀死他们和放任他们死去这两件事之间并无区别，结果都是一样的。而相较之下，杀死A并将器官移植给Y和Z绝不比放任二人因缺少器官死去更缺德。相反，如果这样做的话，我们就是以一条命的代价拯救了两条乃至更多条（如果可以从A身上摘取更多器官的

---

[1] 他也在其网站上炫耀自己为欧盟和联合国的一些研究项目筹集了近400万欧元的资金。

[2] J. Harris, «The Survival Lottery», *Philosophy*, 50, 1975, p. 81-87.

话）——从功利主义的角度来看，这种做法的结果是合乎道德的，因为它增加了被拯救的生命数量，实现了"生命的最大化"。乍一看，这个论证似乎完全合理、无懈可击。

在此基础上，哈里斯还增设了一系列条件，以丰富该思想实验。在实验中，为了避免医生随意选择器官供体，国家应该发行一种彩票：每位公民都会被分配到一个号码，而当这个号码被中央电脑运行的抽签抽中时，相应公民就将被处死。而为了避免给大众造成过大的心理压力，那些被选中的人可以得到英雄的待遇：我们不说他们被处死了，而说"他们将自己的生命献给了他人"。

而后，哈里斯逐一驳斥了所有他眼中我们可能会提出的针对这种"生存彩票"的反对理由。比如，有人主张将Y的心脏移植给Z或将Z的肺移植给Y，这样就可以不杀死A，从结果上看也同样保护了两条生命。对此，哈里斯回应道，这样做是不公平的，因为这会让病人在社会中成为一个特殊的类别。再比如，为了避免最后只有老年人活下来而年轻人被杀死作为器官供体，他提出，可以在电脑中编写一个程序，以保持国家年龄结构在生存彩票规则下均衡分布。而至于对自己当下的健康状况负有责任的人（比如酗酒者和吸烟者），他们则应被排除出移植的受惠人群。所以，虽然这个系统表面看来会引发人们的不安全感，但实际上将与此相反——它会提高社会总体的预期寿命，因为借由该系统，实际上幸免的人会多于被选中处死的人。¹ 凡此种种，不一而足。

看上去，哈里斯的这个论点甚至不值一驳，因为这个故事太过离谱，以致人们甚至会怀疑他到底是不是认真的。不过可惜，他在这里好像确实是认真的。对此，我们显然可以找到一大堆反对理由。其中最明显的一个是，无缘无故杀害一个健康人与让一个人不治而亡这两种行为之间的区别。故事中两位极其狠毒的Y和Z，他们对A的态度是相当具有攻击性的，而A从未对Y和Z发动过任何攻击——作为旁观者，我们只能祈求病魔赶紧带走Y和Z这两个难缠的恶鬼。不治而亡，或者用哈里斯的说法，"任由其死去"，这显然是与杀人截然不同的两件事，因为疾病并不是一种罪行。正如哲学家安妮·麦克莱恩对此给出的中肯评论所说的，哈里斯没有理解的是，杀死一个健康的人"就是不折不扣的谋杀"²。在这一点上，无论是日常语言、普遍的道德观，还是法律，看法都是一致的。所以，声称杀死A并不是谋杀，这种说法完全是无稽之谈。

可令人担忧的是，对这个论点无休止的讨论，会让人们在思想中逐渐认为这个观点是可被考虑的，人们会想：哈里斯的论证难道一点儿道理都没有吗？同样的道理，对杀婴正当性的探究也终究会侵蚀构成所有文明社会根基的禁忌。更糟糕的是，我们或许可以认为，这类考量实际上已经接近于在现实中被实

---

1 不过，依照哈里斯的说法，我们还是可以补充一下，那就是"最终的最终"，Y和Z也会像A以及我们所有人一样死去。因而这么看来，实际上并没有"更多的"生命因生存彩票而获救。
2 A. Maclean, *The Elimination of Morality. Reflections on Utilitarianism and Bioethics*, *op. cit.*, p. 87.

践了。哈里斯作为相关领域的专家而被欧洲的机构认可，这件事本身就不是什么好兆头。像A一样被人们杀死并取用器官的活人，是不是就是现实中被催着早点死的"濒死者"？他们被催着"献出自己的生命"，以便尽快将自身所有器官留给他人取用？此外，我们还可以继续提出一个令人心惊肉跳的问题：哈里斯的论点最终会不会不只被当成一个思想实验，而是新卫生主义乌托邦的理想？在这些乌托邦中，一切生命都会被那些自封的专家评估，而在评估中被认为质量较差的生命将被牺牲掉，以造福优质生命。而哈里斯本人后来也非常明确地表示（注意，此处已不再是思想实验了），逝者的器官应该收归国有："逝者的器官应该被自动视为可取用的资源"，并且"我们应该完全废除征求逝者或其家属同意的惯例"。[1]

这种对死亡的观念转变也体现在当前西方对火葬的思考中——这些观点以生态为由、以经济为动机，旨在让尸体减少土地占用，并减少葬礼的象征意义。对此，哲学家罗伯特·雷德克（Robert Redeker）做了犀利点评，在他看来，火葬是"是对物质的厌恶"，因为"卫生主义这种当代狂热厌恶物质"。[2]从这个意义上来说，火葬倒确实是某种"对基督教的反叛"，因为基督教曾讲求对肉身的修复。而说起洞察火葬所引发的人类学问题的另一面，做得最好的还是米歇尔·维勒贝克。在他的小说《地图与疆域》中，与作者同名的一名角色"不愿意将

---

[1] J. Harris, «Organ procurement: dead interests, living needs», *Journal of Medical Ethics*, 29-3, juin 2003.

[2] R. Redeker, *L'Éclipse de la mort*, Paris, Desclée de Brouwer, 2017, p. 73.

自己的遗体火化,而想依照传统的方式土葬"[1],这一想法得到了书中"老派的"警察分局局长的认同,在后者看来,

> 人不属于自然,人的地位高于自然……从人类学意义上说,将人类的骨灰撒到牧场上、河流中或大海里,是大逆不道的……一个人就是一个意识,一个独一无二的意识,个体的,不可替代的,光凭这个身份,他就配得上一块纪念碑、一块墓碑,或至少是一段墓志铭——总之是某种肯定性的东西,它可以穿越到未来,为这个人背负他曾经存在的证明,这就是雅斯林心底里所想的。[2]

米歇尔·维勒贝克本人也相当重视这个观点,在多次访谈中他都提及,火化"从人类学意义上来说是相当严重的行为……这是衡量人性的标准之一:埋葬往生者,保留关于他们的记忆。而不再这么做的人,也不能算是人类了"[3]。

另一个彰显将死亡彻底去神圣化的意志的有趣症状,是"身体世界"项目所收获的不可思议的成功。这是由德国解剖学家冈瑟·冯·海根斯(Gunther von Hagens)举办的巡回展,已经吸引了全球数百万人慕名参观。该展览的创意广为人知,即展示一些经过处理的、剥去表皮的、"人体塑化"后的尸体。这些尸体被摆成日常生活中的各种姿态,仿佛他们仍然

1, 2 M. Houellebecq, *La Carte et le territoire*, op. cit., p. 317.

3 Cf. notamment l'entretien avec Marin de Viry, *Ring*, 8 septembre 2010, consultable sur le site http://www.surlering.com/.

活着，比如骑在马上的骑士、正在下棋的棋手、正在打球的棒球运动员等。而精神分析师夏尔·梅尔曼就在其中看出了被他称为"新心理经济"的核心症状，在这种症状中，"法则"和"象征界"被享乐取代。如此，历史上首次出现如下场景：人们通过让尸体服务于"美学目的，或干脆为了让自己从中得到享乐"[1]，而消解了死亡的神圣性。

该展览及其在民众中收获的广泛成功充分表明了一个（或许尚未被我们觉察到的）事实，那就是，又有一条界限被跨越了……在这里，被抹除的是一个通常被视为记忆之所，当然也是神圣之所的地方的永恒性——通常在这个地方，逝者的遗体会被安置在人们的视线之外……这个展览实际上就是一种恋尸癖的表现，一种窥尸。咱们这位艺术家所开发的那种技术手段，使人们以最堂而皇之的姿态，带着最好听的动机，并在欢快的氛围中，得到窥视死亡的享乐。在这一过程中，从前还被我们视作禁忌和不可能的那条界限被跨越了。[2]

如果死亡所具有的根本的他者性及其神圣特征不复存在，那么禁忌与界限也将随之消散。冯·海根斯一本访谈集的标题——《挑战极限》(*Pushing the Limits*)便清晰地显露出这

---

[1] C. Melman, *L'Homme sans gravité, op. cit.*, p. 233.
[2] Ibid., p. 22 et 23.

种不断挑战和推动界限的意图。[1]如今，法国17世纪道德哲学家拉罗什富科（La Rochefoucauld）的那句"太阳与死亡皆无法直视"已被人们抛在脑后，人们通过尸体从各个角度打量死亡。在当代实践伦理学看来，死亡不过是各种研究对象中的一个，而辛格也从这个角度出发，提出"重思生死"的观点。该观点换句话说，就是摆脱宗教和传统文化带给人们的有关死亡的不安与神圣，而改用理性的方式思考死亡。

"脑死亡"概念的发明

将死亡的内涵重新定义为"脑死亡"是近几年的事，并且在很多方面，这个新定义都显得反直觉，因为在此定义下的"死者"仍然能够呼吸，面色红润，且都保留了基本的自主神经功能。其中的重要时间节点是1968年，哈佛大学医学院发布了对脑死亡进行标准定义的报告。然而实际上，早在20世纪50年代末，法国的两位神经学家皮埃尔·莫拉雷（Pierre Mollaret）和莫里斯·古隆（Maurice Goulon）就已经提出了昏迷病人苏醒的极限问题。他们在1959年发表了一篇文章，有关一项基于23名患者的研究，他们在文中定义了"过度昏

---

[1] Collectif, *Pushing the Limits. Encounters with Body Worlds Creator Gunther von Hagens*, Arts et sciences, Heidelberg, 2007. 书中提到，冯·海根斯不喜欢自己原来的姓氏Liebchen（意为"我的小宝贝"），故而当德国颁布法律条款允许丈夫在结婚时选用妻子的姓氏时，他就决定先与妻子离婚，再在翌年与其再婚，以改用后者的姓氏——那个更庄重的"冯·海根斯"（von Hagens）。

迷"① 的概念，即"远超从最重度昏迷中苏醒所需时长的昏迷"。正如他们所写，自主呼吸恢复这一技术进步的"代价"是，一些病人虽然可以在此技术支持下存活长达 15 天之久，却无法恢复意识。虽然病人的血液循环和呼吸得以维持，但对外部刺激的反应能力以及自主神经功能均已丧失。这种远超普通昏迷的第四程度的昏迷②被定义为"不仅丧失了对外部刺激的反应能力，而且自主神经功能也已完全丧失（而不只是简单的紊乱）"[1]。文中提到的这些患者的生命完全处于勉强延续的状态，但莫拉雷和古隆并未对他们是生是死的问题给出明确的论断。因为他们已经意识到，论断会触发一些真正的问题，并且会"不可避免地将问题上升到有关生命的终极边界的讨论上，甚至还会进一步涉及确定法律意义上的死亡时间的权利概念"[2]。在这个时候，作为医生，他们同情患者："面对处于被我们归为'过度昏迷'状态下的不幸者，他们的心脏还日复一日地跳动着，但没有一丝恢复功能的迹象，最终，我们心中的绝望与怜悯交战不休，而触发'解脱机关'的诱惑也在心头萦绕。"[3] 然而他们终究没有屈服于这种诱惑，"未将任何一种已被提出的标准视为绝对标准"——对任何一种论点，都有可能提出"一个将其否定的例外"。正如莫拉雷所说，"在我们这里，例外就意味着最后一丝可能性；而迄今为止，只要是我着

---

① 这一概念如今一般被视为"脑死亡"概念的同义词。——译者注
② 医学上一般将昏迷程度分为四种：轻度昏迷、中度昏迷、重度昏迷和过度昏迷。——译者注

1，2，3　P. Mollaret, M. Goulon, «Le coma dépassé» (Mémoire préliminaire), in *Revue neurologique*, 1959, 101 (1), p. 4.

手去做的事、去救的人，我都会坚持到底"[1]。行使生杀大权并非医者本分。"请大家，特别是支持并参与救治的同事们原谅我。但时至今日，我仍不能，也不愿，做出那个拇指向下的手势。"[2] 拇指向下是古罗马竞技场中女祭司和观众向获胜的角斗士做出的手势，用以判处败者死刑。

在医学界以外，最早认识到莫拉雷和古隆研究重要性的人之一是哲学家吉奥乔·阿甘本（Giorgio Agamben）——他在其作品《神圣人》的"对死亡的政治化"一章中做了讨论。在阿甘本看来，这标志着一个他笔下的时代的开始："赤裸生命""完全受人及其技术控制"，并且"可被杀死，而（执行者）不犯杀人罪"。他非常中肯地强调，生死，"确切地说，并非科学概念，而是政治概念——这两个概念本身恰恰只有通过某种决断，才能获得明确的意义"[3]。为此，阿甘本还以一种颇具想象力却又令人胆寒的笔调描绘了该时代降临后的场景："收治徘徊在生死之间的'新死者'、昏迷者和'假活人'的重症监护病房实际上划出了一个例外空间，在该空间之内，一种完全受人及其技术控制的、纯粹的赤裸生命首次出现。"[4] 此外，在阿甘本看来，"脑死亡概念以及现代生命政治的信奉者"在某种意义上比纳粹还过分，他们会理直气壮地要求国家介入

---

[1] P. Mollaret, M. Goulon, «Le coma dépassé» (Mémoire préliminaire), in *Revue neurologique*, 1959, 101 (1), p. 15.

[2] Ibid., p. 14.

[3] G. Agamben, *Homo Sacer I. Le pouvoir souverain et la vie nue*, Paris, Seuil, 1997, p. 177.

[4] Ibid., p. 178.

相关议题，以提高器官摘取的效率。阿甘本对脑死亡的阐释不可谓不准确，但在涉及过度昏迷的问题时可能就未必了。看起来，像莫拉雷和古隆这样并未直接介入器官移植相关问题的"老派"重症监护医生并未走上那条路——这一点从他们对触发"解脱机关"的纠结中便可感受到。不过，对脑死亡概念的真正发明者来说，我们上面的这些看法可能就不适用了。

实际上，将脑死亡定义为死亡，这一做法的真正起点应该追溯到1968年由哈佛大学医学院的一个特设委员会组织的一次会议。不过，当时这次会议的议题不仅是处于重度昏迷状态的病人。正如加拿大人类学家玛格丽特·洛克（Margaret Lock）在一本非常有趣的书中指出的，死亡的新定义出现的主要原因是当时的医疗领域需要器官。相关事件的发生顺序与相应人物的发言都清晰明确——新的死亡定义确立于1968年，而全球首例心脏移植手术则是在1967年由南非医生克里斯蒂安·巴纳德（Christiaan Barnard）实施的。玛格丽特·洛克着重指出："首例心脏移植手术完成后仅一个月，同时也是移植受体病人离世后仅一周，麻醉师兼医学伦理问题专家亨利·毕彻（Henry Beecher）便与哈佛医学院院长取得联系，讨论他认为的、与无望苏醒的昏迷患者有关的紧急情况。"[1] 此后，院长便任命毕彻为脑死亡定义研究的委员会的主席。该委员会的研究报告后来发表在权威期刊《美国医学会杂志》上，并成为有关该问题的权威文献之一。这份报告说得相当直白，其首段便写道：

---

[1] M. Lock, *Twice Dead. Organ Transplants and the Reinvention of Death*, Berkeley-Londres-New York, University of California Press, 2002, p. 89.

我们的主要目的是将不可逆性昏迷定义为新的死亡标准。推出这一新定义的理由有二：

1. 促苏醒技术和生命支持疗法上的进步，使得越来越多的努力被投入救治处于绝望状态的病患。但有的时候，这些努力只能收获部分的成功，即一个心脏仍然跳动但大脑已经受到不可逆损伤的病患个体。对这些遭受认知功能永久丧失之苦的病患，他们的家庭、医院，以及需要使用被昏迷病患占据的床位的其他患者来说，这都是个沉重的负担。
2. 当我们需要取得用于移植的器官时，过时的死亡标准可能会引发争议。[1]

正如玛格丽特·洛克审慎指出的那样，此处的第二个理由是个"不祥之兆"。[2] 这难道不是有人为了得到健康器官才将死亡界限提前的吗？这种定义难道不是给以器官短缺为由而试图进一步提前死亡界限的舆论声量开辟了道路吗？玛格丽特·洛克本人就预想到一个可能的后续，一个更为提前的对死亡的定义，即大脑新皮质死亡——这种死亡将仅涉及前脑的中部位置，而不再关注脑干的状况。如今，我们知道，自2005年起便在法国被准许的，同时也被越来越广泛实施的心脏停搏状态下的

---

1 Ad Hoc Committee of the Harvard Medical School to Examine the Definition of Death, «A Definition of Irreversible Coma», *Journal of the American Medical Association*, 205 (6), 1968, p. 85.

2 M. Lock, «Inventing a New Death and Making it Believable», *Anthropology and Medicine*, vol. 9, 2, 2002, p. 103.

器官摘取，实际上更是以一种极其骇人的方式将死亡的时间提前了。在这种情形下，甚至"意外"也被纳入其中。[1] 因而，我们还真得留神这帮辛格式的"人体掠夺者"①，这帮渎尸者，他们从脑死亡者身上掠夺器官。并且随着时间的推移，这些供体被宣布死亡时的损伤标准变得越来越低，实际上并未达到传统意义上的死亡标准。此外，我们还可以说，报告中的第一个理由也同样古怪：我们可以理解里面说的，对于病患的家庭是一种负担，但对一名已被宣布昏迷或死亡的病患本人而言，又何谈沉重的负担呢？而辛格以及某些人提出将认知功能永久丧失作为"高级脑区死亡"的新定义，显然也是对"人类生命"下了一个极为狭隘的定义。

此外，通过相当出色的田野调查，玛格丽特·洛克让人们清晰地看到了实践中存在的诸多矛盾。她还特别指出，尽管相关讨论几乎从未扩散到公共领域，但医生行业内部对脑死亡定

---

[1] 参见神经学家劳拉·博西（Laura Bossi）就相关话题提出的那些尖锐且资料翔实的批评：*Histoire naturelle de l'âme* (PUF, 2003) et *Les Frontières de la mort* (Payot, 2012)。心脏停搏是否不可逆，这一问题远未有定论。2008年6月，《世界报》就报道了一名被送至巴黎皮提耶-萨尔佩特里尔医院的心脏停搏的男子。在一系列施救措施后，他未能恢复心跳，故而人们开始准备摘取他的器官，然而，"就在他们准备动手开刀的那一刻，医生们非常惊讶地发现，这位病人显示出了自主呼吸的迹象、瞳孔对光反射以及对疼痛刺激的初步反应"（*Le Monde*, 10 juin 2008）。此外，有关这个新定义，还有一个令人极度震惊的事实，那就是这一新的死亡定义是在未经公共讨论的情况下就被采用的。有关这一点，参见重症医学教授博勒（J.-M. Boles）的文章，«Les prélèvements d'organes à cœur arrêté», *Études*, 2008/12, t. 409。

① 原文为"Body snatchers"，套用了美国恐怖片片名 *Body snatchers*（《异形基地》），该片描绘了外星生物对人体的入侵和掠夺。——译者注

义的理解确实没有外界看上去的那么一致。而关于脑死亡者，玛格丽特·洛克坦言，自己也对这些在某些方面仍是活人的死人感到格外困惑。她特别展示了这些病人/死人极度模糊的地位，从用于描述他们的术语中便可见一斑——这些术语变化不定，医疗团队在描述他们时用了不少"尴尬"且"露骨"的词语：比如"处于人工存活状态下的死者""活尸""心肺移植准备体""潜在尸体""重症监护患者""呼吸机下的大脑""新死者""濒死者""过度昏迷者""脑死亡者"等。[1]

洛克还提及，她采访过的护士，即便认为脑死亡的诊断可靠，也仍会像从前一样继续照顾这些"病人/死人"，并且可能出于"习惯"或"万一还有灵魂存在"，或者甚至"因为灵魂可能还留在房间之中"，[2] 而跟他们讲话。此外，她还指出，由于专业不同，不同的医生对于这种新死亡定义的支持程度也不同。其中，麻醉师的态度最保守，而相比之下，移植医师无疑最支持。对此，她总结道："尽管医生们都认为脑死亡的诊断是可靠的，但他们并不认为病人被送去摘取器官时已经生物学死亡了。在我采访的 32 名重症监护医师中，没有一个人认为脑死亡就意味着生物学生命的终结，尽管其中的每个人都同意，脑死亡将会导致完全的生物学死亡。"[3]

这些用词反映了医生群体自身的游移不定——他们似乎对所选取的死亡标准是否可靠心存疑虑。洛克提到了一名资深医

---

[1] Cf. M. Lock, *Twice Dead, op. cit.*, p. 94.

[2] Ibid., p. 251.

[3] Ibid., p. 243.

生的说法，后者接受"脑死亡是有意义的生命的终结"这一观点，但当谈及器官摘取时，他却表现出了"巨大的混乱"："我们不希望病人在我们能够获取其器官之前死亡，因而让他们保持状态稳定且存活是非常重要的，所以我们在病人脑死亡之后仍会继续提供同样的治疗。"[1] 关于这一点，洛克还提到了另一名资历尚浅的重症监护医师说漏嘴时所表达的看法——该医生还没学会器官移植的"套话"，他表示："真正的死亡发生在心脏停搏时。（这么看的话）患者实际上死了两次。"[2] 洛克察觉到，对"活尸"真实状态的问题，所有受访者的真实意见都比他们公开承认的要纠结得多。纵使他们全都同意脑死亡是不可逆的，他们也不认为脑死亡的个体已经真的死了。也正是基于上述原因，玛格丽特·洛克引用了一名资深医生给另一名急于摘取患者器官的年轻急诊医生的忠告："凡事莫太急。"[3] 而且，不管怎么说，脑死亡的具体标准因国家而异，因而有可能出现这样的情况：患者在某一个国家被宣布死亡，但在另一个国家则不被视为死亡。

公众围绕这些问题的恐惧不可忽视，而洛克的书加深了这种恐惧。因而，*"Twice Dead"*（死而复死）会显得相当"血腥"，甚至会让人联想到加拿大导演大卫·柯南伯格（David Cronenberg）风格（"肉体恐怖"）的医学科幻电影。洛克还引

---

[1] Cf. M. Lock, *Twice Dead*, *op. cit.*, p. 248.
[2] Ibid. 正是这番话触动了玛格丽特·洛克，让她将自己的书命名为《死而复死》（*Twice Dead*）。
[3] Ibid., p. 239.

用了美国生物伦理学家威拉德·盖林（Willard Gaylin）1974年的一篇文章《收割死者》——这篇文章很有可能也启发了迈克尔·克莱顿电影《昏迷》。作为精神病学家和海斯汀生命伦理学中心前主任，盖林的想法是，在"尸体农场"或"生物商场"中"培植"一些"新死者"，以期为教学、药物测试或移植提供便于取用的人体器官。在法律地位上，这些"新尸体"是死人，但从实际特征来看，他们与通常认为的死尸毫不沾边："这些'新死者'身体尚且温热，他们有呼吸、有脉搏、可以排泄，他们的身体需要照顾，包括喂食和梳洗……而且，在这种条件下，他们的生命或许还能维持很多年"，进而"为科学和人类做出相当有益的贡献"。[1] 这将为药物测试、外科手术以及激素或其他抗体的制造提供更为充足便利的器官和血液。医学生们也可以在"新尸体"上练手，因为后者在司法层面上已经死了，但实际上仍是活体。我们在下文将看到，这恰恰是德国哲学家汉斯·约纳斯（Hans Jonas）在这种新的死亡定义被公布后所忧心的事情。

在对这种问题的讨论中要是看不到咱们亲爱的辛格大教授，那才是真的怪事——他一直盼着、催着他的同类死得多一点儿、快一点儿。在《重思生死》中，他相当看重这个新的死亡定义。在他眼中，对生命两端界限的定义都需要重新审视。对"生"的一端，他认为有必要抛弃那种认为出生本身就已经构成某种重要界限的观点；同样，对"死"的一端，也有必要认识到关

---

[1] W. Gaylin, «Harvesting the Dead», *Harper's Magazine*, septembre 1974, p. 26.

于死亡的传统观念如今已不能令人满意：出生和死亡本来是处在连续过程中的，因而界定生死（纵然在某种意义上是任意的）是我们的责任。故而辛格想到，我们是否可以将大脑开始活动的时刻定义为生命的开端，而将其停止活动的时刻作为死亡的标志：受一名德国作者启发，他主张应该像谈论脑死亡的标准一样，也谈谈"脑出生"[1]的标准。不过，辛格完全看不上脑死亡概念发明者的畏首畏尾，在他看来，这个新概念与传统上的死亡定义相比，"充其量也就是有点儿怪"[2]。在他眼中，这不过是滥用语言的小把戏，因为当我们谈论脑死亡的时候，那些病人根本就没死："我们不应该硬说仍在呼吸的人已经死了，很明显，他们还没死……如今，我们可以在他们中的许多人那里检测到大脑活动的迹象，这在以前是办不到的。同样，我们也因此越来越难以断言这些人是否已经彻底死亡。"[3]在辛格看来，脑死亡不过是有人为了方便器官摘取而发明出来的漂亮话，而就是这个小手段，竟在现实中收获了如此成功的效果——这一点出乎辛格的意料。不过对此，辛格照例给出了他极尽挑衅之能事的结论。他指出，诚然，这些病人还活着，但摘取他们的器官依然是完全正当的，因为他们已不再有意识："他们并

---

[1] P. Singer, *Rethinking Life and Death*, *op. cit.*, p. 103. 辛格在此处引用的是德国生命伦理学家汉斯-马丁·萨斯（Hans-Martin Sass）的观点。

[2] Ibid., p. 20.

[3] Cf. J. Neymark, «Living And Dying With Peter Singer», *Psychology Today*, janvier-février 1999, p. 59.

没死，但这种生命也没有什么活下去的价值。"[1] 辛格的意思是，就该有话直说，而不应该像脑死亡的倡导者般畏畏缩缩、胆小懦弱。然而，我们可以想象，要是真按辛格所说的来做，那公众的接受度恐怕就没法那么一致了。

在脑死亡的问题上，辛格的思考对读者产生的影响或许与他在思考杀婴和堕胎问题时类似。他为杀婴所做的辩护会让我们意识到，堕胎问题不应被如此随意对待；而他对脑死亡所做的辩护也会让我们认为，这个对死亡的定义是相当成问题的。实际上，有相当多的学者认为这个定义存在疑点。[2] 而在对这两种问题的讨论中，辛格本人都坚持，人的生命应该有意识、自主性、理性等特征，而非命主人类（比如孩子、处于长期植物人状态的病人或阿尔茨海默病患者等）则没有生命权。根据这位"好心教授"的看法，"并非所有生命都配活下去"是显而易见的道理——对此，我们只能庆幸，此君的影响力目前还没他自己说的那么大。

拓展资料　为什么对尸体进行麻醉

玛格丽特·洛克和莱斯利·夏普（Lesley Sharp）这两位长

---

[1] Cf. J. Neymark, «Living And Dying With Peter Singer», *Psychology Today*, janvier-février 1999, p. 59.

[2] 可以参见当下有关昏迷和意识受损状态的最新研究，尤其是比利时神经学家史蒂文·劳雷斯（Steven Laureys）和英国神经学家阿德里安·欧文（Adrian Owen）发起的。这些研究就昏迷状态中病人可能存留的意识做了极为有趣的探索，其临床和伦理学意义可能非常大：A. M. Owen, N. D. Schiff, S. Laureys, «A new era of coma and consciousness science», *Progress in Brain Research*, 2009, 177, p. 399-411。

期调查相关问题的人类学家,揭露了脑死亡和器官收割最令人不安的一面。被摘取器官的人虽然已被宣布死亡,但至少会在器官摘取的第一阶段被麻醉。由此便会出现夏普说的"麻醉尸体"的场景——这多少让人感到矛盾。该情况也可能会造成潜在器官供体及其家属的犹豫,这也是为什么在被问及此类问题时,医生们一般只会给出含混不清的回答。

玛格丽特·洛克记录了很多外科医生的证词,这些证词听起来甚至像看恐怖片。一名美国的肾脏移植医生就回忆道:"病人从外表上看完全是正常的,面色红润。有一次,就在我们摘取的过程中,我突然感觉,他的胳膊在我身后动了一下!这当然是某种神经反射,但是我就是想说,不管怎么说这真挺吓人的。"[1] 一名加拿大的肝肾移植医生也说:"有的地方是不给捐赠者做麻醉的。不过我们这里是做的,因为比如当你到某个医疗中心去摘取肝脏,但他们没给捐赠者麻醉,有时候就会出现这种情况:你正在操作,突然旁边的人说:'诶!腿动了啊。'从医学上来说,我们知道这是因为我们的操作部位靠近腹腔丛——这会让手术变得相当棘手。但不管怎么说,只要目睹过,你就会记住这种事,它会让你重新评估、思考很多事情。"[2] 就像莱斯利·夏普所指出的,正是为了避免出现这些让所有器官摘取团队都感到心慌的反射动作,才有人建议麻醉供体,"一方面是为了减缓残留的脊髓反射,让供体的身体松弛下来",另一方面,也是"为了让外科摘取团队安心,以免他

---

[1] M. Lock, *Twice Dead, op. cit.*, p. 261.
[2] Ibid., p. 260.

们担心摘取过程可能让供体感到疼痛"。[1]

在英国，人们曾围绕这些问题进行过一场讨论，讨论首先是在麻醉师群体内展开的。作为最贴近此类实践的群体，他们非常支持对这些在传统意义上并未真正死亡的病人进行麻醉。在他们看来，麻醉是必要的预防措施，以消除这些病人可能遭受的疼痛。不过，据其中两名麻醉师所说，他们与"器官移植游说集团"发生了分歧："移植游说集团的问题在于，他们认为对供体进行麻醉很麻烦，因为这样他们就不得不向供体的亲属说明供体虽然没有死亡，但已经处于不可逆的昏迷。"[2]与这些积极支持器官捐献但自己从未踏足手术室的集团成员不同，亲历现实中的器官摘取、"回收"或"收割"过程的人，会直面供体死亡的不可知性和不确定性。而这会促使他们思考供体身体可能遭受疼痛的问题，以及在何种时刻才能最终确认病人死亡的问题。"专门负责器官摘取外科操作的人秉持一种'万一呢'的行事态度，因此，他们会实施麻醉，以消除各方的疑虑，同时也维护了病人们的尊严——后者身上有移植外科医生们渴求的器官。"[3]

同样，我们还注意到玛格丽特·洛克提到的有关移植团队成员自身的器官捐献登记卡持有情况——着实令人大跌眼镜：在她采访的32名重症监护医师中，仅有6名持有器官捐献登

---

[1] L. Sharp, *Strange Harvest. Organ Transplants, Denatured Bodies, and the Transformed Self*, Berkeley-Los Angeles, University of California Press, 2006, p. 67.

[2] J. Wace et M. Kai, cité par L. Sharp, ibid., p. 90.

[3] L. Sharp, ibid., p. 91.

记卡或曾以其他形式留下过预先指令，并且其中还有1人不太确定自己是不是做了相关登记或指令。"当我追问他们为什么没有登记器官捐献时，没有一个人能给我令人信服的答案。"[1]真不知道该说什么。

汉斯·约纳斯"逆流而行"

在哈佛的特设委员会发布新死亡定义仅一个月后，哲学家汉斯·约纳斯就马上发表了一篇文章以回应并强烈反对该定义。他称之为实用主义定义，因为该定义的创制目的主要是获取器官。这种理论上的动机不纯让新定义十分可疑：如果只是想停止对过度昏迷者的救治，那么根本就没有必要更改死亡的定义。这里的真正问题在于将死亡的宣布时间提前，意在摘取可用于移植的器官："与至今仍可使用的、传统上确认死亡的征兆对比，这种对死亡的重新定义，实际上相当于将死亡提前确认为一个既成事实。"[2] 医学界和立法界的游移不定也恰巧暴露了该定义的极端不可靠，因而约纳斯主张，在这个问题上，与其冒险"虐待"一个传统意义上还活着的身体，不如保持更为谨慎的态度。此外，约纳斯还敏锐地察觉到，在这种定义下，一具既没有真正死亡又没有完全活着的

---

[1] M. Lock, *Twice Dead, op. cit.*, p. 249.

[2] H. Jonas, « À contre-courant. Quelques réflexions sur la définition de la mort et sa redéfinition », in *Essais philosophiques. Du credo ancien à l'homme technologique*, Paris, Vrin (www.vrin.fr), 2013, p. 188.

身体可能会诱发各种失控后果："如果按这种定义，一名患者被宣布死亡，那他就不再是一名患者而是一具死尸，那么人们就可以在法律、惯例、逝者遗嘱或其家属意愿允许的范围内，在各种相关利益的驱使下，对这具身体为所欲为。"[1]约纳斯尤其想到了意图"在最大程度上榨取这些脑死亡者的器官价值"的医生会如何行事——他们可能会将病人的身体变成提供血液或器官的银行，或生产激素的工厂。在脑死亡者的身体上测试新药或实验新的手术方法，这种诱惑是十分强烈的。约纳斯已经预见了，将死亡"生产化"的社会驱力会何其巨大："以为在某处画出一条分界线便足以限制此类用途，这种想法未免太过天真。当有足够庞大的利益在背后推动，这条界限会被轻易越过。"[2]

这就是为什么约纳斯主张要不惜一切代价抵制这个对于死亡的新定义，如若不然，在医疗利益的驱使下，人们就总会有更进一步的冲动，进而一次又一次地将宣布死亡的时间点提前："考虑到医疗利益那真实而不容忽视的巨大动力，我们可以预言，一旦该定义被官方接受，那么所有在理论上被允许的行为在现实层面便都会发生。"[3] 其直接后果必然是患者对医生丧失信任。患者希望确保"自己的主治医生不会成为杀死自己的刽子手，并且任何定义都不应该给医生成为刽子手的机

---

[1] H. Jonas, «À contre-courant. Quelques réflexions sur la définition de la mort et sa redéfinition», in *Essais philosophiques. Du credo ancien à l'homme technologique*, Paris, Vrin (www.vrin.fr), 2013, p. 187.
[2] Ibid., p. 188.
[3] Ibid., p. 189.

会"[1]。医生则应该"让事情顺其自然"[2]，而绝不能人为推动某些事情。人"有权掌握自己的死亡"，这种权利不应被他人以冠冕堂皇的功利理由窃取："昏迷者的身体，只要其还有呼吸、脉搏和一定功能……就始终应该被视为曾经爱与被爱的主体的剩余延续。因此，他理应享有上帝与人类的律法赋予这样一个主体的神圣而不可侵犯的尊严——这种神圣的尊严要求所有人不能只将他用作一个纯粹的工具。"[3] 就算是维持其生命的设备在某一天要停止，那也应该是"以保护这个曾经作为患者的人的名义，比如他的记忆或许会因这种'存活'所带来的退化而被削弱"，而绝不是因为他的器官在其身后可能会有什么"用途"。[4]

然而，约纳斯后来也承认，自己已经输掉了这场斗争，因为将脑死亡作为死亡定义以及将遗体作为解决器官短缺的手段，这类做法似乎已经被普遍接受。这就是他1985年在为自己的文章《逆流而行》所作的后记中提到的。然而，尤其值得注意的是约纳斯对这一看起来势不可挡的迈向脑死亡的运动的阐释。这种对死亡的定义意味着生命只存在于思想之中，并暴露出一种难以置信的对身体的蔑视，仿佛身体的存在对人类的生命而言无足轻重。这就是约纳斯所说的"粗暴的笛卡儿主义"，它彻底分割了"思想实体"（以大脑形式存在的灵魂）与"广延

1　H. Jonas, «Réflexions philosophiques sur l'expérimentation humaine», ibid., p. 178.
2　Ibid., p. 179.
3　H. Jonas, «À contre-courant. Quelques réflexions sur la définition de la mort et sa redéfinition», article précité, p. 189 et 190.
4　H. Jonas, Le Droit de mourir, Paris, Rivages, 1996, p. 63.

实体"（身体）。"身体是专属于这一个大脑的身体，而不属于任何其他大脑。"[1] 约纳斯以一个相当有力的论点做了总结："要不是这样的话，一个男人为什么要爱一个女人的全部而不仅仅是她的头脑？要不是这样的话，人为什么会被一张脸庞完全迷住？要不是这样的话，人为什么会为一个身影的一举一动而心旌摇曳？"[2] 所以，我们在这里看到的是对身体的蔑视，这种蔑视，我们在其他人（比如巴特勒）那里也可以发现，比如她将生理性别视为完全无关紧要的东西。我们知道，汉斯·约纳斯是一位哲学史学家，尤其精通诺斯替思想：在这种对死亡的新定义当中，除了笛卡儿主义，他还看出了某种激进诺斯替思想的卷土重来。只用意识来定义人类生命这种做法所折射出的思想与价值观的极端匮乏化令约纳斯唏嘘不已。在他看来，"新近死亡"的身体尚未完全丧失其神圣性及其与逝者灵魂的联系，而远非只将尸体视作等待收割的器官皮囊的人想说服公众相信的那样。

拓展资料　遗体的国有化与死亡的生产化

近期，在器官捐献领域悄然通过了一项改革。2015年4月，一项《卫生系统现代化法案》的修正案草案被呈报到法国国民议会，旨在"加强器官捐献中的推定同意原则"，并规定除非逝者生前已经在《拒绝器官捐献国家登记册》中注册，否则医生在任何情况下都有权摘取其身上的器官。而亲属对此则

---

[1], [2] H. Jonas, «À contre-courant. Quelques réflexions sur la définition de la mort et sa redéfinition», article précité, p. 189.

将只享有知情权而不再有任何表态权。换言之,逝者的器官将不再属于其亲属,而是收归集体。对此,我们完全有理由称之为一种"遗体国有化"的意向。

这种认为"遗体国有化将有助于应对移植器官短缺问题"的主张,是由哲学家弗朗索瓦·达高涅(François Dagognet)在前几年提出的,而其所依据的论点与我们之前提到的观点存在部分重合。他提到,让一个尚处于丧亲之痛的家庭同意将他们亲人的遗体捐献出来,这并非易事,"而同时,有成千上万的病人等不到移植器官,因为人们仍将遗体视作个体存在的容器",然而"最重要的东西,其实是灵魂"。[1] 经由严格的逻辑推导,达高涅得出结论,应由国家来承担职责,借助"半尸体"拯救国民的生命。但他紧接着又补充道,人们在理解这个主张的时候也要"留有余地"。[2] 这主要是说,通过器官捐献,供体将会得到一种不再是超自然意义上的生命延续,而是现实中的延续。由此,器官捐献将被当作一种克服死亡焦虑的手段:遗体的社会化将会让遗体"摆脱消失与腐烂的宿命"。[3] 而从更具有大局观的视角来看,达高涅认为,遗体并不是一件属于个人的物品,而更多是承托人类社会和文化特征的象征。故而,遗体国有化的主张在达高涅那里,明确指向了有关身体共同体的"神秘,同时也兼具伦理和宗教特征的"[4] 愿景。

1　F. Dagognet, «Pour une bioéthique démocratique», *Les Cahiers de Saint-Martin*, hiver 1993, n° 8.

2,　3　F. Dagognet, *Corps réfléchis*, Paris, Odile Jacob, 1990, p. 85.

4　F. Dagognet, *Pour une philosophie de la maladie*, Paris, Textuel, 1996, p. 74.

而该修正案的发起者、国民议会议员、医学教授、移植外科医生、法国移植协会主席让-路易·图雷纳（Jean-Louis Touraine）在这个问题上就显得更决绝，而更倾向于实用主义的态度。不管怎么说，有一点是没有异议的，那就是身为法国移植协会主席的他，在这场讨论中既当运动员又当裁判员。根据法国现有法律，摘取器官需要得到"捐献者的事先同意"。而针对已经离世的人，适用的是1994年的《生命伦理法》，该法案要求在没有直接知晓逝者意愿的情况下，医生要"尽力征询家属的意见"[1]。然而，正如图雷纳修正案的动机陈述中所提到的，这种对家属意见的征询实际上导致器官摘取数量的下降："一直以来，导致移植器官短缺的主要原因，仍是来自家属的反对。而与此同时，实际上已经有79%的受访者表示了对器官捐献的支持。目前，就我们所知，至少有1/3的潜在摘取需求被拒绝。而更令人忧心忡忡的是，这种拒绝的比例已经从1990年的9.6%上升到了2012年的33.7%。"[2] 有鉴于此，修正案提出，要回到1976年12月22日通过的《卡亚韦法案》——该法案规定："在死者生前未明确拒绝器官摘取的情况下，可以出于治疗或科研目的对其实施器官摘取。"在让-路易·图雷纳看来，借由这种手段，可以"强行尊重每个成年国民的意愿，并与主导患者权利的基本理念达成一致，即

---

[1] Loi n° 94-654 du 29 juillet 1994 relative au don et à l'utilisation des éléments et produits du corps humain, art. L. 671-7, 3e alinéa.

[2] Assemblé nationale, 13 mars 2015, Santé (N° 2302), Amendement N° AS1344, présenté à l'Assemblé nationale par M. Touraine, 13 mars 2015, rapporteur et Mme Michèle Delaunay, exposé des motifs.

保证每个人都拥有对其身体的处置权，确保每一位逝者的遗嘱安排得到尊重。这种基本理念也应适用于有关器官捐献的选择与拒绝的议题"[1]。然而，不得不说的是，声称要尊重一个从未被正面表达出来的意愿，这在我们看来多少有点儿奇怪。在这里，这个意愿是被推定的，因而实际上与助推理论的思路不谋而合，即通过对意愿的"轻推"，使其向领域内"专家们"所期望的方向移动。

而至于"顽固拒绝"捐赠已故亲人器官的亲属，这位议员给出的解决方案也直截了当：既然与家属沟通有困难，那就不沟通了。他更恬不知耻地补充道，这也可以让逝者家属"免受等待决定之苦，远离困扰之源"[2]。遗体将成为国家财产。这将是一种强制性的"团结"措施，让这位法国移植协会主席成功实现移植器官的"增产"，以应对他口中的短缺。其中，短缺这个词颇为耐人寻味，因为它通常指产品不足，而在这里使用这个词，可以说是完全没把被摘取器官的逝者放在眼里——照他这么说，是不是连死人的供给也是"短缺"的？

法国医师协会提出坚决反对。协会的伦理主席表示，该修正案可能会引发"器官摘取医师以及公众的误解"："可能会让人觉得，医生的首要关切不再是治病救人，而是'偷'器官，就像在垃圾场里找一个用来修车的化油器配件。"在他看来，

1，2　Assemblé nationale, 13 mars 2015, Santé (N° 2302), Amendement N° AS1344, présenté à l'Assemblé nationale par M. Touraine, 13 mars 2015, rapporteur et Mme Michèle Delaunay, exposé des motifs.

"不经任何人同意就摘取一个人的器官,这是不可想象的"[1]。此外,法国麻醉与重症监护医学会主席也认为,该措施"触犯了器官捐赠的伦理基础",因而无论如何"都无法在实践中实施"。不光如此,支持器官捐赠的协会以及该领域的从业者也同样反对此修正案。一项由"对器官和组织摘取进行医疗协调的医生与护士们"发起的请愿表达了他们对此修正案的震惊,他们认为,修正案的"实施将无可避免地导致'捐赠'概念及其所包含的人道内涵的破产"。

面对如此众多的负面反应,在经过国民议会激烈辩论后,让-路易·图雷纳最终撤回了他的提案——这也被视为支持器官捐献的协会的胜利。之后,《健康法》的实施法令也仅规定,如果家属希望以逝者生前的反对意见为由拒绝器官摘取,则他们至少需要提交一份证明逝者反对意见的书面声明。[2]

面对这种试图强制征用我们器官的企图,《拒绝器官捐献登记册》显然收获了一定的成功。这是个值得抓住的好机会,因为就连这种程度的反对都已经刺激到"令人尊敬的好教授"图雷纳先生,让他觉得过分,他认为:"无论如何,指控我在推动'遗体和器官国有化'都是不恰当的。相反,一个国家投入这么多资源,来保证反对意见得以表达并被尊重,这是非常

---

[1] J.-M. Faroudja, «Entretien dans *La Croix*», 26 avril 2015.

[2] Sur ce débat, cf. V. Gateau, O. Soubrane, «Quelle place pour les familles dans le consentement au prélèvement d'organes post mortem?», *Droit et cultures*, 73-2017, 1, et S. Agacinski, *Le tiers-corps. Réflexions sur le don d'organes*, Paris, Seuil, 2018, p. 178-192.

开明的表现。"¹ 谢谢您了，图雷纳先生，要是真像您希望的那样，摘取器官之前完全不询问我们的意见，那是不是才更棒呢？这让我们不由得想到电影《人生七部曲》²中关于器官移植的片段：有人来摘取一名活人的肝脏，而其实后者还没死，只是因为"他持有器官捐献登记卡"（就遭此对待），而他的妻子对此仍然心平气和，因为这毕竟是为了拯救生命，为了国家的利益。不过在图雷纳那里，完成这项工作甚至不需要器官捐赠卡。

不过，不管怎样，这类人总会卷土重来。2018年2月，还是这位决意提高移植器官产量的让-路易·图雷纳，他与其他155名议员联合发表了一篇公开声明，呼吁真正的安乐死的权利，并一如既往地用显示"全体一致"的民调结果背书。这份声明以极为奇怪的一句话开篇："在法国，我们死得不好"³——这话说得好像死亡是可以"好好"发生的一样。图雷纳补充道，死这件事，不该靠等待，病人想要的并不是"长达数周的昏睡"，而是"一剂几分钟内就让他们陷入睡眠并随之心脏停搏的注射"。⁴ 有图雷纳教授在，法国也总算是有了自己的"死亡医生"⁵ 了。

对狂热支持遗体器官强制摘取政策的人来说，身体不过是

1　J.-L. Touraine, «Il n'est point de greffe sans don d'organe», consultable sur le site de France Transplant: http://www.francetransplant.com.

2　L'extrait est consultable sur https://www.youtube.com/watch?v=aclS1pGHp8o.

3　«Euthanasie: allons plus loin avec une nouvelle loi», *Le Monde*, 28 février 2018.

4　J. L. Touraine, dans l'émission «Politique matin», LCP, 5 mars 2018.

5　早在2015年，让-路易·图雷纳就作为当代新卫生主义最热心的辩护者进入公众的视野，当时他以健康和良善的名义，提交了一份修正案，主张禁止所有2001年以后出生的人吸烟。

一个物件,一个由各种零件组装而成的集合物,而这些零件之后必须用作其他个体的备用零件。逝者的遗体不再属于其亲属,也不再具有任何人文意义。在这里,我们同样发现了名为团结和公民意识的善意与彻底剥夺我们身体的惊人暴行之间的共谋。在国家的伟大事业、慷慨、团结这些被反复使用的字眼的缝隙中,我们看到的实则是残酷无情的软性威权主义。话说回来,"末人"倒确实需要我们的器官,用来延续他们那可悲的生命。

结语　要么是人文主义，要么是堆肥主义

重拾"基本的体面"

性别理论、动物权利和安乐死狂热都源自相同的初衷——爱、普世的仁爱、对痛苦以及悲剧的规避。然而，正如我们所见，恰恰是这些善意的初衷最终导致了最糟糕的反常。而如果将我们在本书中提到的这些杰出学者的思路推向极致，我们会发现从中得出的结论不仅荒谬，而且可鄙。如果我们同意生理性别无关紧要，且性别是可以任意选择的，那我们就很难避免相应的推论，即我们的整个身体都由我们的意志支配，并且我们可以随意改造自己的身体。如果身份也是可以任意选择的，那每个人都可以在不同性别之间"流浪"。如果我们认为非人类动物应该享受与我们这些人类动物同等的待遇，那么恋兽癖和人体实验就会拥有光明的未来。如果安乐死应被合法化，那么何必将其限定在特定人群（比如临终或残障人士）当

中呢？何不杀死在人们看来有缺陷的孩子呢？至于移植器官的短缺，则只需调整死亡的定义并将遗体国有化，问题便可迎刃而解。一旦接受了社会性别主义、兽道主义以及生命伦理学方面的大学者的理论前提，那么上述推论、后果就在所难免。

这些关于爱与宽容、关于被虐待的动物以及亟待得到解脱的临终人士的说法，几乎每个人都会当即表示认同，然而，也正是从这些说法中得出了最为荒唐、最令人反感的结论。这种愚蠢不禁令人想起乔治·奥威尔的那句话："有些东西、有些观念真的太蠢了，蠢到只有知识分子才会相信。"[1] 同样，还是借着奥威尔的思路，我们认为，书中展示的这些主张违背了所有配得上人之名的存在所拥有的基本体面。奥威尔说过："我最主要的希望，来源于普通人始终忠于自己的道德准则。"[2]

因而，确实有必要否定这些推理的根本依据。它们的共同错误在于认为伦理问题与逻辑或司法问题类似——有且只有一种解决方案。分析伦理学中的著名案例往往娱乐性十足，但也仅止于此。除此之外，毫无意义。伦理道德的存在，并不是为了处理某些需要最大化的偏好或快乐，而是要应对具体的情景和真实的人，在这些具体的情况中，我们会看到，有些事情是可以接受的，而有些事情则不能。而按照奥古斯特·孔德的说法，在这些问题上，最好还是依照人类的传统，倾听"统治着

---

[1] G. Orwell, «Notes sur le nationalisme», in G. Orwell, *Essais, articles, lettres*, vol. III (1943-1945), Paris, Ivrea-Encyclopédie des nuisances, 1998, p. 476.

[2] G. Orwell, «Lettre à Humphry House du 11 avril 1940», in G. Orwell, *Essais, articles, lettres*, vol. I (1920-1940), Paris, Ivrea-Encyclopédie des nuisances, 1995, p. 663.

我们的逝者"的教诲，而不是"滥用演绎逻辑"。对足够文明的人类而言，有些事情是连想都不该去想的。就像安妮·麦克莱恩说的，我们之所以不杀婴儿，原因很简单，是"因为这件事本身就不能做"。换言之，哪怕一个人只是试图去证明杀婴的合理性，他就已经是在犯罪了。至少就目前的大多数情况而言，如果有人杀害婴儿，他多少都会感到不安。就连辛格自己也承认，下决心杀死患有阿尔茨海默病的母亲并非易事。恋兽行为固然存在（尽管其发生频率并不像辛格所说的那么高），但绝大多数人都不会认为这是一种正常的爱情关系，那些人也不会将自己的动物伴侣带到家人面前。任意改变性别身份是个有趣的思想游戏，或者说是颇具艺术性的"操演"，但如果为了满足这种玩弄性别边界的乐趣，而让整个社会在教育、法律以及医疗层面重构，这无疑是个过分的要求。截去一条健康的胳膊也并不是什么好主意，而现在我们震惊地发现，个别走上邪路的医生竟然真的会考虑协助这种疯狂的想法。

抹除边界：向无差别迈进

抛开这些政治正确立场所借用的歪理不谈，有一点是十分明确的，那就是这些立场都体现出了一种明确的意图，即从字面意义上抹除一切界限——首先，是性别二元性的基本界限；其次，是人兽之间的传统界限；最后，是对于人而言划分了生死的神圣界限。对本书讨论的这些作者而言，必须终结这种二元论，终结莫尼口中的"双球冰激凌"——生理性别有无数种，社会性别也有无数种,它们是无尽享乐的保证。人与其他生物一样,也是一种动物,而达尔文主义也从科学理论变成了动物权利的圣训:人类动物与非人类动物之间不再有任何差别。而死亡,它不再是一个具有神圣性的问题,如今只是一个技术性问题,一个需要被理性化、社会化和生产化的问题。人类将因此变得全能,而这并不是因为他们曾为此奋斗,而只是因为一切都"听其调遣",一切都为其所用。一切都变得无比轻松,一切也都顺利进行,从今往后,将不会有否定性,亦不会有根本的相异性。

最能总结这种趋势的作者无疑是唐娜·哈拉维。尽管就影响力而言,她不如朱迪斯·巴特勒或彼得·辛格(后两位已经成功地在实际层面上改变了世界,当然是使之变得更糟糕了),不过,在这一众意图扰乱、抹除、混淆一切界限的学者中,她确实是最自洽也最激进的一位。起初,借由赛博格神话,她希望人机结合,并"向上"超越人类;而如今,借由人兽混合,她希望"向下"超越人类。正如她自己所说,她从辉煌的赛博格问题转向了宠物问题。对人类"自下而上"的冲击,与借由超人类主义与后人类主义乌托邦形成的、对人类"自上而下"的冲击两相呼应,且常常还得到后女性主义的策应。前一种攻击以善意之名,后一种攻击则以更为崇高的普罗米修斯主义为号,而这本身也解释了为何两种攻势聚拢的不是同一批受众,因为一边是遛狗的老奶奶,而另一边是科技预言家。

不过哈拉维并未就此收手。她想要的,是融入她口中的"自然-文化的大旋涡",与自然界中最简单的生命形式融合成某种"杂烩"。正如我们所见,她想与诸如"稻米、蜜蜂、郁金香、肠道菌群"[1]这样的最初级生命体融合。然而,这还不够——哈拉维的终极理想是让人类变成堆肥。她在自己最近的一些文章中以堆肥主义者自居:"我其实是一个堆肥主义者,而不是一个后人类主义者:其实我们大家都是堆肥,而不是后人类。"[2] 此外,这种堆肥主义似乎还得到了词源学方面的验证:"人类"(humanité)的未来不应该走在"人的方向"(direction homo)这个坏方向、这个"阳具崇拜"的方向上,而应走在"腐殖土的方向"(direction humus)这个好方向上——后一个方向让人类可以"参与土壤和土地的产生过程"。[3] 为了更明确地表达这种堆肥主义未来,哈拉维还提出了一个口号:"要亲缘,不要孩子"[①]——建立亲缘关系,不要孩子![4] 她明确道,这些联系或者"亲缘关系",指的是"肥沃的、与我们共享土

---

[1] "蠕虫"似乎也成为时下非常流行的预示和表征人类未来的意象。比如,福斯托-斯特林就想象过我们人类的性行为可能将与扁形虫类似。而现在还有一些人致力于构造一种与蠕虫"相纠缠的政治本体论"——这是目前非常时髦的"多物种研究"的核心工作之一。(cf. J. Lorimer, «Gut Buddies. Multispecies Studies and the Microbiome», *Environmental Humanities*, 8, 1, mai 2016, p. 57-76.)

[2] D. Haraway, «Anthropocene, Capitalocene, Plantationocene, Chthulucene : Making Kin», *Enviromental Humanities*, vol. 6, 2015, p. 161.

[3] D. Haraway, *Manifesty Haraway*, Minneapolis, University of Minnesota Press, 2016, p. 261.

[①] 这句口号模仿的是20世纪60年代美国的反战口号"要做爱,不要作战"。——译者注

[4] D. Haraway, *Manifesty Haraway*, Minneapolis, University of Minnesota Press, 2016, p. 224.

地与自身肉体的机械的、有机的和文本概念的实体"[1]。她的设想很明确,那就是:终结人类,回归模糊。在此,我们想冒昧地劝哈拉维一句:别着急,对于她以及我们每个人而言,这种堆肥工作最终肯定会完成,只不过是在我们死后。

哈拉维以及本书中讨论过的哲学家笔下的人类,似乎都生无可恋,除了消逝,别无他求。人类终结了,所有人都"下车"![①] 无论是蠕虫还是堆肥,这些以人类"深度退化"为特征的幻想,似乎都佐证了夏尔·梅尔曼再次提出的弗洛伊德式的死亡驱力的主题:"人类的深层愿望,是死亡,是消逝。"[2] 而就我们自己而言,只要我们还活着,面对"人的方向"与"腐殖土的方向"之间的抉择,我们就会毫不犹豫地选择前者。

有这些边界,才有我们

死亡、回归无机物,固然是我们的命运,然而也不应忘记,人类正是在对抗这种命运、全力摆脱自身毁灭前景的过程中被逐渐构成的。社会性别主义者、兽道主义者以及生命伦理学家们的主要错误在于认为一切边界都应被抹除。然而,人之所以为人,恰恰是借由界限和边界的设立而实现的。换言之,正是这些边界使人得以为人。而如果没有了界限和边界,我们就不

---

[1] D. Haraway, «Introduction. A Kinship of Feminist Figurations», in D. Haraway, *The Haraway Reader*, p. 1.

① 这句话是作者在戏仿巴黎市政交通系统的经典用语:"终点站到了,请所有乘客下车。"——译者注

[2] C. Melman, *L'Homme sans gravité, op. cit.*, p. 147.

再处于人类界，而直接处于自然界。诚然，从自然科学的角度来看，在男性和女性之间存在一系列渐变，人从某些方面来说也是动物，生与死也难以区分和定义。然而问题在于，有些人却以此为依据，想要鼓吹某种普遍的连续主义。

然而纵观人类历史，其在认识世界的过程中所做的，正是努力彻底地区分性别，明确人兽之间的差别，让生与死保持距离。就确立定义和范畴的功能而言，语言和理性思维其实也接受了一些必要的区分。理性本来就是本质主义的（本质主义这个词如今常被用作贬义），因为理性一直在追求获得更精确的定义。而本质主义却被哈拉维和巴特勒之流（这些极端的唯名论者）烙上了"大男子主义"的标签（这还算是最轻的），并加以批判。对这些人而言，一切试图理性思考的主张或行为都具有歧视性，都是错误的。然而科学和理性思维本身就是这样运作的，甚至连他们自己正在使用的这门语言，这门他们未曾放弃使用的语言，本身也是这样运作的。这着实让他们掉进了某种悖论。

承认界限的存在、思考边界的必要性，当然首先意味着重建身份，重建这些被亲爱的教授们从内部一点点侵蚀的身份。这种抹除界限的意识形态特别具有破坏力，因为它倾向于在身份形成之前就质疑它们。如果一切都是"可以任意选择的"，而不必考虑我们自身肉体存在的现实性和实际性，那么我们又何从知晓自己是男是女、是人是兽、是活人还是活死人呢？

不过，这还不算是我们要表明的重点。面对将身份等同于封闭的这种僵化与歪曲，我们必须明白：多种多样的身份正是由界限以及边界构成的，也是由界限和边界推动而演变的。界限固然是为了被超越、质疑、破坏而存在的，然而这绝不意味着抹除界限。一条界限的存在，既可以让人们在它的一侧安安稳稳地生活，又可以让人们去憧憬、向往边界另一侧的世界，以合法或非法的方式穿越它，并在这一过程中成为别样的存在。人或动物的世界之所以美丽，是因为具有多样性，而多样性得以维持，正是因为有这些边界。相反，对政治正确的思想来说，多样性越被否认，它就越拍手称快。而这种对趋同的病态追逐，导致的最终结果就是将美国学术界在象牙塔中空想出来的、各种完全脱离现实的愿望强加于动物的生活。

通向更远方

颇为有趣的是，我们讨论的这些学者通常都想将自己标榜为有颠覆性或僭越性的。然而实际上，真正具有颠覆性的学者，应该是游戏于边界上的人，而非不顾一切试图抹除边界的人。因而，我们看清了哈拉维的困境：她会不时预感，未来某一天，一旦所有边界都被取消，她将丧失迷恋边界生物（她的心头好）、混合体的机会，也会丧失她心心念念的"克苏鲁纪"。那时，她会意识到，只有可供僭越的禁忌或界限存在的时候，才谈得上真正的僭越。像巴特勒或哈拉维这种自称受福柯启发并将之"政治正确化"的人应该还记得，福柯曾在一篇很有名的文章中强调过界限与僭越之间不可分割的联系："界限与僭越，由于它们所具有的复杂性而相互依存：如果一个界限绝对无法被逾越,它将不能存在;反过来说,如果僭越所针对的界限只是虚设,那么僭越也毫无意义。"[1] 而如果我们进一步将目光放到这篇文章的纪念对象——法国思想家乔治·巴塔耶(Georges Bataille)身上,我们会发现,巴塔耶一直在强调僭越这个概念包含的勇气的意涵:"僭越禁忌不是由于人的愚昧无知:它需要坚定的勇气。而僭越所需的勇气,于人而言也是一种成就。"[2] 因而,没有了界限,就不再有僭越,也就不会再有勇气。

实际上,人的生命力只能通过其面对界限、移动界限以及与界限博弈的能力来衡量。而也正是凭着这种超越与开辟疆域的意志,人文主义才得以从文艺复兴时期逐步形成。在此,我们不由得想起意大利哲学家皮科·德拉·米兰多拉(Pic de la Mirandole)对人的尊严的定义:人的伟大,在于他没有预定的本质,他在与自然强加给他的界限的搏斗中定义自身,凭借其坚韧的意志,一次又一次地击退无知与邪恶,尽管在这场较量中他未尝一胜。但正是在这场与相异性、否定性的交锋之中,人才得以意识到自身的存在。不知是在哪一天,他会启程去冒险,去发现他者,并通过爱去努力了解、吸引对方。起初,他惧怕动物,后来,他驯化动物也敬仰动物,同时也驱使它们服务于自己的想法。他知道,自己并不是一个纯粹精神性的存在,而是与自己的肉体密不可分地联系在一起的。因而,疾病和死

---

[1] M. Foucault, «Préface à la transgression» (1963), in *Dits et écrits*, t. I, Paris, Gallimard, 1994, p. 237.

[2] G. Bataille, *La Littérature et le mal*, Paris, Gallimard, 1990, p. 157.

亡也是人生命中的一部分，不过，他也会用科学和医学与它们不懈斗争。用福柯的话来说就是，医学给"作为有限存在物的人提供了一种武装起来的形式"①。这样的人，是一个不断对抗世界、不断拓展各种界限的存在——这是他的幸福所在，也是他生命的意义所在。真正的人文主义所崇尚的人，是敢于走出眼前这个过于狭小的世界，并向海格力斯之柱②外那广阔无垠的未知海域无畏扬帆的人。只要一息尚存，他的格言，便永远是神圣罗马帝国皇帝查理五世的那句话——"通向更远方"。

---

① 法语原句参见 Michel Foucault, *Naissance de la clinique*, Paris, PUF, 2007 [1963], pp. 201-202. «[...] la médecine offre à l'homme moderne le visage obstiné et rassurant de sa finitude ; en elle la mort est ressassée, mais en même temps conjurée; et si elle annonce sans répit à l'homme la limite qu'il porte en soi, elle lui parle aussi de ce monde technique qui est la forme armée, positive et pleine de sa finitude.» 中译本参见 [法] 米歇尔·福柯，《临床医学的诞生》，第220页。"医学给现代人提供了关于他自身有限性的顽固却让人安心的面容；其中，死亡会重复出现，但同时也被祛除；虽然它不断地提醒人想起他本身固有的限度，它也向他讲述那个技术世界，即他作为有限存在物的那种武装起来的、肯定的充实形式。"——译者注

② 源于古希腊神话，意指已知世界的尽头。——编者注

致　谢

　　感谢我的朋友帕斯卡尔·布吕克内（Pascal Bruckner），他从一开始就信赖本书的构想，并在我撰写书稿的过程当中一直鼓励我。

　　感谢罗朗·扎卡（Roland Jaccard），以及所有那些愿意阅读我的手稿、帮助我改进的朋友。

　　感谢我在索邦大学哲学系的学生们。

译后记　西方反对西方？

从塞纳河上的两场开幕式说起

  2024年的塞纳河似乎比往年更忙碌。当年,在这条巴黎的母亲河上一共举办了两场开幕式,都堪称举世瞩目。而有趣的是,这两场开幕式所传达的价值观截然不同(至少是充满张力的):一场是极力宣传性别多元主义的奥运会开幕式,另一场是强调西方传统价值观,尤其是天主教价值观的巴黎圣母院重开仪式。尽管二者都在法国共和主义的价值框架内,然而两场开幕式所传递出的不同价值观之间的张力已经像法国三色国旗上的红与蓝一样,令人难以忽视。

  两场开幕式的张力图景或许正是当今世界或至少是当今西方世界现状的某种暗喻:一边是疯狂乃至绝望叫嚣的极端左翼,另一边是愤怒呐喊的传统价值的捍卫者。不同声音之间的争论在西方社会一直存在,但这种争论乃至撕裂从未像如今这样极端，这样水火不容。

对此，我们固然可以找出一些陈词滥调的解释，将这一切归咎于普通民众的愚昧，传统势力的固执与迂腐，右翼民粹政治家或理论家的投机与狡诈……但如今，当我们随便步入西方一家书店的理论书籍区（或者网店的理论书籍板块），我们都不难发现，琳琅满目的理论书籍绞尽脑汁地探讨和宣扬各种多元主张，从性别到文化，从民族到动物，仿佛只要在这些主张的指引下行动，一个光明的、多彩的未来便触手可及。而当我们走出书店，普通人日益尴尬的处境又将人打回现实：日常交流中越来越多的用语禁忌，一套又一套奇怪中透着愚蠢可笑的政治正确，教材、媒体乃至公共文化活动（如奥运会开幕式）中越来越反直觉的"妖魔鬼怪"……想要质疑和批判的人得小心自己一不留神就将"沦为"传统保守势力的"帮凶"。但凡见识过类似场景的人，总要忍不住问一句：这世界到底怎么了？

有人会说，上述这些都是西方的问题，离中国太远。但看看 2024 年游戏《黑神话：悟空》被要求符合"多元化"标准，轰动一时的中国公民赴瑞士安乐死事件，再看看舆论场上日益敏感紧张的各类身份对立……尽管我们目前或许不在相关争论的核心，但在全球化的大背景下，在互联网高速的信息传播的推波助澜下，这些争论的外溢效应同样影响了我们。换句话说，我们很难是完全的"局外人"。因而，了解相关争论对我们来说也多少具有意义：西方当下的社会争论议题都有哪些？这些争论的缘起何在？最重要的，对这些议题的理解，除了既有的、被西方理论权威所掌控的解释，还有什么可以拓展我们对这些议题的认识研究？这是笔者翻阅这本书的缘起，也是翻译此书的主要动机。

出问题的时髦理论

这本书讨论的是当下西方以及受西方影响的理论界最时髦的三类话题：性别、动物和死亡。如我们所见，宣传、讨论这三类话题的书籍数量在世界各地都迅速增加，而研究、传播相关理论的人也越来越多。同时，我们也观察到它们所引发的极端事例：为了符合这些理论炮制的政治正确，越来越多的社会和行政资源被无谓地投注在一些难以理解的项目上。为了符合少数理论家和政客的妄想，西方大多数民众的孩子都要接受"多元"教育，而父母作为孩子的监护人对此也无权干涉。

对这些现象，凡是保有基本常识的人都会形成一个判断：在这些时髦理论所处理的议题上，西方出了问题——这也是这本书讨论的起点。是这些理论的出发点不够正义吗？看起来不是，它们的出发点都是对少数群体、动物、重症病人、临终者的爱。是这些理论的逻辑论证不够严谨吗？也不是。历数这些理论的奠基者和发扬者，他们无一不曾接受当代高等教育体系最为严格的学术训练，且都是这套体系缔造的佼佼者。那么，这些始于善意，由最聪明的头脑，用最严谨的逻辑奠基和发展的理论，究竟出了什么问题？为什么会造成如今这样荒谬的局面？在这本书中，身为科学史学家和哲学家的作者也抛出了同样的问题。带着这些疑问，他用福柯式知识考古学的方法对这些学科的基本概念做了刨根问底式的研究，考察了这些时髦理论的开端、变化与当下，展示并尝试了解为什么这些时髦理论始于善意，却终于邪恶。

首先是性别问题。如今，性别研究在国内外理论界都蔚然成风，相关课程、学术研讨会屡见不鲜，巴特勒、福斯托-斯特林等人的作品均已在国内出版发行，且在相关领域被奉为经典，此外，这些人的门生后学也陆续步入理论界，拓展了性别理论的影响力。作者不急于与这些学者直接交锋，而是先追根溯源，对性别理论的奠基者——约翰·莫尼的其人其思做一番考察，问问性别理论究竟从何而来。也正是通过作者的文字，我们了解了约翰·莫尼其人，了解了性别理论的史前史，了解了其创始人的偏执、私生活的混乱，以及这种理论与当时错综复杂的学术利益体系之间的纠缠。这不是单纯的猎奇（尽管我们不得不承认，其中的一些细节确实让人错愕），而是向我们揭露了一些理论外的因素，一些理论界不会过多或主动关注的因素，一些甚至会被相关人士有意回避或遮掩的因素。这些因素并非无足轻重，而是通过不被理论关注、认可的方式影响一门学科、一套理论，乃至一套话语的形成、变化与发展。换言之，作者显然无意对莫尼进行某种道德家式的评判，而是想提醒读者注意，尤其是在莫尼这里，其个人性格和生活与其理论形态之间的联系和相互映照。就一门学科而言，我们只有同时关注其内部理论及外部历史，才说得上对这门学科拥有足够完整的认知。可以说，这正是作者在这部作品中所做的理论方面的努力。在莫尼之后，作者继续追寻这一学科的概念发展脉络，顺藤摸瓜到了安妮·福斯托-斯特林，后者为在理论上终结性别二元论做出了贡献。到了朱迪斯·巴特勒这位当代性别理论的最知名学者这里，她进一步将性别理论推向了"新高度"：不仅社会性别是一种建构，生理性别，乃至我们的身体本身在她那里都被取消了存在的依据。在巴特勒及其追随者的理论中，作者识别出了一种对人类身体的深度厌恶，他犀利地称之为"当代诺斯替"。最终，正如作者所示，始于善意（或可称伪善）的性别理论，在这些理论家的不懈努力下，最终堕入丑恶：大卫·雷默的悲剧、厕所战争的荒唐、各种千奇百怪的性别标签熬成的字母汤……无不向我们显示出该理论的脱离实际、非理性、极端，乃至冷酷。

而后是动物问题。同性别研究一样，动物以及动物权利研究也是当下西方理论界的显学。彼得·辛格显然是其中最为耀眼的明星。同对莫尼一样，作者在书中对辛格也进行了一番细致有趣的起底。也正是借由作者提供的资料，我们对辛格这个常常出现在国内外哲学系参考书目中的名字有了更鲜活的了解。推动辛格思考与创作的真正动力，究竟是他挂在嘴边的善，还是精心算计但终未能完全掩饰的虚荣？他笔下经由冷静、精妙、令人拍案叫绝的论证得出的暴论，究竟是在为理性增光还是在为疯狂张目？对这些问题，或许每位读者在读完这本书后都会得到属于自己的答案。随后，作者向我们展示了，以辛格这样的旗手为代表，动物权利是如何在理论上走向极端、在实践上步入荒唐的。喜爱动物固然没有错，但辛格及其同党的目标，是将这种权利平等推向极致，并不惜消除人之所以为人的界限……矛盾的是，在爱动物的同时，我们没有在这些理论家身上感受到多少对自己同类——人类的爱。同样是以感知能力为标准，在对待动物的时候，他们含情脉脉，而在对待自己同类的时候，他们极端理性、冷酷无情，在他们看来，不能因为某些人拥有人类的躯壳就让感知能力高于他们的动物替他们受苦。罗兰夫人有句名言："自由，多少罪恶假汝之名以行"，而就动物权利的追随者而言，人们也可以说"爱和正义，多少罪恶假汝之名以行"。只在逻辑上反驳这些人并不容易，因为这些学术精英精通此道，他们无一不是玩弄概念、滥用逻辑论证的高手。不过，指出他们的问题也并非难事：这些不食人间烟火的学院精英脱离现实生活太久（他们又何曾真正进入过现实生活），以致丧失了大部分普通人都应具备的常识。把人和动物完全等量齐观，这在现实中真的可以吗？书中转述的科拉·戴蒙德对这些人的评价可谓一针见血："驱使他们的，与其说是对动物的爱，不如说是对人类的恨。"辛格、哈拉维及其追随者恨自己的同类，恨人类。如此看来，这些人与刘慈欣笔下的地球三体组织中的降临派倒是颇为相似——其领袖作为环保主义名著《寂静的春天》的忠实读者，主张消灭在他们眼中导致地球物种大灭绝的全体人类。有了辛格及其同党，人类终于在21世纪迎来了现实中的降临派。

本书的最后一部分是死亡问题。在本书法文原版发表的2018年，对死亡问题的讨论还主要局限于西方世界，而及至笔者撰写本文的2024年，如我们所见，对死亡问题的关切与讨论已然蔓延到我们的日常当中。无论是中国公民远赴瑞士的安乐死事件还是知名作家琼瑶的自尽事件，在个别媒体有意无意的引导下，公众舆论都从对具体事件的关注走向如何社会化处理死亡问题的讨论，这在客观上彰显了这本书第三部分的意义。对于死亡问题，这本书从两个方面出发。首先是安乐死合法化的问题：现代社会是否应该及如何用社会化的方式处理死亡。西方社会对此类问题相对思考和行动得更早，而这同时也意味着，西方会更早暴露并面临由此出现的一些后果。因此，借由这个时间差，在某种意义上提前乃至预先思考有关问题，从西方对这些问题的应对与思考中总结经验教训，或许也是这部分的特殊价值。具体就安乐死合法化问题而言，我们目前更多还是在个别事件以及社会舆论、公共讨论的层面思考这一问题的。而在同一时间，我们可以观察到，西方社会已经要在现实上面对这一问题带来的一系列文化、伦理与司法后果。具体到书中相关内容，作者的讨论始于对生命质量论的质疑——生命是否可以剥离其神圣性，而直接用质量、快乐、满足感等标准衡量？而生命的质量又该以何种标准度量？该标准由何人制定，又由何人执行？专家是否如他们自己所标榜的那样在这一问题上有绝对的权威？作者从理论背后的深层价值出发，对相关学者的论证进行了细致的排查和谱系学梳理。借助于此，我们才惊恐地发现，这些表面上含情脉脉的理论竟然与纳粹主义有千丝万缕的联系，而且表面上充满温情的"死亡哲学家"也暴露了他们真正的价值取向：在内心深处，他们根本没有把人当人，至少没有把自己亲人之外的人当人，于是我们看到，辛格教授平日里不遗余力地论证杀死他人的正当性，从中牟取、巩固自己在理论界的曝光度，可一轮到自己的母亲，他向来严谨的逻辑论证便突然失效。不得不说，在这件事上，辛格身体力行地给他的追随者们上了一课：要想成为他那样的明星理论家，不仅要在大部分时间里做一台冷酷无情到近乎残忍的理性主义机器，还要在有必要的时候柔情一把，以最大限度地维护自己的名声与利益。而更令人不敢细想的是，在一个安乐死完全合法化的世界中，我们的生死要交由这样一群集冷酷与虚伪于一身的专家所组成的伦理委员会来裁决——这很难不引起保留基本判断力、常识与人情的普通人的战栗与警惕。

在这个部分，作者还谈及了另一个围绕死亡的、更深层的问题——当代社会对死亡的定义。在书中，作者将重点放在对脑死亡这一相对晚近的死亡定义的考察上。而借由作者向我们提供的分析，我们发现，脑死亡这一如今已被广泛接受的死亡定义，其提出竟是为了获取充足的可供移植的器官。该定义的恐怖起源令人毛骨悚然，更是有力地反驳了以滑坡论证为由，为安乐死和脑死亡做辩护的说辞，因为借由不断前移死亡时间以更大程度地利用病人身体的"滑坡"并不是在新死亡定义之后出现的，而是相反。故而，在利益的驱使下（当然，真实动机之后会被众多动听的说辞包装和掩盖），尚未死亡的病人的身体被家属与国家机器乃至民间机构争夺也就并非杞人忧天的被害妄想。

走得多远，都不要忘记"人"

时髦理论为何始于善意、终于邪恶？作者在这本书末尾给出了自己的诊断：这些理论发展至今，已经忘记了人的价值和重要性。进一步说，作者认为，如今摆在西方社会面前的是一项重要的价值抉择：要么是堆肥主义，身体消弭于粪土，思想堕入混乱，重回可能无法再次走出的黑暗时代；要么是停下来认真思考，普通人所坚守的道德与价值是否真的像近乎疯狂的理论所批判的那样一文不值？后现代的疯狂盛宴已过，面对杯盘狼藉、蟑鼠遍地的现状，是否应该考虑找回人的存在？

西方左派对20世纪六七十年代的好感，与其说是对一个真实存在过的时代的怀旧，不如说，他们想要的，或许更多的是一个从未如他们脑中所想的那般存在过的乌托邦。对某个时代的怀念、幻想或理想化固然是每个人的权利，但一群当年的年轻人以及他们的后学带着如今的年轻人怀念前者的青春时代，这究竟是一种怀旧的浪漫，还是变了味的腐朽？是他们的青春期过长，还是他们已经老到无法在21世纪20年代真正地活着？一代人有一代人的问题，一代人有一代人的思考，思想当然有承继，人文精神也允许怀旧，但贩卖情怀、孤芳自赏、自说自话也的的确确是当下西方理论界的一个大问题。甚至可以说，西方在20世纪六七十年代的那批年轻人及其后学，如今已经成为自己年轻时最反感的人——当年质疑权威的人，如今在不遗余力地充当权威、拓展权威、卖弄权威，西方左翼理论在如今的僵化与极端化，多少与此有关。

我们当然了解并尊重20世纪六七十年代西方的反人本学与"解构主义"思潮，更不否认这些思潮及相关思想家的理论贡献。但思潮带来的终究是试验性的观点与价值，若要在社会实践的层面系统性消除"人"的价值、过度贬低与嘲讽理性的正面作用，其代价势必是巨大乃至惨痛的，作者笔下西方社会如今面临的堆肥主义危机便为我们提供了鲜活的证明。

人文学科终究是以人为中心的学科，可以批判人、反思人，但终归不能没有人。同样，社会终究是人的社会，如果社会没有了人的位置、模糊了人的概念，其存在和发展也将失去基础。

话及于此，有必要指出，作者在这本书中提及却因篇幅所限未能充分展开的，一个当下西方理论界，或者说当代西方社会存在的巨大问题就是：一群养尊处优、不食人间烟火的西方理论精英，一方面在思想以及现实生活层面与普通人基本脱节，另一方面却长期占据与其水平和实际立场并不相符的理论位置。而当下西方社会最主要的问题之一，与其说是这些人在自己舒适的书房里绞尽脑汁炮制的所谓性别、种族、物种平等与多元化问题，倒不如说是这群尸位素餐、与现实生活脱节、与人脱节的伪左派本身——他们以社会中大多数普通人的生活为代价，以善意、平等、自由、爱为托词，以其在理论和社会公共舆论领域的霸权为依托，用自己不断生产和再生产出来的"政治正确"绑架社会，以满足他们心中偏执幼稚的幻想、泛滥的道德优越感以及难以启齿的现实利益诉求。如此看来，说这些西方伪左派是当代情景下寄生在"政治正确"话语上的新中世纪僧侣或许也并不为过。

觉醒主义？新蒙昧主义！

性别理论、动物权利和死亡问题（尤其是前两者）是当今西方"觉醒主义"的重要组成部分。[1]

"wokisme"（觉醒主义）源自英文"wake"（唤醒、醒来），意为在社会正义、平等、多元等价值原则的指引下，之前被蒙蔽、压迫的人们开始觉醒，为这些价值抗争。然而，讽刺的是，这个词在字面意义上有多高尚，与之相关的很多事在现实中就有多龌龊。在现实中提起觉醒主义或觉醒文化，很多时候与其说我们看到的是为这些高尚价值勇敢抗争的斗士，不如说是一群举着道德大旗公然欺瞒、压制、敲诈普通人的社会败类。2024年，耗时多年制作的国产3A游戏《黑神话：悟空》遭遇"觉醒主义平权团体"Sweet baby公司勒索，后者要求"监督"游戏的制作，对游戏内容和人物设计做"平权化"修改，并依此索取（实为勒索）所谓的"指导费"700万美元。好在《黑神话：悟空》团队在国内大量保有基本常识的玩家的支持下，拒绝了对方的勒索。而如果说"黑神话"事件还只是觉醒主义与觉醒文化在游戏领域肆虐的一个切片，那么2024年巴黎奥运会开幕式可谓让世人都见识到了觉醒主义在当今世界的"影响力"，篇幅所限，笔者在此不做赘述。

---

[1] 此外，种族、环保、性少数也是觉醒主义和觉醒文化的核心议题。还有必要区分相关议题上的合理诉求及反思，与觉醒主义所代表的极端、非理性诉求。觉醒文化不仅未能促进社会进步，反而无端加剧、制造社会混乱与对立、破坏公共理性、浪费社会资源。而这也是本书作者在另一部作品中讨论的话题，参见 Jean-François Braunstein, *La religion woke*, Paris, Grasset, 2022。

面对当代觉醒主义的奇闻奇观，我们不禁想问：只要是打着正义、平等、多元的旗号，就可以不顾绝大多数普通人的常识、理性、感受与直觉，强迫人们接受乃至欣赏少数人的癖好吗？如今，觉醒主义、觉醒文化在西方营造出的社会文化氛围，又与当年以神、爱为名压制、蒙骗全社会的基督教蒙昧时期有何区别？现实暴露了"觉醒主义"这个词所蕴含的强烈反讽意味。Les Lumières（启蒙）的法文字面意义是"光"，指人相信可以通过自己的理性（光）而不是神的爱与庇佑，穿透蒙昧、认识世界、认识自己。其英文"Enlightenment"则更多将"启蒙"理解为点亮他人与世界，为他人与世界祛除蒙昧与黑暗。而不论从哪一种对启蒙的理解出发，都不难看出，所谓的觉醒主义、觉醒文化都有意无意地在理论层面将自身塑造为启蒙精神的当代化身。然而讽刺的是，在现实中，这一运动的所作所为恰恰是将启蒙精神作为自己的敌人：敌视理性思考、举着道德的大旗压制异见、绑架社会、敲诈个人和机构，奉个别作者和所谓的平权组织为不可撼动的权威——他们俨然成了当代"觉醒宗教"的"红衣主教"与"异端裁判所"。而鉴于觉醒主义的信奉者在现实之中的种种行径，与其用这些人标榜的、自我美化的觉醒来称呼他们，倒不如将新蒙昧主义这个更为贴切的标签赠给他们。在此意义上，本书也可以被视为作者向觉醒主义这一当代新蒙昧主义展开斗争而创作的首部作品。

　　值得一提的是，作者在书中还提到了当年拜占庭帝国学者对天使性别的争论，及其与如今性别理论、性别研究之间的对应与联系。其时，拜占庭帝国已如风中之烛，在外敌窥伺之下摇摇欲坠，而其学者却仍执着于天使性别这类与现实完全脱节或者说间接加重现实危机的聚讼。在这些问题上滥用理性、消耗过多的社会资源，是否会对一个文明的兴衰产生影响——每一位关心、思考文明兴衰问题的读者都会在深思之后得出自己的答案。

战士布劳恩斯坦

撰写并出版批判觉醒主义的作品在当下的西方世界并不容易。如前所述，觉醒主义已经逐渐占据当下西方理论和舆论界的主流，并有意识地扩张其领地。在翻译过程中，笔者曾多次与作者当面交流，他不时也会提及这些作品给自己在当下的西方社会招致的一些麻烦，包括社会舆论和社交媒体上的争议乃至诋毁。此外，还有一些不足为外人道的困难与麻烦。但每次聊完这些，作者都会以一句"我不在乎"作为总结和表态。

这令笔者不由得想起作者的偶像、二战法国抵抗运动英雄让·卡瓦耶斯（Jean Cavaillès）。1940年，斯宾诺莎主义者卡瓦耶斯感到自己被一种激情吞噬，继而在不久之后投身抵抗运动，成为抵抗运动的先驱和最早一批的志愿者。1944年2月17日，他被盖世太保抓捕，同年4月4日被枪杀。作为科技哲学家、科学史学家的卡瓦耶斯，本可以在乱世藏身于书斋，安然躲过大战，然而现实促使他弃笔从戎。而在今日，一位在职业生涯的大多数时间里在书斋与校园中专注于科学史研究与教学的学者，面对走火入魔的哲学，面对愈演愈烈的觉醒主义危机，他也选择了无畏诋毁，向觉醒主义宣战——感召他行动的，或许也是当年吞噬卡瓦耶斯的那种起而行之的、"虽千万人吾往矣"的激情吧。

幽默表诸其外，激情内敛于心

然而纵使作者心潮澎湃，他也没有将沉重感通过文字施加给读者——他在字里行间表现出了极大的克制，在笔下释出的是平易近人与幽默。他知道，读者受够了说教，幽默或许才是最好的武器。

这种平易近人和幽默是本书语言上的特点，同时，对笔者而言，也是翻译的难点。为应对这一问题，在翻译过程中，笔者总体上使用了两种处理方式：（1）尽全力将原文的法式幽默转化为读者可以理解的中文——法文读者读起来会会心一笑的地方，中文读者同样有权利享受其中的幽默、智慧与乐趣；（2）以译者注的形式适当补充相关的背景。当然，纵然如此，客观存在的文化和语境差异、笔者本人有限的经验与水平等因素，仍然会使作者在书中所传达的幽默与细微情感难以尽然呈现在译本之中。对此，笔者向您，亲爱的读者，表达自己诚挚的歉意。此外，对于翻译中可能造成的理解困难，笔者作为译者也愿承担相应责任，就翻译中值得改进之处，欢迎读者的批评与指正。

本书得以与中国读者见面，就像当年它与法国读者见面一样不易。这之中，要感谢很多人的付出与努力。

首先要感谢本书的编辑们，没有他们对这部作品的不离不弃、不计辛苦的争取与付出，就没有这本书在中国的面世。

还要感谢北京师范大学的徐克飞老师，我的朋友柏一杨、蔡书未、张汇元、张芮辰、Alexandre Mateescu、Thomas Le Helloco、Roman de Chantérac、Victor André 以及巴黎一大哲学系 Cuzin 图书馆团队的各位，是他们一路的支持、帮助和鼓励，让我克服翻译的困难，坚持完成了这项工作。

感谢我亲爱的老爸、老妈，他们一直以来无条件的支持与爱是我勇气与智慧的源泉。

感谢所有直接或间接为这本书付出的人，谢谢！

2024 是个神奇的年份，巴黎奥运的喧嚣消散不久，圣母院重开的钟声又在一个雨夜敲打着人们的心灵。声声钟鸣，既像是自省的叩问，又像是行动的鼓励，*Fluctuat nec mergitur*（浪击而不沉）：处于历史与现实河流之中的大舰小船，面对波诡云谲的未来，究竟谁能与勇气和智慧同在，冲破迷雾，绕过暗流，通向更远方，我们拭目以待。

2024 年 12 月 7 日
于巴黎 14 区圣雅各